KB047484

문과 대학원생 생존일지

나의 앎과 삶은 진행형

김동일 책임 편저
서울대학교 교육학과 BK21 FOUR 혁신과 공존의 교육연구사업단 편

학지사

BK21 FOUR 혁신과 공존의 교육연구사업단

서울대학교 교육학과 BK21 FOUR 혁신과 공존의 교육연구사업단은 포스트디지털 사회의 교육적 난제에 도전하는 창의적인 학문후속세대와 혁신적인 실천연구자 양성을 목표로 한다. 현재 4단계 BK21 교육연구단은 1~3단계 사업의 성과와 인프라를 바탕으로 QS 세계대학평가 교육학 순위 30위권에 진입하였고 글로벌 교육연구 플랫폼을 구축하고 있다. 앞으로 서울대학교 교육학과와 교육학 공동체가 함께 성장하고 세계적 수준으로 도약하는 데 있어 선도적 역할을 할 것으로 기대된다.

문과 대학원생 생존일지

—나의 앎과 삶은 진행형

프롤로그

"나의 치열한 하루는 나의 앎과 삶이다"

문과 대학원 박사과정생의 삶과 앎의 체험에 대해 한번 들어 보고 싶습니다. 이미 그 길을 겪었고 스스로 이야기를 해 본 적도 있지만, 모든 박사과정생의 일상이 똑같을 리 없고 입학하면서 품은 꿈도 의지도 각오도 모두 같지 않기에, 이제는 그들의 이야기를 직접 듣고 싶습니다.

교육학과 대학원에 입학원서를 내면서 우리가 한 가지 암묵적으로 동의한 사실이 있다면, 교육학 분야에서 연구자이자 학자로서 전문성을 갖기로 마음을 먹었다는 것입니다. 즉, 각자가 전공하는 세부 분야에 대하여 '교수자'와 '연구자'의 역할을 할 수 있을 정도로 넓게 배우고, 깊이 익히고, 스스로 깨우치겠다고 결심했다는 것입니다.

연구자로서 전문성을 쌓는 일은 곧 연구자 모드(mode)를 내 안에 장착하고 그것에 전념하는 시간을 가진다는 뜻입니다. 즉, 일상의 다른 무엇보다 연구를 우선순위로 두고, 나에게 주어진 일과 시간에 해야 할 주된 작업이 연구임을 끊임없이 재확인하는 것입니다. 동시에 계속해서 연구 주제를 찾아내고, 주변의 연구자들과 연구에 대한 이야기를 나누거나 회의를 하며, 연구를 위한 자료를 얻기 위해 백방으로 돌아다니는 일이 내 일상이 된다는 것입니다. 이는 운동선수가 하루 중 대부분의 시간을 훈련에 쏟고 지독하게 식단 관리를 하듯, 기자가 밤낮없이 특종이 있는 곳으로 뛰쳐나가는 것을 감당하듯 우리도 연구를 업으로 삼아 나의 시간을 바치는 것이며, 넓은 지식의 바닷가에서 조개껍데기를 발견하여 나누는 일에 가치와 의미를 두는 것입니다.

연구자 모드를 장착하고 연구자로서 성장하는 힘은 나의 일상에 투입하는 의지와 지구력입니다. 우리는 스스로 골똘히 생각하고 글을 쓸 수 있는 시간과 공간을 찾아내고, 그곳에 스스로가 오롯이 머물 것을 선택합니다. 연구자의 자질은 호기심, 지능, 창의성, 논리성과 같은 개인 특성 요인에서 출발할지 모르지만, 연구자의 정체성은 매일같이 지키고 끝까지 분투해 보는 시간과 공간 속에서 만들어집니다. 그 시간과 공간 속에서 읽고 쓰고 생각하고 즐거워하고 또 괴로워하며 '버티기'라는 능력을 얻습니다. 앎과 삶에 대한 '존중과 버티기'가 젊은 시절에는 그리 매력적으로 보이지 않지만, 짧지 않은 시간을 두고 한 단계 한 단계, 한 줄 한 줄을 쌓아 연구 결과물을 만들어 내다 보면 연구자에게는 무엇과도 바꿀 수 없는 재능이자 자산이 됩니다. 이 '존중과 버티기'는 필연적으로 새롭고 창의적인 방식으로 연구자를 이끕니다. 어제의 생각이 오늘의 연구 주제로 확장되고, 오늘의 연구 주제는 다시 내일의 논문으로 이어지게 됩니다. 일정하게 반복적인 시간과 공간이라는 정적인 장치가 생각의 확장과 발전이라는 동적인 에너지로 전환되는 것입니다. 그리고 이러한 경험이 쌓이면 새로운 것을 시도할 수 있는 용기와 나에 대한 믿음도 자라게 됩니다.

물론 연구자로서의 일련의 과정은 마냥 즐겁고 수월하게 이루어지지 않습니다. 당신은 연구자이자 학자로 산다는 것이 무엇인지 미리 각오하지 못한 채 박사과정생 생존일지를 써 내려갈 수 있습니다. 그러다 보면 내가 각오했던 것 이상으로 버겁고 지치는 날을 만나기도 하고, 지루하고, 외롭고, 몸도 마음도 고될 수 있습니다. 그래서 전공 연구실과 도서관을 떠나 카페에 가 보기도 하고, 내가 기댈 누군가를 찾아 나서기도 하며, 달콤 씁쓸한 디저트 정도의 일탈을 하기도 합니다. 그러다가 결국 내가 앉아 있던, 내가 확보해 두었던 그 공간과 시간으로 다시 돌아와 다시 연구자로서의 일상을 보냅니다. 그 과정을 거쳐 또 하나의 결과물에 마침표를 찍는 것에서, 내게 의미 있는 지식 하나를 세상과 나누는 것에서 뿌듯함을 찾아봅니다. 가끔은 내가 연구자로 살기로 결심한 것이 의도치 않게 나뿐만 아니라 내 주변에도 서운함을 남길 때가 있습니다. 나에게 주어진 다른 역할을 내 마음처럼 다 해낼 수 없을 때면 나에게 소중한 누군가를 서운하게 하거나 실망시키고야 마는 것입니다. 그래서 새삼스럽지만 연구자로 살기로 한 나의 선택을 지지해 주고, 박사과정생으로서의 하루하루를 지켜봐 주며, 때로는 이해하기 어렵고 서운하더라도 멀지 않은 곳에서 나의 민낯을 지켜봐 주는 이들에게 감사를 전하고 싶습니다.

이 글은 매일매일 앎과 삶을 진행했고, 하고 있고 앞으로도 가열차게 살아가기로 한 박사과정생들 자신에게, 또한 소중한 누군가에게 자랑스러움과 격려, 위로 그리고 감사를 담아 바치는 하나의 헌사이기도 합니다. 이에 소중한 대학원 삶과 남다른 앎에 대한 생존일지를 펴낸 당신을 진심으로 응원합니다.

2023년 6월

서울대학교 교육학과 BK21 FOUR 혁신과 공존의 교육연구사업단

단장 김동일

차례

01
예술가로서 '무지한 박사' 되기

김재현 (교육철학전공)

나는 미술작가로 활동하고 있는 예술가다. 그리고 지금은 서울대학교 교육철학전공 박사과정으로 예술교육에 대한 철학적 연구를 병행하고 있다.

사실 예술계에서는 최근의 급진적인 대안 교육 운동의 흐름이나, 고등교육기관을 통한 학위로서의 사회적 인정 기준에 대한 의견이 다분하다. 예를 들어, 예술가가 되기 위해 반드시 고등교육이 필요한가? 소위 말하는 명문대학교에서 수학해야만 사회적으로 그 전문성을 인정받을 수 있는 것인가? 등의 질문은 예술가로 활동해 오고 있고, 또 학부 때부터 지금까지 나름 명문대학교를 선택하여 수학해 온 필자 또한 항상 고민하게 되는 부분이다. 특히 예술교육에 대하여 나는 전문예술가를 양성하는 목적의 교육보다는 교육 일반에 적용할 수 있는 예술의 교육적 원리를 탐구하는 것에 더 큰 관심을 두고 있지만, 현실적 차원에서 흔히 예술을 전업으로 하기 위해서는 그 교육과정에서 “돈이 많이 든다.” “돈 많은 집의 자녀들이 하는 것이다.”라는 편견 아닌 편견이 존재해 오고 있는 것 또한 사실이다. “당장 먹고 살기 급급한데 예술이 밥 먹여 주냐?”는 질문도 매우 타당하다. 실제로 예술 분야의 전문가로 생계를 유지하며 살아가기 위해서는 다분한 노력이 필요하지만, 생각해 보면 이러한 경제적 가치 창출에 대한 고민과 노력은 어느 분야에서든 누구나 고민을 안고 살아가는 부분일 것이다. 다만, 순수예술의 성격상, 누군가의 필요에 의해 만들어지는 기능적인 활동보다는 창작자 스스로의 만족을 우선으로 실행되는 작업의 성격이 강하기 때문에 일반적인 수요와 공급의 경제적 원리에서 벗어나는 활동으로 치부되는 경우가 많은 것은 사실이다.

그러나 이러한 ‘현실적인’ 문제를 바라보는 프레임에서 잠시 벗어나, 내가 꿈꾸는 ‘이상적인’ 삶의 모습을 생각해 볼 필요도 있다. 최근에 전 세계에서 베스트셀러로 주목을 받기도 한 『공룡 테라피(Dinosaur Therapy)』(2021)의 저자 제임스 스튜어트(James Stewart)는 한 에피소드에서 공룡 캐릭터를 통해 무덤덤하게 “너는 네가 지금 하는 일에 만족하니?”라는 질문을 던진다. 그러자 다른 공룡이 “아니.”라고 스스럼없이 대답한다. 그러자 질문을 던진 공룡은 “우리가 모두 지금 하는 일에 만족하지 않는다면 이건 사회에 문제가 있는 것이 아닐까?”라는 또 다른 질문을 던지며 짧은 컷의 삽화가 끝난다.

나는 예술의 원리 속에 인간을 인간답게 살아가게 하는 원리가 담겨 있다고 생각한다. 어떤 이는 예술을 고상한 취미 정도로 바라볼 수 있고, 특정한 시대적 배경으로 예술이 그러한 사회적 위치를 고취해 온 것 또한 사실이다. 그러나 예술은 동시에 사회가 예술이라고 규정해 오는 고정된 관념을 끊임없이 탈피하고자 하였다. 이러한 움직임은 단순한 미학적 고찰이기보다는 인간이 원초적으로 갈망하는 자유나 해방에 가까운 움직임으로 볼 수 있는데, 예술의 이러한 성격은 이상적이기보다는 오히려 한 인간으로 존재하기 위해 몸부림치는 굉장히 현실적인 모습이기도 하다. 사회가 규정하는 '나'로 포장하는 법을 교육을 통해 배우는 것이 아니라, 내가 '나'라는 한 인간의 본 모습으로 살아갈 수 있도록 표현하는 법을 배우는 교육이 필요한 것이다. 그렇다면 우리가 지금 현실적이라고 치부하는 문제의 개념을 되돌아볼 필요가 있다. 우리가 문제라고 정의하는 것은 실제로는 그 실체가 없는 허구인 경우가 많기 때문이다. 허구적인 문제에 사로잡혀 내가 정말로 표현하고 싶고, 살아 내고 싶은 삶의 방식을 놓친다면 그것이 더 큰 문제이지 않을까? 나에게 찾아온 예술은 내가 삶을 살아갈 수 있도록 만드는, 나의 삶을 열어 주는 개념으로서의 도구이자 교육 그 자체다. 나는 이러한 예술의 가치를 사회가 시대에 따라 다르게 규정하는 고귀하거나 저급한 예술의 개념을 넘어서 예술 그 이면에 있는 인간의 원초적인 삶의 방식에 대한 갈급함의 문제로 정리해 보고 싶다.

시각 예술가로 활동하면서 교육철학전공으로 박사과정을 시작하게 된 이유는 삶에 대한 지극히 자연스러운 고민으로부터 시작되는 '작업의 연장선'이었다. 미국 로드아일랜드 디자인 스쿨(RISD)에서 필름/애니메이션/비디오(Film/Animation/Video) 전공으로 종이 위에 연필로 한 장씩 그리는 전통기법의 셀 애니메이션 작업으로 〈종이비행기〉(2014)라는 졸업 작품을 만들었고, 연세대학교 커뮤니케이션 대학원에서는 미디어아트전공으로 「아티스트 북으로서의 그림책을 통한 상상적 인터렉티비티」(2018)라는 연구 주제로 석사 논문을 작성하였으며, 『Communion』(2018)이라는 아티스트 북을 졸업 작품으로 만들었다. 이 과정에서 내 작업은 이미지 스토리텔링의 성격이 강한 애니메이션에서 미학을 통해 교감의 본질에 관한 질문을 던지는 매체 미술 작업으로 확장되었다. 학교를 통한 연구 및 작업 외에도 작품 활동의 연장선으로 영상, 회화, 드로잉, 설치미술, 퍼포먼스, 워크숍 등의 작업을 꾸준히 하면서 예술가이자 교육가로 사회적인 활동을 해 오고 있다. 지금은 서울대학교 교육철학 박사과정을 통해 '결과물'로서의 예술보다는 사람과 사람, 사람과 세계를 연결하는 '언어'로서의 예술적 가치와 교육적 가치를 다양한 철학자들의 연구를 통해 들여다보는 작업을 병행하고 있다. 나를 이끌어 가는 지속적인 작업의 세계관은 예술과 교육, 그리고 삶의 철학이다.

가까운 지인 중 퇴직하신 교수님께서 "박사는 한 분야의 전문가가 아니라, 한 분야를 깊이 있게 파 본 경험을 토대로 그 어떤 분야에도 깊이 들어가 볼 수 있는 힘을 가진 사람"이라고 말씀하신 바 있다. 따라서 박사논문 주제가 나의 평생 연구 주제가 될 것이라는 착각과 부담은 가질 필요가 없다고 하셨다. '지금-여기(here and now)'의 세계를 살아가면서 내가 마주한 고민, 그리고 그것에 관한 솔직한 질문을 발견하고, 그 질문에 대한 치열한 고민과 탐구의 과정을 학문적 글쓰기를 통해 정리하고 남기는 것이 중요한 것이다(나의 경우, '철학적 글쓰기'라는 표현이 더 적절할 것이다). 이는 내가 예술 작업에서 마주하게 되는 '어떤 작품을 통해 무엇을 표현하고 남길 것인가'라는 고민과 유사하다. 다만, 예술의 언어는 설명과 이해가 중요하다기보다는 예술가가 파고든 개인의 고유한 세계관을 타인이 기존에 느껴 보지 못한 새로운 감각으로 경험할 수 있도록 표현하는 것에 초점을 맞춘다면, 학문적 글쓰기로서의 언어는 합리적 언어를 통해 이성적이고 논리적으로 자신의 논변을 설득력 있게 설명하는 것에 초점이 있을 것이다. 그렇다면 '예술가로서의 철학적 글쓰기'는 합리적 언어를 통해 설명하되, 저자 및 독자의 새로운 감각이 열릴 수 있는 방식의 새로운 글쓰기가 되어야 하지 않을까? 그리고 여기서 새로운 감각이 열린다는 것은 곧 우리가 하나의 몸을 가진 인간으로서 삶을 살아 낼 수 있는 존재론적 감각의 문제와 직결되지 않을까?

나는 방금 던진 이 질문을 스스로 해 보게 된 지점이 내가 박사 과정 중에 얻은 가장 큰 열매 중의 하나라고 생각한다. 우리는 모두 저마다의 질문을 안고 살아간다. 그중 어떠한 질문은 남들이 하는 질문에 대한 반복이기도 하고, 또 어떠한 질문은 '나'라는 한 인간으로서의 존재적 가치에 관한, 굉장히 사적이고 내밀한 질문이기도 하다. 그러나 대학교라는 학문 공동체를 통한 연구로서의 질문은 이 두 영역을 모두 포괄하는, 포괄해야만 하는 '질문을 던지는 방법'에 대한 연구를 한다. 예를 들어, 내가 개인적으로 예술작업에 몰입할 때 집중하게 되는 관심과 주제는 '나'라는 한 인간 존재에 대한 무의식적인 감각에 대한 고찰이다. 이러한 영역의 감각적인 질문, 혹은 감각 그 자체로서의 질문을 던지는 과정은 분명 다른 분야와는 차별화되는 예술이라는 개념을 통해 접근 가능한 존재론적 가치를 지닌다. 그리고 많은 경우, 나의 지극히 사적이고 개인적인 감각에 대한 집중으로부터 시작한 (예술)작업은 필연적으로 나를 둘러싼 상황과 환경, 세계와 긴밀하게 연결되어 있으므로 어떠한 방식으로든 세계와 감각적으로 공명하는 과정을 겪기 마련이다. 그런데 이 과정을 내가 메타적으로 인지하고, 나만의 언어가 아닌 많은 사람이 이해하고 공감할 수 있는 언어로 소통할 수 있는 방식에 대한 고민으로서 질문을 던지는 것은 또 다른 성격의 작업이다. 이러한 맥락에서 '예술'과 '교육'을 다루는 나의 연구로서의 질문은 예술적 언어와 교육적 언어의 근본적인 차이점과 유사점, 상호보완점 등을 향한다. 그리고 이 질문들을 고민하는 과정을 나뿐만 아니라 현대사회가 수용할 수 있는 설득력 있는 언어로 풀어내는 과정을 나는 '철학'이라는 언어를 통해 연구해 보기로 한 것이다. 물론 이러한 연구 주제에 관하여 공통 관심사를 갖고 (선행)연구를 해 오고 있는 학자(교수자)와의 만남이 있었기에 나 또한 이 연구 질문의 결을 더 구체적이고 의미 있는 방향으로 정리해 갈 수 있는 것 같다. 이 지점은 박사과정에 대한 고민에 있어서 나의 연구 주제와 지도교수의 연구 주제가 교차하는 지점으로, 반드시 숙고해야 할 부분이다.

다소 거창해 보이거나 좀 어렵게 느껴질 수도 있는 나의 연구 주제는 지극히 개인적인 경험에서부터 출발한다. 나는 미국에서 태어나 어린 시절을 한국에서 보내고 고등학교와 대학교를 다시 미국에서 다녔다. 미국에서 태어났지만, 대학교 과정 중간에 한국에서 군복무를 마쳤고, 학부 졸업 후에는 한국을 기반으로 활동을 시작하고 싶은 마음에 귀국했다. 나에게 예술과 교육이 가장 크게 영향을 미쳤던 시기는 중고등학교 시절이다. 중학교는 한국에서 졸업하고, 고등학교는 미국의 캔자스(Kansas)주에 있는 로렌스(Lawrence)라는 시골 마을에서 공립 고등학교를 다녔다. 한국에서의 중학교 시절은 나름 재미있는 추억들도 있지만, 전반적으로는 꿈을 갖기 어려운 시기였다. 꿈을 '포기'해야 하는 시기였다. 나는 어렸을 때부터 미야자키 하야오 감독의 애니메이션을 유독 좋아했는데 자연과 인간, 관계에 대한 주제를 일상적이면서 판타지적으로 표현하는 것에 매료가 되었던 것 같다. 항상 그림 그리는 것도 좋아했기에 나는 어렴풋이 만화가, 애니메이터, 예술가가 되고 싶은 마음이 있었다. 그러나 청소년기에 장래희망에 대한 고민을 반강제적으로 해 오면서 예술 분야보다는 과학자가 되기를 바라는 부모님의 권유와 한국의 사회 분위기에 따라 나도 귀를 기울이게 되었고, 예술가의 꿈은 잠시 묵인되었다.

미국에서의 고등학교 생활은 당시의 나로서는 큰 문화충격과 정체성의 혼란을 안겨 줌과 동시에 내 삶의 재미를 찾게 해 주었다. 열여섯 살에 부모님으로부터 떨어져 형과 함께 미국에서 지내며 학교생활을 해 나가는 것은 막연한 불안감과 외로움, 다양한 차원의 혼란감을 안겨 주기도 했지만, 그 모든 것을 일종의 다이내믹한 재미로 받아들일 수 있는 경험도 충분히 할 수 있었다. 아무래도 이 시기에 나의 가장 큰 전환점은 신앙생활을 시작했다는 것과 예술가의 꿈을 키울 수 있었다는 것이다. 미국의 작은 시골 마을에 있는 한인교회에서의 신앙생활은 나에게 학교 못지않은 교육적 경험을 안겨 주었는데, 매일 있는 새벽기도 예배 때마다 성도가 없어도 벽을 보고 설교하시는 (고리타분한 면도 있겠지만, 그의 삶의 태도로부터 진정성이 느껴지는) 목사님과의 만남이 그러하였다. 그리고 그곳은 한국인이라는 뿌리를 기억하는 거의 유일한 공동체였고, 동시에 교회에서 들

려주는 신과 인간의 관계를 통찰하는 성서의 이야기는 그동안 스스로를 이방인으로 의식하면서 동시에 나 또한 서양인을 외국인으로 먼저 바라보는 배제적 시선으로부터 조금은 자유로운 관점을 갖도록 도와주었다.

미국 고등학교 미술 수업을 통해 만난 웬디(Wendy) 선생님은 당시에 작은 사과 농장을 운영하면서 교사 생활을 하는 교육가이자 예술가였다. 선생님은 가끔 학생들을 집으로 초대하여서 그녀가 직접 재배한 사과로 만든 사과 주스를 주기도 하였고, 독일 소시지를 구워주기도 했다(그녀의 남편은 독일 출신의 조각가였다). 내가 열여섯 살 때 미국에 갔을 때는 한국에서 오랜 생활 후에 간 터라 영어를 잘하지 못했다. 심지어 당시에 나는 언어의 장벽에 대한 스트레스로 내가 미국에서 영어를 하지 못하는 것은 일종의 장애를 갖고 살아가는 것과 유사하다고 생각하기도 했다. 지금 돌이켜 보면, 이 시절이 나에게 예술을 대안적 언어로 강하게 느끼게 만든 시기였던 것 같다. 당시에 나는 영어를 잘하지 못했지만 그림을 통해 나를 표현할 수 있었고, 웬디 선생님은 나의 예술 언어를 충분히 포용해 주고, 내가 아티스트라는 정체성을 찾도록 힘껏 도와주었다. 그녀는 나의 그림을 전미에서 열리는 큰 대회에 출품시키기도 하며 큰 상을 받을 수 있도록 도와주기도 하였는데, 나는 이 대회를 통해 2년 연속으로 주 대표로 상을 받으며 백악관과 연결된 공간에서 그림을 전시할 수 있는 기회와 더불어, 워싱턴에 가족과 함께 갈 수 있는 항공권을 상으로 받기도 했다. 더욱 기억에 남는 것은 미국 주 대표 국회의원이 수상 학생과 방문 가족들을 직접 안내하며 백악관의 전시 통로를 구경시켜 준 것이다. 이때의 경험은 그림을 잘 그리고 못 그리고를 떠나서 미국이라는 나라가 예술의 교육적 · 문화적 가치를 어떻게 체계적으로 사회에 적용하고 있는지를 돌아보게 만들었다. 물론 나는 미국 태생으로 시민권을 가진 국민이기도 하지만, 아시안이라는 이방인 학생이기도 했다. 더군다나 고등학교 초기에 나는 영어도 잘하지 못했기 때문에 타지에서 온 외국인 학생으로 더 많이 비추어졌을 것이다. 그럼에도 불구하고 미국의 시골 마을에 있는 공립 고등학교에서 들은 미술 수업에서는 한국인이라는 나의 문화적 뿌리를 개성으로 존중해 주었다. 또한 다양한 민족의 학생들이 그린 자화상 및 미술 작품들은 미국 정치의 상징적 공간인 백악관에 상설 전시할 수 있는 기회가 열려 있었다.

이와 같은 사례가 과연 우리나라에서도 가능할까? 미국이라는 나라는 다양성을 포용하지 않으면 역사적으로나 사회적으로 존재하기 어려운 조건에 있는 국가다. 이러한 미국의 특수성이 나를 교육이라는 현장과 예술이라는 영역의 가치를 국가의 존재론적 차원에서 고심하게 했다. 미국에서도 여느 나라와 마찬가지로 다양한 시행착오와 견해의 충돌은 끊임없이 일어나고 있지만, 분명한 사실은 2000년대 초반, 외국에서 온 한 아시아계 학생이 미국의 시골 공립학교에서 들은 미술 수업을 통해 예술가의 꿈을 실질적으로 키워 나갈 수 있었다는 것이다. 한국과 미국의 공교육 현장을 모두 경험한 나에게 이때의 기억은 일종의 삶의 숙제로 다가왔다. 물론 나의 경험은 한국 교육의 폐해와 미국 유학의 극히 드문 긍정적인 사례에 집중하는 것일 수도 있고, 나의 사례를 전복시키는 다양한 견해와 사례가 더 많을 수도 있다(나 또한 언급한 내용 외에도 다양한 차원의 논점을 초래하는 경험을 했었다). 그러나 내가 이 경험으로부터 지금의 박사과정에서도 연구 주제로 다루는 문제는 특정 국가의 교육체제나 문화를 옹호하거나 비판하는 것이 아니라, '무엇'이 인간을 인간답게, '함께' 살아갈 수 있도록 만드는지에 관한 것이다. 이 문제를 비춰 보기 위한 방법 중의 하나로 나는 예술이라는 개념을 고등학교 때부터 실천의 영역에서 다뤄 왔고, 오늘의 박사과정에서는 그동안의 경험과 소소한 연구들을 바탕으로 나의 생각을 교육학자 및 철학자의 사유를 통해 정리해 보고자 하는 것이다.

예술과 교육은 모두 개념(concept)과 연관되어 있다. 그리고 철학은 개념에 관한 연구다. 특히 오늘날 현대미술은 개념이 감각을 전복시키고, 감각이 개념을 전복시키는 과정을 오가면서 그 어떠한 언어로도 쉽게 설명하기 어려운 표현과 개념을 끊임없이 창발하고 있다. 현대교육의 가치 또한 시대적으로 또 문화적으로 하나의 개념이 포괄할 수 없는 성격으로 끊임없이 변화하고 있다. 나는 특히 이 두 영역의 흐름과 그 방향성에 관한 연구에 관심을 가지며 '예술적인 교육'과 '교육적인 예술'의 가치를 탐구하고 있다. 교육에 있어서 교육자와 학습자가 구분되듯이, 예술에서도 일반적으로 예술가와 예술작품을 향유하는 감상자가 구분된다. 현대의 급진적인 철학자들은 이러한 교육자와 학습자의 경계, 예술가와 감상자의 경계를 모호하게 만드는 사유를 제안하기도 한다. 예술과 교육의 개념연구에 있어서 '예술가'와 '교육가'라는 정체성에 관한 연구는 필수조건이다. 이에 대한 정체성의 확장으로 기존의 불필요한 권위나 권력으로 남용되는 사회적, 또는 정치적 직위로서의 예술가와 교육가의 개념을 해체하기 위해 앞서 언급한 급진적인 철학자들은 '누구나 예술가' 또는 '누구나 교육가'가 될 가능성을 제시한다. 여기서 관계설정은

‘예술은 A와 같아야 해.’라거나, ‘A를 배우기 위해서는 반드시 특정 한 교육을 받아야 해.’와 같은 방식보다는 이미 모두에게 주어진 예술가의 감각과 스스로를 가르칠 수 있는 교육가의 의지를 ‘함께 발견해 가는 것’에 가깝다.

웬디 선생님은 미술에서의 다양한 표현기법을 알려 주되, 학생들이 저마다의 개성대로 소재 및 주제를 다룰 수 있도록 자유를 주었다. 그러나 이 자유가 학생의 의지와 함께 작동하지 않을 때는 반드시 그 학생의 ‘지능’에 질문을 던졌다. 그리고 아직은 정해지지 않은, 누구도 알지 못하는 저마다의 답을 함께 발견해 가는 작업으로서 그림을 그리는 방법을 가르쳐 주었다. 물론 이 과정은 함께해야 가능한 영역과 개인이 스스로 대면해야 하는 영역을 포괄한다. 예술교육은 언제나 정해진 무엇을 전달하는 과정이기보다는 아직은 주어지지 않은 그 무엇을 느끼기 위한 영감을 공유하는 것이 전부일 수 있는데, 여기서 ‘그 무엇’을 실제로 감각하는 방식은 모두 개인이 감당해야 할 영역이기 때문이다. 다만 개인에 따라 ‘그 무엇’을 감각하고 받아들이는 과정에서의 고민과 어려움, 또는 즐거움은 교육적 환경에서 항상 열린 대화로 오고 가야 할 것이다.

프랑스의 현대 철학자 자크 랑시에르(Jacques Ranciere, 1940~)는 “의지와 의지의 만남을 통해 무지한 스승도 가르칠 수 있다.”고 주장하였다. 랑시에르가 인용한 자코토의 사례에서 자코토는 자신의 의지와 학생의 의지를 만나게 함으로써 책의 지능과 학생의 지능이 서로 씨름하며 관계를 맺을 수 있도록 돕는다(Ranciere, 1987). 이는 마치 예술가가 주변 세계를 관찰하는 것으로부터 작업을 구상하는 씨름과 같은 창작의 과정과도 유사하며, 이렇게 창작된 예술가의 의지가 담긴 작품이 감상자의 의지와 만남으로써 감상자의 세계 속 지능과 그 지능과의 관계를 새롭게 구성하는 과정으로도 비유할 수 있다. 나는 이번 박사과정을 통해(랑시에르의 표현을 빌려) '무지한 박사'로서 예술과 교육의 경계를 오고 가는 작업관을 구축하고자 한다. 고정된 지식이나 편견으로부터 해방되는 것이 랑시에르가 말하는 '무지함'의 재해석인 것인데, 이러한 맥락에서 나는 무지한 스승의 시선이 그 어떠한 대상도 지식에 지배받지 않는 차원에서 들여다보려는 예술가의 시선과 맞닿는다고 느꼈다. 그래서 나는 예술가로서 무지한 박사가 되어 연구로서의 작업을 병행하고자 한다.

서울대학교 교육철학 박사과정은 주로 철학 문헌 연구에 집중하는데, 이는 단순한 책 읽기를 넘어서 글 안에 담긴 다양한 개인들의 사유 세계를 탐험하는 것과 같다. 인류사의 시공간을 뛰어넘는 여행이기에 혼자만의 시간을 갖더라도 다양한 주체와의 협력과 신뢰할 수 있는 동반자들의 도움이 반드시 필요하다. 이러한 측면에서 나는 지난 2년 동안 다양한 문헌 연구를 통해 철학자들의 독특한 세계관을 탐험할 수 있었고, 보이는 세계 이면의 보이지 않는 사유의 세계를 흥미롭게, 또 주변의 도움으로 더 세밀하게 들여다볼 수 있는 시간을 가졌다. 또한, 우리가 철학자라고 부르는 전문학자들의 문헌의 내용 자체에 대한 탐구도 큰 도전과 도움을 주었지만, 이를 매개로 모인 교수자와 대학원생들 간의 대화 자체가 사유의 폭을 확장하고 내 안에 여운을 남기는 실질적인 언어로서 작용하기도 한다. 이러한 연구 과정은 예술작업과 유사하기도 하지만, 탐험에 대한 감응을 표현하는 방식에는 분명 차이가 있다. 설명할 수 없는 것을 어떻게든 설명하려고 하는 철학자들의 언어와 설명할 수 없는 것을 설명할 수 없는 방식으로 표현하는 예술가의 언어는 다르기 때문이다. 나는 현재 예술가의 정체성을 가지고 박사과정을 밟으며 조금은 낯선 언어들을 배우고 있다. 무지한 박사로서 새롭게 배우는 언어들을 통해 나의 세계관을 넓히고 궁극적으로는 작가로서 예술 언어를 통해 세계와 교감하며 살고 싶다.

서두에서 던진 '현실적인' 문제, 혹은 그보다 더 비극적인 환경 속에서도 담담하게 자신만의 예술 언어를 세상에 남긴 신동엽(1930~1969) 작가의 시 구절로 본 에세이를 마무리하고자 한다.

「좋은 언어」

(전략)

하잘 것 없는 일로 지난 날
언어들을 고되게
부려만 먹었군요.
때는 와요.
우리들이 조용히 눈으로만 이야기할 때

허지만
그때까진
좋은 언어로 이 세상을
채워야 해요.

–신동엽, 「좋은 언어」 中, 『사상계』, 1970. 4.

참고문헌

Jacques Ranciere(1987). *Le maître ignorant*. 양창렬 역(2008). 무지한 스승. 궁리출판.

James Stewart(2021). *Dinosaur Therapy*. 노지양 역(2021). 공룡 테라피. 윌북.

02
대학원생의 삶 엿보기

김지선 (교육상담전공)

나는 현재 서울대학교 교육학과 교육상담전공에서 박사과정 2년 차를 보내고 있다. 사실 나도 대학원 생활을 잘하고 있는지 모르겠다는 생각도 많고, 잘 가고 있는 건지 여전히 고민을 많이 하는 사람이다. 그래도 이 에세이에서는 대학원을 진학하게 된 계기부터 시작하여서 대학원에서의 생활이 어떻고, 의미 있는 대학원 생활을 하기 위한 나름의 노력에 대해 적어 보고자 한다. 대학원생이란 도대체 어떻게 지내는지 궁금하거나 대학원 진학을 고민하고 있는 사람에게 도움이 될 수 있기를 바란다.

대학원 과정을 시작할 결심

박사과정 진학이 쉬운 결정은 아니었다. 학부 때 심리학을 전공하면서 석사과정 진학까지는 자연스러운 코스로 생각했던 것 같은데 박사과정은 의미가 달랐던 것 같다. 물론 지금 돌아보면 박사과정에 가기로 결정했을 때에도 박사과정 진학이 어떤 의미인지 정확하게 알지는 못했던 것 같기는 하지만 그 당시에 어떻게 결정했는지부터 먼저 말하고자 한다.

박사과정 진학 전에 풀타임으로 근무를 하고 있었고 나이도 30대를 향해 가고 있었기 때문에 일을 그만하고 박사과정생이 되기로 결정하는 것은 쉬운 일이 아니었다. 그럼에도 상담이 어떻게 사람을 변화시키고 도움이 되는지에 대해서 과학적으로 규명하고 싶은 욕구가 컸고 상담 분야에서의 전문성을 더 키우고 싶은 마음도 있었다. 서울대학교 내 대학생활문화원에서 상담원으로 근무하면서 본교 교육상담전공에 재학 중이거나 졸업한 선배들과 접촉할 기회가 많았던 것도 박사과정 진학을 결정하는 데 영향을 많이 끼쳤던 것 같다. 상담에 대한 열정을 갖고 있는 좋은 교수님과 선배들과 함께 공부하면서 동료들을 만들고 싶은 마음도 커서 진학을 결심할 수 있었던 것 같다.

하지만 입학을 하고 보니, 생각보다 들어야 할 학점도 많았고(교육상담전공은 석 · 박사과정을 합쳐서 무려 96학점을 수강해야 한다), 해내야 하는 일들도 많았다. 지금 다시 그때로 돌아간다면, 몇 가지를 더 고려했을 것 같다. 박사과정을 시작한다는 것은 단순히 '이 분야에서 전문성을 쌓는다.'에 그치지 않고 이제 앞으로 나의 '업'을 '연구'로 삼는 것이기 때문에 '연구자'의 진로, 직업이 어떤 것이 있는지 조금 더 구체적으로 탐색해 봤을 것 같다. 따라서 박사과정 기간에 연구자로서의 경력을 어떻게 내가 쌓아 나갈 것인지에 대한 구체적인 계획을 세워 두었으면 좋았을 것이라는 생각이 든다. 박사과정을 고려하는 학생들이 있다면 먼저 내가 연구자를 업으로 삼고 싶은지 고민해 보고 나의 연구자로서의 커리어 발달 계획을 세워 본 후에 입학하면 좋겠다. 굳은 결심을 가지고 들어와도 생활을 하다 보면 '맞는 선택이었을까?' 하는 생각이 들기 마련이다. 따라서 대학원 생활을 통해서 얻고 싶은 것이 무엇인지 대학원 생활 중에 어떤 목표를 이루고 싶은지 더 구체적으로 생각하고 결정할 수 있으면 좋을 것이다.

대학원생의 삶 엿보기

대학원생의 삶은 사실 제각기 굉장히 다르다. 속해있는 전공이나 연구실에 따라서 천차만별의 삶을 살게 된다. 입학을 하기 전에 내가 가려는 연구실의 프로젝트가 얼마나 활발하게 이루어지고 있는지 확인해 보면 내가 어떻게 시간을 보낼 수 있을지 파악해 볼 수 있을 것이다. 나의 경우 대학원생으로 하루를 보내는 시간을 나눠 보면 다음 그림과 같다.

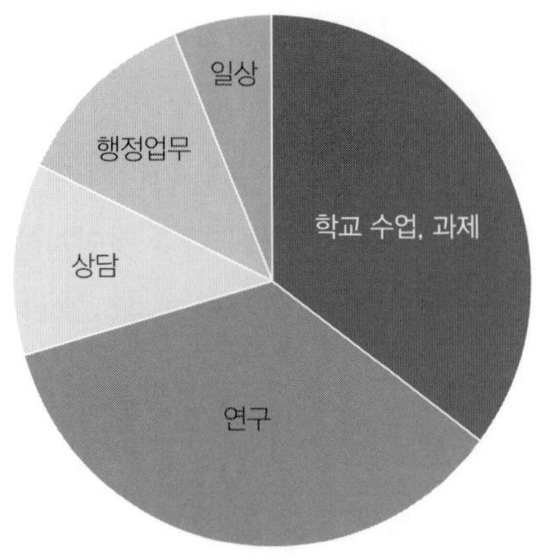

대학원생의 하루

우선 나는 다른 대학교에서 석사를 졸업하였고 속해 있는 전공에서 들어야 하는 필수 전공 수업이 많아서 학교 수업과 과제도 꽤 많은 편이다. 아마 다른 학교나 학과의 박사과정생들과의 차이일 수도 있는데, 학기당 네 과목씩을 수강해야 하기 때문에 학교 수업을 듣는 시간도, 과제를 해야 하는 시간도 많이 소요되는 편이다. 수업들은 주로 발제와 토론 형식으로 이루어지는 경우가 많다. 발제를 하는 일이 쉽지 않고 시간도 많이 소요되기는 하지만, 많이 배우는 일 중 하나이기도 하다. 말로 설명을 하다 보면 내가 모르는 게 많았다는 걸 다시 깨닫게 된다.

수업과 과제에 드는 시간도 많기는 하지만 사실 마음속의 우선순위는 연구가 되는 경우가 많은 것 같다. 연구는 주로 교수님께서 진행하시는 프로젝트에 참여하면서 함께 하는 연구가 대부분이며 수업 과제를 발전시켜서 연구로 진행하는 경우도 있다. 프로젝트 연구의 경우 마감 기한이 대체로 정해져 있기 때문에 수업 과제보다도 우선순위가 높아지는 경우가 꽤 있다.

연구는 연구의 종류별로 굉장히 다양한 활동이 이루어질 수 있겠지만 크게 연구 내용을 만드는 일과 이를 전달하는 일로 나뉜다. 먼저 연구 내용을 만들기 위해서 양적 연구의 경우에는 데이터를 수집하고 통계 프로그램을 통해서 분석하는 업무를 주로 하고 질적 연구는 인터뷰하고 인터뷰 내용에 대해서 회의를 통해서 분석하는 업무를 주로 한다. 데이터를 수집하거나 인터뷰 참여자를 모집하기 위해서는 연구 참여 홍보도 필요하다. 그 외의 연구 방법들에 따라서 연구물을 만들어 내는 방법은 다양하다.

그다음은 연구 내용을 다른 사람에게 전달하는 일이다. 학술대회에 나가서 발표를 하는 일도 있고 혹은 학술지에 투고하는 작업도 있다. 나의 연구 질문이 어떤 맥락에서 나타났고, 다른 연구와는 어떤 차별점이 있고 어떤 의미가 있는지 다른 사람이 이해하기 쉽게 글로 적고 표현하는 작업을 해야 한다. 또 연구 내용을 전달하는 일에는 연구를 학술지에 투고하기 위해서 투고지 양식에 맞추어서 편집하는 일까지도 포함된다.

연구 내용을 만들고 전달하는 일을 진행해 가는 과정 모두에 걸쳐서 교수님 혹은 다른 동료 연구자들과 함께 협업을 잘 하는 것도 중요하다. 이를 위해서 연구 진행 상황들에 대해서 서로 누락되는 것 없이 확인할 수 있도록 회의록을 남기거나 데이터를 잘 관리하는 일들도 필요하게 된다. 석사과정 선생님들과 함께 일을 하게 되는 경우에는 알맞게 일을 배분하는 업무를 하게 되기도 한다. 생각보다도 다양한 업무가 하나의 연구물을 만드는 데 필요하다.

연구를 진행하면서 그 외의 행정업무도 처리해야 한다. 연구를 진행하기 위한 인건비부터 설문조사 보상비, 인터뷰비, 자문비, 시설 장비 비용 등 다양한 종류의 회계처리가 필요하며 회계처리에 필요한 서류들을 구비하는 일도 있다. 돈을 받고 연구하는 것으로 인해 자부심이 생기기도 하고 좋은 점도 많지만, 그만큼 해야 하는 일도 꽤 많은 편이긴 하다. 본 업무는 학생일 때만 하게 되는 업무는 아니고 추후 연구비를 받고 일하는 연구자가 되기 위해서라면 모두 하게 되는 일이다. 행정 및 예산 처리 업무를 주로 담당하는 학교의 연구행정팀 혹은 산학협력팀과 잘 소통하고 협력하면서 일을 처리할 필요가 있다.

마지막으로 상담 전공자로서 전문성을 유지하고 약간의 생활비를 조달하기 위해서 상담을 하는 일까지 하고 나면 사실 일상을 보낼 시간은 그렇게 많지 않다. 대학원생의 삶은 직장인보다는 프리랜서에 가깝다. 연구 프로젝트를 몇 개를 하는지, 과목은 몇 개를 듣는지, 논문은 몇 개를 쓰는지에 따라 소요되는 시간이 모두 다르다. 따라서 나의 수준에 맞추어서 할 수 있는 만큼만 할 수 있는 게 중요한데, 이게 참 말처럼 쉽지는 않다.

대학원 생활 팁

첫째: 시간 관리

대학원 생활은 직장생활과 비슷하기도 하고 다른 점들도 많은 것 같다. 연구실의 연구 프로젝트의 업무를 맡아서 하게 되면 프로젝트

타임라인에 맞춰서 일을 해내야 하고, 행정적인 처리도 하게 된다. 동시에 수업 과제나 개인적인 연구들도 해내야 한다. 연구실에 따라 다르겠지만 나의 경우에는 정해진 출퇴근 시간이 있지는 않았음에도 감당해야 할 일들이 많았기 때문에 대학원생에게 시간 관리가 가장 중요한 문제 중 하나였던 것 같다.

시간 관리에 도움이 되었던 것 중 첫 번째는 일정한 루틴을 만드는 것이었다. 직장인과 비슷하게 맞추어서 9시부터 일상을 시작하고 퇴근 시간도 나름 정해 보았다(퇴근이 잘 지켜지지는 않지만……). 다행히 남편이 옆에서 재택근무를 같이 하고 있어서 남편의 근무 시간에 잘 맞출 수도 있었다. 일정한 루틴을 마련하고 나면 내가 그 시간 안에서 할 수 있는 일의 범위를 파악하기가 쉽고 일을 계획하기도 좋았다.

두 번째로는 타임라인을 파악하는 것이다. 특히 연구실 프로젝트 일을 일이 나한테 주어진 대로 해내야 한다고 생각하면 매번 기한을 맞추는 것도 힘들고 다른 개인적인 업무나 일을 할 시간도 부족해진다. 연구실 프로젝트의 전체적인 타임라인을 교수님께 여쭤 보거나 함께 상의하면서 파악해 두고 나면 언제 바쁜 시즌인지, 언제 덜 바쁜 시즌인지 확인할 수 있어서 좋았던 것 같다. 이는 학기 중 수업 시간표에도 동일하게 적용되었다. 중요한 발표는 언제 있는지, 과제는 언제까지인지 캘린더에 먼저 표시해 두고 나면 개인적인 업무나 공부는 언제 할 수 있을지에 대한 예측이 가능해서 시간 확보를 할 수 있었다. 물론 그럼에도 갑작스러운 업무들이 생기지 않는 것은 아니지만 그나마 시간을 효율적이고 주도적으로 쓸 수 있는 방법 중 하나인 것 같다. 연구실에서 프로젝트의 기한이 공유가 되고 있지 않다면 함께 공유하도록 제안하는 것도 방법이라고 생각한다.

마지막으로 시간 관리나 일정 관리를 위해서 구글 캘린더, 노션 등의 애플리케이션들을 활용하는 것도 도움이 많이 된다. 구글 캘린더는 깜빡하기 쉬운 너무 다양한 일정들에 대해서 알림을 미리 받을 수도 있고, 매주 반복되는 일정도 쉽게 저장해 둘 수 있어서 좋았다. 다른 팀원과 함께 있는 회의의 경우에는 메일로 초대를 바로 보낼 수도 있어서 유용하다. 가능하다면 구글 캘린더를 연구실 전체가 함께 사용하는 것도 도움이 될 것 같다. 노션은 여러 가지 템플릿이 있지만, 특히 프로젝트 일정 관리를 하는 템플릿이 큰 도움이 되었다. 어느 단계에 있는지 확인하기 쉽고 단계별로 빼먹지 말아야 하는 일들에 대해서도 저장해 둘 수 있기 때문에 도움이 된다. 논문작성을 하기 위해서 논문 내용을 정리할 때도 유용하게 쓰일 수 있다.

둘째: 멘탈 관리

대학원생으로 지내면서 생각보다 멘탈 관리를 하는 게 정말 쉽지 않다는 걸 느낀다. 실제로 많은 대학원생이 우울증과 불안장애를 진단받게 된다는 것을 다른 글을 통해서도 많이 접했을 것으로 생각한다. 나도 석사과정 중에 이전에는 경험하지 못했던 우울과 불안을 경험하게 되었다.

다른 사람들도 마찬가지겠지만, 대학원생이 가장 쉽게 빠지기 쉬운 생각 중 하나는 '나는 부족하다.'인 것 같다. 정해진 정답을 맞히는 게 아닌지라 논문을 쓰는 일이나 과제를 하는 일, 연구하는 일, 발표하는 일도 퀄리티의 기준을 높이면 한없이 높아지는 것 같다.

높은 기준에 맞추어서 나를 평가하다 보면 한없이 작아지고 무능한 사람처럼 느껴지게 된다. 한때 나는 내가 한국어도 못하는 바보라고 생각했던 적이 있다. 그렇지만 그렇게 나를 갉아먹다 보면 오히려 일을 해낼 수가 없고 불안한 마음에 일을 더 망치는 경우도 있는 것 같다.

그래서 요즘은 최소한의 기준만 세워 두고 이를 넘기면 우선은 더 파고들지 않는 방식을 취하고 있다. 물론 이 '최소한의 기준'이 세워지기까지 많은 시행착오가 있었다. 학술지 형식을 맞추고 다른 사람이 이해하기 쉬운 논리적인 글을 쓰는 것까지의 기준을 알지 못했을 때는 더더욱 나를 믿기가 어려웠고 힘들었는데, 시행착오를 겪다 보면 어느 정도의 기준이 생기게 되었다. 처음부터 잘하는 사람은 없으니까, 처음에 내가 '최소한'도 못했다고 느꼈을지라도 배우면 된다고 생각하는 것이 훨씬 도움이 되었다. 그렇게 시행착오 속에서 생긴 기준이 있으면 우선 그 기준을 넘겼다고 생각하면 더 이상 파고들지 않는 게 도움이 된다. 그렇게 나의 기준을 세우고 내가 나를 지켜 줄 수 있는 힘이 대학원생에게 필요한 것 같다.

두 번째로 대학원생이 힘들어하는 것 중 하나는 보상 지연일 것 같다. 사실 다른 노동을 하는 친구들에 비해서 나의 노동이 적절하게 보장받고 있는지 모르게 느껴질 때도 있고, 그렇다 보니 내 가치 자체가 너무 작게 느껴질 때가 있다. 그런 의미에서 BK 대학원생 장학금이 큰 도움이 되었다. 내가 하고 있는 공부나 업무가 사회에 기여를 하고 있고 보상을 받을 수 있는 일이라는 것을 아는 것이 도움이 많이 되는 것 같다. 이를 위해서 연구 프로젝트에 참여해서 보상을 받는 경험을 쌓는 것도 유익하다. 추가로 나도 잘 하지는 못하고 있지만 내가 한 공부를 잘 정리해서 블로깅을 하거나 유튜브에 영상을 올림으로써 가치 창출을 해 보는 경험도 해 볼 수 있으면 좋을 것 같다. 학습에도 도움이 될 뿐만 아니라 지식 생산자로서의 나의 정체성을 더 확실히 하면서 나에 대한 가치 평가 절하를 하지 않게 도와줄 수 있기 때문이다.

세 번째는 숨 쉴 구멍을 만들어 주는 것이다. 사실 대학원생이 되면 죄인 모드가 된다. 직장인은 그래도 퇴근하면 '합법적'인 쉼이 보장되고 주말에도 회사 일을 굳이 생각하지 않아도 된다. 하지만 대학원생은 앞서 말했듯이 '프리랜서'에 가깝기 때문에 주말에도 주중 저녁에도 해야 하는 일들이 마음에 한가득한 것 같다. 그래서 쉼을 갖는 시간에도 마음이 불편할 때가 있다. 근데 쉬지 않고 계속 일하다 보면 언젠가 지치는 신호가 온다. 그런 면에서 나를 기분 좋게 하는 일이 무엇인지 알고 있는 것이 필요한 것 같다. 나 같은 경우에는 맛있는 맥주 한잔을 마시거나 강아지랑 남편이랑 좋아하는 카페에 가서 맛있는 커피를 마시며 바깥 풍경을 보는 것을 좋아한다. 맥주 한잔 마시고 나면 스트레스가 풀리기도 하고, 아무것도 하기 싫다가도 산책을 잠시 다녀오면 또 할 마음이 생기기도 한다. 인간의 기본적인 욕구는 어느 정도 충족이 되어야 하는 것 같다. 내 욕구에 귀 기울이면서 채워 줄 수 있는 것은 내가 스스로 채워 줄 필요가 있다.

셋째: 건강 관리

멘탈과도 직격으로 이어지는 내용일 수 있는데, 건강을 잘 관리하는 것도 정말 중요하다. 대학원생들이 가장 취약할 수 있는 신체 부위는 허리, 어깨, 눈이다. 그 외에도 너무 오래 앉아 있다 보니 최근 한 건강검진에서 골밀도도 많이 낮아져 있는 것을 확인할 수 있었다. 하지만 정말 몸이 아프면 일을 하기가 힘들고 효율도 내기가 힘들다. 또 '무슨 부귀영화를 누리자고 내가……'라는 생각이 절로 들기도 한다. 그렇기 때문에 유난스럽게 느껴지더라도 내 몸을 관리하는 투자와 노력이 필요하다. 내가 유난스럽게 대학원에 진학하면서 나에게 했던 투자를 소개하고자 한다.

먼저 허리 건강을 위해서 높이 조절이 가능한 모션데스크를 추천한다. 모션데스크가 있음에도 여전히 많이 앉아 있게 되지만, 가끔 긴 시간 동안 회의를 해야 하거나 오랫동안 앉아서 작업을 해야 할 때 일어나 주면 내가 얼마나 허리가 아팠는지를 절감하게 된다. 모션데스크가 없으면 주기적으로 일어나서 산책해 주는 게 정말 중요할 것 같다(허리를 위해 투자한 것은 아니었지만 그런 면에서 인간을 산책시켜 주는 우리 집 강아지도 큰 도움이 된다).

두 번째로는 모니터다. 사실 회사에 가면 듀얼 모니터 하나씩은 다 주는 걸 알고 있을 것이다. 연구실에서 제공해 준다면 정말 좋겠지만, 그런 환경이 아니라면 노트북과 연결이 되는 모니터를 하나쯤 사 두는 것을 추천한다. 요즘 대부분은 PC 없이 노트북만 사용하는 편일 것이고 나도 학부 때까지는 그것으로 충분했다. 하지만 깨알 같은 통계 데이터를 보거나 논문 리뷰를 하면서 오타를 찾아내야 할 때 등 큰 모니터가 없으면 어쩔 뻔했나 하는 생각이 들 때가 있다. 눈도 너무 아프지만 정말 작은 화면으로는 일의 능률을 내기가 어렵다. 잘 보이지 않으면 일을 시작하기도 싫고 대충하게 된다. 모니터로 일단 글씨를 키워 보면, 하기 싫었던 일도 조금은 흥미가 생기기도 한다. 모니터는 정말 꼭 필요한 물건 중 하나라고 생각한다.

세 번째는 운동이다. 정말 뻔한 이야기처럼 들리겠지만 운동은 대학원생에게 여러모로 도움이 된다. 근력량을 키우거나 자세를 교정하는 데도 우선 큰 도움이 되고, 멘탈 관리 측면에서도 좋다. 우선 대학원생은 앞서 말했듯이 자기효능감을 느끼기 어려운 환경이다. 경제적인 보상이 있는 것도 아니고, 늘 부족하게 느껴진다. 그런데 운동을 하면 예전보다 나아졌을 때의 자기효능감을 느낄 수 있다. 예전에 못 들던 것을 들게 되었을 때 '뿌듯함!'을 느낄 수 있다. 그렇게 느낀 자기효능감이 다른 영역으로도 이어진다. 무엇보다도 잠시라도 핸드폰을 보지 않고 있을 수 있는 그 시간이 정말 좋다. 물론 어디선가 연락 올 걱정에 늘 핸드폰을 가지고 들어가기는 하지만 그 시간에는 그나마 핸드폰과 멀어질 수 있는 좋은 시간이다. 정신건강과 신체건강에 모두 도움이 되는 운동도 할 필요가 있는 것 같다.

넷째: 커리어 관리

사실 대학원생은 일반적인 직장인들과 다른 커리어를 쌓게 되면서 소외감을 느끼는 경우도 많다. 블라인드와 같이 직장인들이 사용하는 커뮤니티에도 속하지 못하고, 링크드인에 경력을 기술하기 애매할 때도 있다. 그러다 보면 사회에서 도태되고 있는 듯한 느낌을 받게 된다. 대학원생도 자신의 경력관리를 꾸준히 업데이트 하면서 자신의 경력들을 정리해 둘 필요가 있다고 생각한다.

소셜 네트워크 서비스 중 연구자를 위한 것도 있다. 'Research Gate(https://www.researchgate.net/)'가 대표적인 예시인데 나의 전공, 스킬 등을 기술하고 내가 진행한 연구도 업데이트해서 적어 놓을 수 있다. 보통 정신없이 내가 어떤 연구를 하고 있는지도 모른 채 진행하게 되는 경우가 많은데, 자신의 연구를 지속해서 업데이트 하는 작업을 통해서 내가 그동안 어떤 방향으로 연구를 해 왔는지 정리할 기회가 된다. 그리고 이 작업은 앞으로의 연구 방향을 정리하는 데도 큰 도움이 된다. 또 무엇보다도 뿌듯함을 느낄 수 있다. 본 사이트를 통해 다른 학자들과 메시지를 보내는 등 소통하는 것도 꽤 편하기 때문에 여러모로 활용해 보면 유익한 것 같다.

마무리

글을 적다 보니 뻔한 이야기인 것 같기도 하고 이 글만 읽으면 내가 굉장히 대학원 생활을 잘 하고 있다고 느낄 것 같아 부담이 되기도 한다. 사실 나도 지칠 때도 많고 내가 맞게 잘 가고 있는 건지 의문이 들 때도 있다. 아직까지 부족한 공부도 많아서 지난 1년 반 동안 더 하지 못해서 아쉬운 점도 많다.

그래도 나름대로 최대한 솔직하게 나에게 도움이 되었던 점들, 그때 내가 알았으면 좋았을 점들을 적어 보았다. 매스컴이나 온라인 커뮤니티를 보면 대학원생의 삶이 많이 안타깝게 그려지고 있는 것 같다. 학생들이 최대한 내가 이 연구를, 공부를 통해서 얻고 싶은 것이 무엇인지 상기하면서 나의 자율성을 되찾는 것이 중요한 것 같다. 또 학교도 학생들의 노동력의 값어치를 높게 평가해 주고 공부하기 위한 지원을 충분히 해 준다면 학생들이 더 보람을 느끼고 존중받는다고 느끼면서 주도적으로 자신의 일을 해 나갈 것 같다. 대학원생들이 더 행복하고 존중받으면서 연구해서 사회에 도움이 될 수 있는 일들을 많이 해 나갈 수 있으면 좋겠다. 연구자의 직업도 더 가치 있고 필요한 일로 조명될 수 있으면 좋겠다. 또한 아무쪼록 이 글이 대학원생은 무엇을 하며 사는지 궁금하거나 대학원생의 삶을 시작하기 전에 막막한 사람에게 조금이나마 도움이 되었으면 한다.

03
코로나 학번 표류기

송초의 (교육행정전공)

슬기로운 온라인 대학원 생활

2020년 9월, 직장 생활을 하다가 5년 만에 학업의 길로 다시 돌아오면서 나는 새로운 대학, 새로운 학과, 그리고 새로운 시대의 박사과정생이 되었다. 나는 타 대학에서 지극히 평범했던 시절에 석사과정을 했었기 때문에 서울대학교에서 첫 학기는 인생에서 처음으로 마주하게 된 낯선 환경에 적응하기 위한 노력이 더 필요했던 시간이었다.

학기 초 신입생으로 소개될 때마다 '코로나 학번'이라는 꼬리표가 붙으면서 안타까운 시선을 받기도 했다.

박사과정에 합격했었을 당시 세종시에 거주하고 있었는데, 상황이 나아져서 대면 강의가 가능할 수도 있다는 희망과 "학교에 매일 출퇴근하며 학우들과의 학문 · 사회적 교류, 연구실 모임을 하는 것이 박사과정에서 중요하다."는, 나보다 먼저 박사과정의 대학원 생활을 해 보았던 남자친구(현 남편)의 조언에 따라 기숙사를 신청하게 되었다.

오랜만에 학교로 돌아오니 대학생 새내기 때의 마음으로 설레어 학기가 시작되기만을 손꼽아 기다렸지만, 코로나 확진자 수의 지속적인 증가로 거리 두기 단계가 강화되면서 학교 캠퍼스는 생기 없이 적막한 모습이었다. 수업은 당연하고, 기대했던 교수님과 학우들의 만남도 비대면인 온라인으로 할 수밖에 없게 되자 나는 기숙사 생활이 외로워져 다시 세종시에 있는 집으로 돌아갔다. 학교 기말시험 기간에 학교 도서관이나 학교에서 제공하는 패키지 프로그램을 사용해야 할 때는 기숙사에서 지내기도 했지만, 기숙사에서 지낸 날은 한 학기 통틀어 열 밤도 채 되지 않는다.

사실 상당히 내향적인 성격을 지닌 나로서는 혼자만의 공간과 시간을 보낼 수 있어서 편하기도 했지만, 모든 강의가 전면 온라인으로 진행되면서 한 번도 강의실에서 수업을 들어 볼 수 없었고, 학과 사람들과 연구실 팀원들과도 만나서 친분을 쌓을 기회도 거의 없었다. 특히나 박사과정에서 학우들과의 지속적인 학문적 교류나 상호작용이 중요하다는 것을 알고 있기에 마음 한구석에 돌덩이가 얹힌 것처럼 무거웠다.

내가 입학하기 전인 봄학기부터 이미 대학 강의가 전면 온라인 비대면 수업으로 전환되었던 것을 보고 나의 첫 학기 내에 강의실 수업으로의 복귀는 어려울 것이라고 예상하지 못한 바는 아니지만, 우리나라 최고의 대학으로 불리는 서울대학교에 들어와서 무려 네 번의 학기 동안 강의실에서 수업을 들어 보지 못한 채 방구석 캠퍼스

라이프를 보내게 될 줄은 몰랐다.

온라인 수업의 장점을 뽑아 보자면, 시간이 자유롭고 강의실 이동 시간이 필요 없다는 것이다. 그래서 첫 두 학기에는 학점을 꽉 채워 수강 신청을 했다. 강의들이 시작되면서 가장 놀랐던 부분은 지난 학기 동안 온라인 수업에 필요한 모든 시스템이 자리 잡고 있었던 것이었다. 수업 방식이 기존과는 다른(혹은 새로운) 기술과 도구로 대체되고 있는 것을 보고 감탄했던 기억이 있다. 특히 화상 플랫폼인 줌(Zoom)과 파일 공유 플랫폼인 구글(Google)의 공유 드라이브는 온라인 수업을 진행하는 데 필수불가결한 존재였다.

개인적으로 영상을 통해 얼굴을 마주 보며 대화하는 것이 어색해서 전혀 사용하지 않았던 기능이었는데 인간은 적응의 동물이라고 하지 않았던가. 첫 학기의 중반쯤 되자 적응을 넘어서 퇴행하는 것은 아닌지 걱정이 될 정도로 온라인으로 수업을 듣거나 미팅을 하는 상황이 스스로 놀랄 만큼 자연스러워지고, 오히려 대면이 어색하게 느껴졌다. 그리고 이렇게 어려운 상황에서도 교수자와 학습자가 합심해서 학업을 지혜롭게 이어 나가는 모습은 참으로 멋지다는 생각이 들었다.

하지만 비대면 온라인 수업의 한계는 어쩔 수 없었다. 내가 경험했던 과거의 대학원 생활에서는 수업 밖에서 사람들과 만나는 시간이 값졌던 기억이 있다. 수업에 대해서, 생활에 대해서, 관심사에 대해서 함께 이야기를 나누면서 대학원 생활을 잘 견딜 수 있는 원동력이 되기도 했으며 도움이 필요할 때 서로 언제든지 나눌 수 있는 편한 사이가 될 수 있었다. 그렇지만 처음부터 비대면 온라인 수업으로 시작한 새로운 대학원 생활에서는 그런 일이 어려웠다. 같이 수업을 듣고, 팀별 과제를 하게 돼도 스몰토크만 오갈 뿐이었고 접속을 종료해 버리면 그만이었다. 화면이 꺼질 때마다 한순간에 나만의 공간에 홀로 남겨져 버리는 그 느낌이 그다지 좋지 않았던 것 같다.

그리고 내 성격 탓일 수도 있겠지만, 하루 이틀 만나서 식사하고 차 한잔하면 쌓일 친분을 한 학기 넘게 공들여야 했다. 대면할 수 없는 만큼 예의를 더 갖추었고, '친하다'라고 말하기는 어려운 적당한 거리를 두고 있는 선 · 후배, 동기가 되었다. 이 부분은 앞으로 자연스레 극복하게 될지, 아니면 내가 더 적극적으로 노력해야 하는지 모르겠지만, 나의 정신건강을 위해서 이 시대에서 지금 정도면 되었다고 생각하기로 했다.

'학문적 외로움'은 끊임없이 찾아왔다. 내가 지금 가지고 있는 관심사나 연구에 대해서 나누고 싶고 사람들의 이야기도 들으며 학문적 사고의 폭을 넓히고 싶은데, 대면적 만남이 어려운 시대에서는 이것이 생각보다 쉽지 않기 때문이다. 나에게는 사랑하는 가족도 있고 친구도 있으니 마음은 외롭지 않았는데, 학문적으로 외로웠다. 특히 첫 학기 때는 기말고사 기간이 다가오자 문제가 더 심각해졌었다. 연구 주제에 대해서 허심탄회하게 이야기 나눌 상대도, 내가 난관에 부딪혔을 때 편하게 도움을 요청할 상대도 없다 보니 심적으로 너무 불안했고 나 홀로 망망대해를 표류하는 듯했었다.

하지만 나는 단지 코로나 학번이라는 특수한 타이틀이 있는 것일 뿐, 코로나 시대의 모든 교수님과 대학원생이 온라인 비대면 수업을 하고 있었다. 그리고 전공 교수님들은 학생들이 가지고 있는 불안한 마음을 공감해 주셔서 마음의 위로를 받을 수 있었다. 그리고 학기가 거듭되면서 팀별 과제를 선호하게 되었는데, 과제를 같이 하게 되니 연구에 대해서 논의할 상대가 생겼고 혼자가 아니라는 든든함이 너무 좋았다.

코로나 학번으로 입학 후, 네 번의 비대면 학기를 보내면서 나의 슬기로웠던 대학원 생활 십계명을 정리해 보았다.

첫째: 학업 분위기 조성하기

수업을 듣고 집중할 수 있는 공간을 정해야 한다. 비대면 온라인으로 시공간이 자유롭다고 해도 일정한 학업 분위기를 유지하는 것이 중요하다고 생각했다. 특히나 집은 가장 편하게 있을 수 있는 곳인 만큼 집중력이 쉽게 흐트러질 수 있어서 먹고, 자고, 쉬는 공간과 학업 공간을 철저하게 분리했다.

둘째: 나만의 루틴 만들기

일정한 하루하루를 보내기 위해서 루틴을 정하고 유지했다. 기상 시간을 정해 놓고, 세 끼를 잘 챙겨 먹기 위해서 식사 시간을 잘 지키는 것을 기본으로 했다. 그리고 책상 앞에 앉아서 그날 해야 할 일들을 접착 메모지에 순서대로 적어서 컴퓨터 앞에 붙여 놓는 것으로 하루를 시작했다. 소소한 루틴이었지만 시간 관리와 매일 긴장감을 줄 수 있는 장치였다.

셋째: 일정을 꼼꼼히 확인하기

학교 안에 있다 보면 정보 나눔도 활발히 하고 학사 일정에 대해서 서로 알려 주기도 한다. 하지만 비대면 상황에서는 정보교류의 한계가 있어서 나에게 필요한 일정을 잘 확인해서 놓치지 않도록 스스로 잘 챙겨야 했다.

넷째: 자유로운 시간을 잘 활용하기

내가 집에서 서울대학교까지 왕복 통학을 하려면 약 4시간이 소요된다. 그러나 온라인 수업으로 이동 시간을 아낄 수 있었다. 그리고 24시간 중 수업시간을 제외한 나머지 시간은 내가 자유롭게 쓸 수 있는 시간이었기 때문에 시간 배분과 관리가 중요했다. 수업시간을 제외하고 매일 같은 학업량을 맞추려고 노력했다.

임신 중후기 동안에는 몸이 무겁고 호흡이 힘들어서 밤에 숙면하는 것이 어려웠는데, 그때는 밤과 새벽에 학업량을 채우고 낮 동안에는 틈틈이 짧게 낮잠을 자는 것으로 휴식을 취했다.

다섯째: 멘탈 관리하기

혼자 동떨어진 공간에서 반복되는 하루하루를 보내다 보면 매너리즘에 빠지거나 알 수 없는 우울감에 사로잡힐 수 있다. 내 멘탈을 잡아 줄 수 있고 빠르게 기분 전환할 수 있는 것이 필요했다. 나에게는 아이스 밀크티와 남편과의 드라이브가 내 멘탈을 잡아 줄 수 있는 것들이었다.

여섯째: 비대면 원격 툴 사용법 숙지하기

원활한 온라인 수업을 보조해 주는 비대면 원격 툴의 적극적인 활용이 요구되었다. 화상 플랫폼에서 화면 공유 기능과 구글 드라이브는 팀 과제를 할 때 특히 유용했다. 실시간으로 작업한 내용을 공유하고 논의할 수 있어서 즉각적인 피드백을 반영할 수 있었다.

일곱째: 온라인으로 하는 발표에 익숙해지기

처음 온라인 수업에서 발표할 때 느낀 것은 '혼자 떠들고 있다.' 였다. 나 홀로 있는 공간에서 모니터만 바라보고 말을 하려니 내 말이 제대로 전달되고 있는지, 사람들이 내 말을 잘 듣고 있는지 굉장히 신경이 쓰여서 내 발표에 집중하기 어려웠었다. 대면이 아닌 만큼 현장감이 없어서 화면 속 사람들의 표정이 유일한 상호작용 지표였다. 그래서 교수님이나 학우 중에 내가 편하게 생각하는 한 사람의 화면상 반응을 응시하면서 하니 마음이 한결 편해졌었다.

여덟째: 건강 관리하기

내가 생각하는 온라인 비대면 수업의 가장 큰 단점은 움직이는 반경이 좁다는 것이다. '코로나 확찐자'라는 우스갯말이 있듯이, 생활 반경의 제한은 운동 부족과 체중증가로 이어졌다. 박사과정은 마라톤이고 체력전이기도 해서 지도교수님도 건강관리를 가장 많이 강조하셨었다. 나는 운동을 좋아하는 사람은 아니지만, 앞으로도 잘 버티기 위해 유산소 운동과 영양제 챙겨 먹기는 꾸준히 해 오고 있다.

아홉째: 가상배경 정하기

화상 통화 플랫폼 줌(Zoom)에서는 자기만의 가상배경을 설정할 수 있다. 상체만 간신히 보이는 온라인 영상 속에서 새로 산 옷을 뽐낼 순 없지만 내가 마음에 드는 그림이나 사진을 배경으로 설정함으로써 SNS의 프로필 사진을 바꾸듯 나의 성향을 표현하기도 하고 자칫 심심할 수 있는 화상 공간을 다채롭게 꾸미는 재미를 느낄 수 있었고, 다른 학우들이 설정한 다양성 있는 가상배경을 보는 것도 흥미로웠던 것 같다.

열째: 안정적인 인터넷 환경 설정하기

온라인 수업에 익숙하지 않았던 첫 학기에 무선 인터넷을 사용하다가 인터넷이 끊기는 순간들이 몇 번 있었다. 수업을 듣거나 회의를 하던 도중에 연결 오류로 화면이 멈추거나 강제 종료되는 바람에 내용을 놓쳐서 굉장히 당황스러웠던 경험이 있다. 이러한 경험을 몇 차례 한 이후부터는 수업을 듣거나 중요한 발표가 있을 때는 문제가 생기지 않도록 반드시 유선으로 인터넷 연결을 해 두었다.

학업과 삶, 한번에 잡을 수 있었던 기회

한 학기면 평범했던 지난날들의 일상으로 돌아갈 수 있을 것이라 기대했지만 COVID-19의 장기화로 앞으로 약 1년 동안은 비대면 온라인 수업이 예정되었다. 이 점을 고려해서 인생 타임라인을 재편성하기로 했다. 당시 내 거주지는 세종시였다. 학교 기숙사에서 떠돌이 생활을 해야 하는 문제나 통학에 대한 부담이 없어져 심적 여유가 생기면서 이 기회에 인륜지대사를 치르기로 했다. 특히나 소규모 결혼식을 꿈꿔 왔던 나에게 코로나 시대에 결혼식을 올리는 것은 꽤 좋은 핑곗거리가 되었다.

결혼 준비 업체와 식장을 천안시에 있는 곳에서 했었는데 나는 세종시에서, 예비남편은 화성시 동탄에서 SRT로 왔다 갔다 하며 순조롭게 진행할 수 있었다. 한 가지 아쉬웠던 것은 결혼식 준비를 늦게 시작하는 바람에 우리에게는 결혼식 날짜의 선택권이 거의 없었다. 이 마저 코로나라는 특수한 상황으로 자리가 남아 있는 거라며 식장 측에서는 우리에게 운이 좋다고 말했었다.

가능하면 종강 후에 하고 싶었는데, 4월 중간고사 기간과 결혼식 날짜가 겹치게 되었다. 학기 중에 수업 들으랴 과제 하랴 긴 시간을 컴퓨터 앞에 앉아 있으니 눈은 충혈되기 일쑤였고 나날이 푸석해지는 피부와 한껏 뭉쳐 버린 어깨 근육을 피할 수 없었다. 결혼식을 며칠 앞두고 얼굴과 몸에 다양한 관리를 받는다는데 안타깝게도 나는 그럴 여유 없이 중간고사로 여러 밤을 지새웠던 것 같다. 그리고 결혼식을 마친 후에도 호텔 방에서 중간 보고서를 작성했어야 하는 웃지 못할 에피소드가 생겼다.

신혼집에서 가장 많이 신경을 쓴 공간은 서재였다. 남편은 로망이었던 'home gym'을 포기하고 내가 편하게 수업을 듣고 학업에 열중할 수 있도록 방 하나를 연구실처럼 만들어 주었다. 결혼 후에도 나는 학기 중이었기 때문에 사는 곳만 달라졌을 뿐 바로 일상으로 돌아올 수밖에 없었고, 신혼여행도 종강한 후에 가기로 했다. 사실 박사과정을 시작해 보기로 했을 때 내가 기숙사에 살게 돼서 결혼하자마자 주말부부를 하게 되면 어쩌지 하는 걱정이 있었는데 그럴 필요가 없게 되어서 내심 좋았다.

나도 남편도 아이를 원했지만 '언제'가 문제였다. 결혼했을 당시 내 나이는 이미 만 33세, 의학적으로 노산의 기준이 되는 만 35세를 코앞에 두고 있었다. 마음은 초조해졌고 박사과정 중에 임신과 출산하는 것에 대한 부담감과 박사과정 수료 이후가 되면 내 나이로 인한 문제가 생기게 될까 봐 고민이 되었다. 그러면서 내렸던 결론은 "완벽한 타이밍은 없다!"였다. 그리고 비대면 온라인 수업이 장기화되고 있는 상황이 어쩌면 기회일지도 모른다는 생각에 우리가 시점을 정하기보다 운명에 맡기기로 했다.

그러나 그 운명을 받아들이는 데에는 긴 시간이 걸리지 않았다. 결혼 한 달 만에 새 생명이 찾아왔다. 한 학기 안에 결혼과 임신을 하는 겹경사를 맞게 되었다. 다행히 출산예정일은 학기 시작 전인 2월초였다. 임신을 확인했을 때는 기말고사 기간이었는데, 설렘 반 두려움 반으로 집중하기 어려워 중간고사만큼이나 고생을 했었다.

학기가 끝나자마자 배 속에 아이를 품고 남편과 제주도로 미뤄 두었던 신혼여행을 떠났다. 안타깝게도 도착한 다음 날부터 시작된 입덧은 매일 더 심해졌다. 신혼여행 계획을 세울 때만 해도 해외 입국 제한으로 비록 국내로 가게 되었지만, 학기를 잘 마무리하고 가벼운 마음으로 하루 세 끼 꼬박꼬박 제주도 특산물만 먹으며 여름 바다도 즐길 생각으로 가득했었는데 맛집 리스트에도 없는, 길 가다가 보이는 냉면집에서 물냉면을 먹거나 편의점 어묵탕으로 힘겹게 끼니를 때울 수밖에 없었고, 양가 부모님께 보내 드릴 갈치를 사러 갔다가 시장 한복판에서 의식을 잃을 뻔한 아찔했던 추억이 남아 있다.

나는 당시 8월 말에 종료되는 연구과제와 출산예정일이 있는 이듬해 2월에 진행될 국외 워크숍 프로젝트에 참여하고 있었다. 조사와 문서 작성을 계속해서 해야 했지만, 일상생활이 어려워질 정도로 심한 입덧을 겪게 되면서 꾸준하게 작업을 하지 못해 하루 이틀이면 끝낼 일들이 일주일씩 걸리기도 했다. 나로 인해 연구와 프로젝트 진행, 결과보고서 작성 등에 차질이 생기지 않게 하려고 무던히 애를 썼던 것 같다. 아마도 작업과 회의가 온라인에서 이루어졌기 때문에 문제없이 할 수 있었지 않았나 싶다.

연구과제가 마무리되고 입덧이 잠잠해질 때쯤 다시 새로운 학기가 시작되었다. 그동안 느긋하게 쉴 새는 없었지만 세 번째 학기도 전면 온라인 비대면 수업으로 확정되면서 나는 임신 5개월이었지만 휴학하지 않고 학기를 이어 나갈 수 있었다. 오래 앉아 수업을 듣고 과제를 하는 게 무거운 몸으로 쉽지 않아서 틈틈이 휴식을 많이 취했어야 했지만, 임신 중에도 학업을 병행할 수 있어서 참 다행이라고 생각했다. 그리고 굳이 시간 내서 태교하지 않아도 아기에게 좋은 영향을 주고 있는 것 같아 행복한 시간이었다.

종강 후 국외 워크숍 프로젝트에서 내가 맡은 부분을 가능한 선에서 마무리를 하고 38주 차에 출산휴가에 들어갔다. 일자를 따져 보았을 때 출산예정일에 맞춰 출산한다면 개강 전에 집에 돌아올 수 있을 것 같아 야심 차게 네 번째 학기의 등록을 하기로 했다. 수강신청을 한 수업도 비대면 온라인 수업으로 예정되어 있었고 계획상으로는 완벽했지만, 아이가 예정일보다 늦게 태어나면서 입원 기간과 조리원 기간을 합치니 퇴소일이 개강일이었다. 생후 18일이 된 신생아를 데리고 집에 와서 적응할 시간도 없이 학기가 시작되었지만, 다행히 빠른 회복으로 몸 상태가 강의를 듣기에 무리가 없었다.

친정어머니께 아기를 맡기고 서재 문을 닫고 수업을 들었다. 처음에는 아이가 울어도 밖에 나가 볼 수 없는 상황이 답답하기도 했지만, 그 시간만큼은 친정어머니와 아이를 믿고 오롯이 수업에 집중할 수 있도록 노력했다. 그러고는 쉬는 시간이 주어질 때마다 아이를 보는 것으로 에너지를 충전했는데 그것만으로도 더 힘내서 학업에 매진할 수 있는 원동력이 되었다.

팀 과제 회의는 늦은 오후나 일요일에 시간을 정할 수 있도록 팀원들의 배려를 받아, 퇴근한 남편이 아이를 돌보는 동안 마음 놓고 회의를 했다. 그리고 수업에 필요한 논문 리딩이나 과제 작업은 아이를 재운 밤이 되어야 집중해서 할 수 있었다. 육아와 학업의 병행이 쉽지는 않았지만, 무사히 학기를 마쳤을 때는 스스로가 대견한 마음에 벅차올랐던 기억이 있다.

박사과정을 시작하기 전부터 내 삶의 타임라인에서 이루어야 할 일들에 대한 고민이 있었고, 뚜렷한 계획을 세우기가 불가능했기 때문에 초조하고 불안했었다. 불운의 코로나 학번이었지만, 박사과정을 밟다가 자칫 타이밍이 늦어질 것 같았던 인생 계획을 알맞은 시기에 할 수 있었던 행운의 코로나 학번이기도 하다.

나는 기독교 신자라 맹신하지는 않지만, 2018년도 겨울 연말에, 모든 일이 정체된 듯 순조롭지 않아 답답한 마음에 사주를 본 적이 있다. 박사과정 진학을 고민하던 나에게 박사과정은 하게 될 것이지만 2020년 이후에 시작하는 것이 좋고, 곧 반듯한 남자를 만나 결혼도 하게 될 것이라고 했었다(그다음 해 늦봄에 지금 남편을 만나게 되었다). 그때 들었던 말을 의식해서 시기를 정한 건 아니었는데 지나고 보니 정말 그렇게 돼서 '아, 나의 운명이었나!' 싶기도 하다.

나는 벌써 다섯 번째 학기의 시작을 앞두고 있고, 여전히 코로나 시대의 박사과정생이다. 아직 코로나가 종식되지는 않았지만, 점차 일상으로 돌아가고 있고 이제는 교단에서 학생들을 마주 보고 계신 교수님을 뵙고, 강의실에서는 학우들과 함께 수업할 수 있는 대면 수업이 가능해졌다. 처음 입학하는 것처럼 설레기도 하고 낯선 마음이 들기도 한다. 앞으로 나의 박사과정 대학원 생활이 더 풍부해지고 지난 학기보다 훨씬 성장하는 학기를 보낼 수 있기를 기대하고 있다.

04
#교사 #대학원생 #나도_모르겠다 #행복하게_살자

안지혜 (교육행정전공)

대학원 진학: 포장도로에서 비포장도로로

누군가가 나에게 교육자의 길을 계속해서 꿈꿔 왔었냐고 물었을 때, 나는 "그렇지는 않아요."라고 답했다. 고등학교 때 지망하던 대학에 떨어지고 재수를 생각하던 내게, 부모님께서 권하신 초등학교 교사라는 길은 꽤나 괜찮아 보였다. 아이들이 좋아서, 뭔가를 가르치는 것이 재밌어서, 여러 과목에 자신 있어서, 어린 나이에 사회생활을 시작할 수 있어서, 대학교가 가까워서? 커서 뭐가 되고 싶냐던 어른들의 질문에 처음으로 직업으로 대답하기 시작했던 초등학교 3학년 때부터 고등학교 3학년까지 10년간 꿈꿔 보지는 않았지만 나쁘지 않다는 마음으로 들어서게 된 초등교사의 길은 생각보다 만족스러웠다.

대학에 입학하고, '자랑스러운 스승의 길'을 가기 위해 꽤 열심히 살아왔다. 교육행정, 교육심리, 교육과정, 교육철학 등 교육학 과목, 피아노, 단소, 장구, 시창(악보를 보고 악보대로 노래 부르기), 바느질부터 상추 심기, 달걀 삶기, 기계체조, 높이뛰기, 축구, 농구, 수영, 무용, 조소, 데생 등 각종 실기와 함께하는 교과 교육학과 교양과목까지 교육대학교의 수많은 교육과정에 충실하게 임했다. 교육대학교는 고등학교처럼 매 학기 전교 등수가 나오는데, 학기 대부분에서 과 수석과 전체 수석은 나의 것이었고 교육실습에서도 수업과 아이들을 다루는 것 모두 "현장 교사만큼 잘한다."라는 이야기를 들었으니 초등교사의 길이 나의 적성이라는 사실을 믿어 의심치 않았다. 수업뿐만 아니라 대학 생활을 즐기기 위해서도 최선을 다했다. 4년간 아르바이트로 생활비를 벌었고, 학과 회장과 동아리 4개(예체능, 종교, 교과 교육학, 봉사)의 회장단을 맡았으며, 흔히 임용고시 준비에 여념이 없다는 4학년 때에도 도서관 자치위원장을 맡았다.

왜 그렇게 열심히 살았냐고 묻는 사람들에게 나의 답변은 늘 "교육대학교에서 졸업하면 바로 교사가 될 거니까요. '학생'일 수 있는 시기를 즐겨야 해서요."였다. 내가 미래에 무엇을 하고 있을지는 대학생인 나에게 너무도 명확했고, 나는 그 포장도로를 즐기기만 하면 된다고 생각했다. 기대했던 대로 신규 임용에 한번에 합격했고, 스물네 살부터 바로 교사로 근무하기 시작했다. 발령 적체 문제로 인해 1년간은 기간제 교사로 근무했지만 그럼에도 불안하다는 생각은 단 한 번도 하지 않았다. 어쨌든 나는 이미 신규 임용에 합격했고 언젠가는 발령이 날 것이며, '교사'인 내가 가르치는 아이들도 교생 시절 만났던 그들처럼 여전히 사랑스러웠기 때문이었다. 기간제 근무가 끝나고, 기대도 하지 않았는데 집에서 걸어갈 수 있는 거리의 학교에 신규 발령을 받아 앞으로 다시는 못 만날 것 같은 최고의 교장 · 교감 선생님을 만났고, 서로 존중하는 학교 문화에서 성장했다. 이렇게도 행복해도 되나 하는 생각이 들 정도로 평화로운 날들의 연속이었다.

그런데 나는 왜 그 길을 두고 휴직을 선택했는가? 대학에서 다양한 과목을 접하고 배우면서 내가 궁금했던 점은 왜 교수님 중 현장 경험이 없는 분이 이렇게도 많을까 하는 것이었다. 교원양성대학의 교수님들은 의심할 여지 없이 교육 전문가일 것이다. 현장 교사 또한 교육 전문가일 것이다. 그런데 왜 현장 교사 출신 교수님들은 별로 없는 것일까? 중등 교사 출신 교수님들과 비교한다면 초등 교사 출신 교수님들은 정말 손에 꼽는다. 현장 중심 학문을 그렇게 외치면서 왜 현장 교사들은 예비교사를 가르치러 돌아오지 않는가? 교사 출신이신 한 교수님께서는 막상 나간 학교 현장이 적성에 맞지 않아 공부를 더 해서 교수가 되었다고 말씀하셨다. 교사가 잘 안 맞으셨던 분이 예비교사를 가르치고 계신 것 자체가 아이러니하지 않은가? 교직이 적성이면서, 현장 교사 경험을 가지고, 예비교사를 가르치는 교사는 정말 존재하기 어려울까? 현장 전문가와 교육학 전문가가 동시에 되는 것은 어렵겠지만, 한 번씩은 모두 경험하고 싶었다. 교육학 전문가가 되어서 현장에서 아이들을 가르치고 싶었고, 현장의 경험을 바탕으로 모교(교육대학교)로 돌아와 예비교사를 가르치고 싶었다. 그렇게 대학 졸업과 동시에 나는 대학원에 입학했다.

석사과정에 입학한 것은 스물네 살의 내가 내린 결정 중 최고의 결정이었다. 일과 중에 아이들을 가르치고, 퇴근 후에 교육대학원을 다니는 5학기는 알차고 뿌듯한 시간이었다. 석사과정의 모든 순간이 행복했다면 거짓말이겠지만, 학교에서 근무하며 그 경험을 바탕으로 교수님 및 동기들과 토론하고 논문을 찾아보고 써 보며 학회를 준비하고 프로젝트에 참여했던 순간들은 돌아보니 행복했다. 할수록 재미있고 새로웠던 전공 공부와 존경하는 지도교수님 덕분에 졸업을 앞두고 결국 박사과정 입학을 결정하게 되었다.

내가 다닌 교육대학교에는 박사과정이 없었기에, 어디에서 박사과정을 수학할 것인지가 큰 고민이었다. 국내 대학원을 입학해야 할지 국외로 갈 것인지를 비롯하여 여러 가지 고민이 있었지만 가장 고민이 되었던 것은 휴직 여부였다. 현직 교사가 해외에서 학위 과정을 받는 경우, 유학 휴직으로 월급 일부를 지원받을 수 있었기에 가장 매력적인 선택지였고, 교과전담으로 학교에서 근무하면서 주 2, 3일을 오갈 수 있는 모 대학원도 또 하나의 선택지였다. 그러나 2019년 여름 석사를 졸업하고 코로나 사태가 시작되며 그간의 고민은 다른 전환점을 맞게 되었다. 우선 부모님의 반대였다. 초등학교부터 대학원, 직장까지 택시 요금 10,000원 거리를 벗어난 적 없는 내가 전염병 사태가 막 시작된 때에 혼자 해외에 있는 것은 너무 위험하다는 것이었다. 다음으로, 학문을 쉬는 동안 달라진 나의 생각이었다. 공부와 일 두 가지 토끼를 모두 잡을 수 있을까? 석사과정도 반일제를 나왔는데, 내가 새로운 학문 공동체에서 스스로에게 부끄럽지 않게 공부할 수 있을까?

박사과정 진학과 관련하여 가장 어려웠던 점은, 박사과정이라는 것에 대해 내가 아는 것이 없다는 것이었다. 얼마나 걸릴지도, 무엇을 배울지도, 무엇을 할지도, 졸업 후의 진로까지도 아는 것이 하나

없었다. 졸업 후에 교수가 정말로 될 수 있을까? 그 전에 졸업은 할 수 있을까? 내가 나 자신도 설득하지 못해서일까, 주변 사람들은 더욱 의문을 제시했다. 정년까지의 길이 보장되었고 직업 만족도도 높은데 왜 굳이 안 가도 되는 길을 걷느냐는 것이었다. 주변 동기들은 결혼도 하고 아이도 낳는데, 그 중요한 시기에 박사과정을 선택해도 후회가 없을 건지 묻는 선배부터 그래서 어떤 대단한 사람이 되고 싶은 거냐는 동기, 공부가 재미있냐는 후배들까지 사람들의 다양한 반응에 많이 고민했었지만, "모르겠어요. 안 해 보면 후회할 것 같아서요. 일단 하고 올게요."라고 대답하고 공부를 시작했다.

박사과정 2년 차인 지금도 여전히 잘 모르겠다. 내가 어떤 사람이 될 수 있을지, 내가 잘하고 있는지. 그래도 확실한 것은, 다시 태어나도 박사과정에 지원했을 것 같다는 것이다. 비록 나의 무식이 너무 크고, 내가 그동안 게으르게 공부해 왔으며, 전일제 석사과정생들이 경험한 만큼 경험하지 못했다는 것을 뼈저리게 느낀 3학기였지만 전공 사람들의 다양한 관심 분야를 보며 학문의 세계가 넓다는 것을 생생하게 체험했고, 경험해 보지 못한 일반대학이라는 넓은 물은 새로웠다. 어디로 가고 있는지, 언제 어디서 어떤 돌이 튈지도 모르는 채 길을 걸어왔지만, 후회는 없다. 여전히 쉽지 않은 길인 것은 분명하지만, 나만의 길이 이제는 나만의 길이 이제는 꽤나 낭만 있는 비포장도로로 보이니 일단은 박사과정이라는 길을 계속 걸어 보는 중이다.

알던 것도 모르고, 새로운 건 더 모르고

3월이 시작되기 전, 학생 생활관을 신청했다. 박사과정은 모두 1인실을 쓸 수 있다고 하고, 나는 학교에서 300km 이상 떨어진 지방 광역시에 살고 있으니 학생 생활관이 안 될 리가 없었다. 신축 학생 생활관을 신청하고, 자취방도 빼고, 올라갈 준비를 한껏 마쳤는데. 학생 생활관 대기 번호가 두 자릿수였다. 이해가 되지 않아 학생 생활관에 전화를 드렸는데, 대학원생은 거리 고려가 되지 않고 서울 외 거주자인지만 본다고 이야기했다. 개강 전에는 대기 번호가 빠지겠지 하고 기다렸지만, 1학기 내내 대기 번호는 빠지지 않았다. 심지어 1학기 대기 번호는 없어지고, 2학기에는 다시 대기 번호를 신청해야 한다고 했다. 코로나로 인해 비대면으로 회의 및 수업, 행사들이 진행되니 필요할 때만 서울을 왕복하며 대기 번호를 기다릴 수 있었지만, 10월에서야 생활관 등록을 할 수 있었다는 것은 꽤 충격적이었다.

1학기 입학을 앞두고, 수강 신청 시즌이 되었다. 석사과정을 다녔던 교육대학원은 매 학기 입학하는 사람의 수가 많지 않았기에 다음 학기에 무슨 과목을 들을지는 동기들과 이야기하여 정하면 됐다. 개설된 과목의 수도 많지 않아 수강 신청의 중요성은 까맣게 잊고 있다가, 수강 신청 기간이라고 하니 수강 신청 사이트에 들어갔는데 과목은 왜 이렇게 많은지. 무엇을 어떻게 검색해야 할지, 장바구니는 무엇이며, 예비 수강 신청은 무엇인지. 머리가 어질어질했다. 매뉴얼을 정독하고, 전공 교수님 세 분의 성함을 검색하고, 강의 계획서를 읽어 보며 정석적인 수강 신청 계획을 세웠다. 알차게 담은 장바구니였지만, 의무 수강강좌가 있다고 해서 다시 조정하고 수정하며 수업을 들었다. 우리 전공의 수업만을 듣는 것보다는 행정대학원이나 연구방법론 관련 타 단과대 수업을 많이 듣는다는 것을 알게 된 건 첫 학기가 끝나갈 무렵이었다. 연구방법론 수업을 못 들어서 아쉬웠었는데, 계절학기 수업이 있다는 말을 듣고 두 번째 수강 신청을 기다렸다. 수강 신청이 어렵다는 것은 알고 있었지만, 단 1초만에 수강 신청이 끝나는 것을 눈으로 보게 된 것은 또 다른 충격이었다. 듣고 싶은 과목을 못 들을 수가 있다니. 다행히 정원 외 신청을 받아 주셔서 즐겁게 들을 수 있었지만, 동기 선생님께서는 정원 외 신청도 인원이 차서 못 들으셨다고 하니 역시 큰 대학은 쉽지 않다 싶었다.

어떻게 수강 신청을 겨우 마무리한 후, 학기가 시작되었다. 모든 과목에서 리포트를 요구하고 매일 많은 양의 리딩이 있는 것도 꽤 부담되었는데, 갑자기 한국어 과목이 영어 수업으로 바뀌기까지 했다. 한국어 리딩도 사전과 참고할 문헌을 찾아가며 읽는데, 영어까지? 심지어 팀별 과제도 외국인 선생님들과 함께? 당연히 길을 잃었다. 영어에 자신이 없는 편은 아니었지만, 비대면 상황에서 하는 영어 수업은 중간에 중요한 내용을 놓치기 일쑤였고 석사과정, 박사과정 선생님들께 물어 가며 수업을 겨우 따라갔다. 번역기라는 멋진 현대 문물 덕분에 매시간 리딩을 조금 더 편하게 해결할 수 있었고, 공부한 내용에 관한 교수님의 질문에 답을 찾아가며 전공에 대한 지식과 함께 한국어에 대한 사랑과 애국심을 기를 수 있었다. 교육행정전공은 매 학기 영어 수업이 있어서 영어 수업을 언제까지고 피할 수는 없다는 것을 알고 있었지만, 한국어 강의 계획서가 개강 직전 영어로 바뀐 충격은 꽤 커서 역시 돌다리도 여러 번 두드려야 한다는 것을 다시 한번 다짐했다.

첫 학기는 적응만으로도 벅차기도 했고 대부분의 수업이 비대면이었기 때문에 박사과정에 입학했다는 실감이 잘 안 났다. 아는 것도 모르는 것 같고, 새로운 건 더더욱 모르겠는데 다들 어떻게 학기를 보내고 있는지 궁금했다. 옆 선생님은 특강을 찾아다니며 듣기도 하고, 다른 선생님은 도서관에서 계속 논문을 읽고 계시는데, 나의 공부는 어떻게 해야 할지 잘 몰랐었다. 공부하겠다는 다짐이 앞서서 입학을 했을 뿐, 어떻게 공부를 할 것이냐는 것에 관한 고민이 부족했다. 무지의 무지(無知)보다는 무지의 지(知)가 낫다고는 하지만, 모른다는 것을 제외하고는 아는 게 없었다. 공부는 어떻게, 얼마나 해야 하는지, 무엇을 해야 하는지 매일 고민했지만, 정해진 답은 없으니 일단은 수업에 집중하는 것을 목표로 삼았다. 원래 어떻게 공부할지 모를 때에는 교과서 위주로, 수업 시간에 집중하는 것이 최고라고 말하지 않는가? 비대면 수업은 수업 외에 유혹적인 요소가 너무 많았기에 쉽지는 않았지만, 매시간 더도 말고 덜도 말고 단 하나라도 얻어 가자는 다짐을 하니 마음이 조금 더 편해졌다. 자율적으로 공부하는 습관을 길러야 한다고 어린이들에게 입이 마르도록 말했는데, 막상 나는 그렇지 못한 것 같아 부끄러웠다.

수업에 조금 적응한 후에는, 전공방에 나가기 시작했다. 교육학과 박사과정 학생들은 전공방 외에도 10-1동에 있는 박사과정 열람실에서 별도의 좌석을 신청할 수 있어서 거기에서 주로 공부를 하는데, 나는 석사과정 선생님들과 편안한 분위기에서 이야기하고 공부하고 싶었기 때문이다. 같은 전공 사람들이랑 친해지는 것도 하나의 목표였고, 옆 사람이 공부하는 것을 살펴보면서 조금 더 자극받아 보자 하는 것이 다른 하나의 목표였다. 코로나 시기에 집에만 있으면서 스스로를 계속 자기합리화하고 나태해지는 것 같아 나간 전공방은 생각보다 더 만족스러웠다. 같은 전공 공부를 하는 선생님들의 얼굴을 실제로 보니 내적 친밀감이 생겨서 수업 시간 내용에 관해 서로 나누기도 하고 고민을 나누며, 나만 힘든 게 아니라는 전우애를 느끼며 학기를 하나씩 버텨 갈 수 있었다. 공부와 연구는 혼자 하는 것이지만 혼자서 할 수 있는 것만은 아니라는 것을 느낄 수 있었다.

공부 외에도 박사과정 생활의 많은 시간을 차지하는 것은 프로젝트 참여였다. 나는 운이 좋게(?) 입학과 동시에 지도교수님께서 하시는 프로젝트에 참여하게 되었다. 조금 독특하다고 생각했던 점은 지도교수님께서 연구책임자가 아니라는 것이었다. 석사 때 참여했던 프로젝트들은 지도교수님과 현장 교사들로 연구진들이 이루어져 있었기 때문에 처음으로 다른 대학의 교수님과 함께 연구하게 되었다는 점이 기대되면서도 걱정이 앞섰다. 우선 행정처리가 매우 복잡했다. 1년 차에는 총 3개의 프로젝트에 참여했다. 학교 자체 행정프로그램을 사용하는 프로젝트가 1개, 행정실을 경유하여 서류를 처리하는 프로젝트가 2개였는데 프로젝트의 행정 처리방식이 달라 어지러웠다. 학교에서 사용하는 연구행정 통합관리시스템인 SRnD가 있었지만, 매뉴얼이 제대로 갖추어지지 않아 권한을 받는 것부터 청구하는 방법 하나하나 주변 사람들에게 물어보며 처리해야 했고, 행정실을 통해 처리하는 것은 한글로 서식에 맞는 표를 그때그때 만들어 처리해야 해서 생각보다 많은 시간이 소요되었다. 필요한 서류가 왜 이리도 많은지, 행정직원이 된 기분이었다.

그래도 사람은 적응의 동물이라고, 두 번째 프로젝트, 세 번째 프로젝트, 네 번째 프로젝트로 갈수록 점점 익숙해졌다. 연구계획서를 쓰는 것부터 결과 보고서를 검토 및 수정하는 것까지 하나의 프로젝트가 완성되는 과정을 경험할 수 있는 것은 의미 있는 경험이었다. 이 정도밖에 안 되는 능력으로 프로젝트에 참여하고 이름을 올려도 되는 것인지 걱정이 들 때가 많았지만, 첫 프로젝트와 연이어 진행된 두 번째 프로젝트를 함께해 주신 교수님 덕분에 어떻게든 해야 할 일을 마무리할 수 있었던 것 같다. 연구 주제가 관심 분야와 너무 떨어져 있을 때는 전혀 모르는 내용에 대해 시간을 투자해야 하기 때문에 더 많은 시간과 에너지가 소요되는 것 같다. 모르는 분야를 알아 가는 것은 즐거운 경험이었지만, 지급되는 약간의 인건비 대비 훨씬 많은 노력이 소요되기 때문에 참가를 결정할 때 조금 더 신중해야 할 것 같다.

멘탈 관리: 여가 생활과 비빌 언덕

흔히들 애니메이션에서 악마가 박사인 것은 대학원 때 성격을 망쳐서 그렇다는 농담을 한다. 대학원 생활에서 왜 마음 상태가 안 좋아질까를 곰곰이 생각해 보면, 공부와 연구가 고독한 것이라서가 하나의 이유가 되지 않을까 생각해 본다. 물론 연구는 혼자 할 수 없는 것이라지만, 과정을 살펴보면 고독하다. 다들 각자의 이유로 공부와 연구를 시작했고, 각자의 방법으로 버티고 있지만, 누구도 어떤 길이 옳은지 어떤 길이 본인에게 맞는 길인지, 미래의 나는 어떻게 될지 알지 못한다. 우선 공부하고, 우선 연구하며, 우선 글을 쓰고, 투고하고 지내는 것이다. 그 과정에서 연구에 대한 동기(motivation)가 없어지기도 하고, 같이 공부하는 동기(colleague)가 떠나가기도 하고, 체력이 떨어지기도 하고, 정신적으로 피폐해지기도 한다.

대학원 과정은 단거리 레이스가 아니다. 장기 레이스인 학위 과정 끝에 졸업이라는 도착점을 만나더라도, 곧바로 다른 트랙인 직업 시장이 이어질 것을 대학원생들은 알고 있다. 나도 이 길을 걸으면서 이 과정을 내가 버틸 수 있을지, 버텨서 졸업한다면 어떤 진로로 나아가야 할지 수없이 고민했다. 때로는 이 길이 적성이 아닌 것 같아 불안해 하고, 기회비용과 매몰비용을 생각하기도 했다. 다른 사람들과 나를 비교하며 주변 사람들은 취직 · 승진 · 전직을 하고 있는데 나만 앞으로 나아가지 못하고 있는 게 아닐까 우울해 하기도 했다. 모두가 각각 각자의 상황과 고민을 하기 때문에 함께 있어도 완전한 공감을 받지 못하게 될 때가 많고, 연구하며 주어진 혼자만의 시간에서 자책이나 후회를 마주했던 것 같다. 사이좋은 연구실에서, 존경하는 지도교수님과 함께 연구해도 이러한 고민을 한다고 하는데, 연구실의 인간관계 문제나 만나게 되는 부당한 일 등을 마주하면 더 많은 고민이 되지 않을까. 앞이 보이지 않을 만큼 뿌연 안개 속에서 '멘탈을 잡는 것'은 정말 중요한 것 같다.

우리 전공은 입학 전 신입생 스터디를 운영하는데, 보통 각 연구실의 2~3학기 차 박사과정생이 중심이 되어 진행한다. 나는 우리 연구실에서는 어떤 방법론을 주로 사용하는지와 어떤 주제에 관심이 있는지를 이야기하고 관련 논문을 함께 읽는 방식으로 스터디를 운영했다. 스터디를 함께 하며 나는 이런 공부를 해 왔구나, 나는 어떤 주제에 관심이 있는지, 어떤 방법론을 선호하는지, 어떤 교수님들의 수업이 잘 맞았는지, 새롭게 어떤 주제를 공부할 수 있을지를 돌아볼 수 있는 기회가 되었다. 뭐라도 했구나 하는 생각이 들었지만, 사실 평상시에는 도대체 내가 뭘 하고 있는지 모르겠어서 고민될 때가 많다. 논문을 투고했는데 혹독한 비평과 함께 거절되었을 때, 내가 하고 있는 연구가 의미 없는 것 같고 세상에 별 도움이 안 될 것 같을 때, 주변 박사과정 선생님들은 논문을 척척 내고 있을 때 나를 나 스스로 갉아먹었던 것 같다. 나는 살면서 늘 '강한 멘탈'의 소유자로 지칭되어 왔다. 늘 입에 "그럴 수 있지."라는 말을 달고 살면서, 정말 그럴 수 있다고 생각했다. 누군가 말도 안 되는 행동을 해도, 그럴 수 있다. 일이 생각하지 못한 방향으로 풀려도, 그럴 수 있다. '내가 무언가를 못 해도, 다른 건 잘하지 않을까?'라는 생각으로 살아왔고 뭔가를 못 한다고 느껴 본 적도 많지 않았다. 정말 이해가 안 되고, 이해하고 싶지 않은 상황에서는 그냥 영원히 그 상황을, 그 사람을 마주하지 않고 피하면 됐다. 나에게는 화목한 가족과 따뜻한 친구들이 있었고, 나의 슬픈 일은 그들과 함께라면 하루면 잊을 수 있었기 때문이다.

그런데 대학원에 와서는 다소 다른 모습을 마주하게 되었다. 아무도 강요하지 않았고 내가 선택한 나의 길인데, 혼자 있으면서 주기적으로 올라오는 무력감과 우울감을 느끼게 되었다. 처음에는 그런 기분을 느끼는 것 자체가 어색하고 당황스러웠다. 비교는 불행의 시작이라고, 나는 다른 사람들을 만나며 질투하고 자책했다. 나 정도면 뭘 해도 괜찮은 사람이라는 생각이 내가 정말 괜찮은 사람이기는 할까 하는 의문으로 점차 바뀌어 갔다. 처음에는 이런 우울감을 주변 사람들에게 이야기하지도 못했다. '공부하러 간다고 만류를 무릅쓰고 나와서는 힘들다고 말하면 안 되지 않을까?' 하는 생각에 괜히 스스로 땅을 팠다. 생각은 곧 몸에도 반영되어서, 입학 후 한 학기 만에 허리둘레가 2인치 줄었다. 어느 날 집을 나서며, 지나가는 차에 치이고 싶다는 생각이 들자 문제의 심각성을 깨닫게 되었다. 이것이 우울이구나. 1학기에 들은 박사 세미나 수업에서 눈앞의 논문보다 중요한 것이 멘탈 관리일지도 모른다는 이야기를 들으며 모두가 비슷하구나 하고 생각하며 멘탈을 잡을 방법을 고민했다.

우선 체력 관리를 해야겠다고 생각했다. 입학 전에 특별하게 운동을 했던 것은 아니었지만 입학 후에 시간 내서 운동하지 않은 게 문제였다. 학기 중에는 아이들과 체육 수업을 하고, 학교를 계속 돌아다니면서 최소한의 운동량은 채웠는데 대학원에서는 움직이지 않아서인지 체력이 부족하다는 것을 느꼈다. 그래서인지 주변 대학원 선생님들을 봐도 운동을 꾸준히 하시는 분들이 많다. 나는 헬스장에 가는 것을 별로 좋아하지 않아서, 춤을 추기로 했다. 학부생 때에도 꾸준히 춤 동아리에서 활동했기 때문에, 춤을 같이 출 사람을 찾아 서울대학교 댄스동아리에 지원했다. 서울대학교에는 중앙 동아리를 포함하여 단과대별 다양한 댄스동아리가 있다. 학기 중 지원(2학기 지원)이 가능하면서 대학원생도 지원할 수 있고, 나이 제한이 없는 곳을 찾다 보니 하나의 동아리가 남아서 별다른 고민 없이 해당 동아리에 들어갔다. 오디션을 보는 과정이나 열 살 더 어린 친구들과 춤을 추는 건 너무 주책인 것 같았지만, 체력을 챙기면서도 스트레스 해소를 위한 여가 생활을 하려면 이게 최선일 것 같다고 생각하고 약간 뻔뻔해져 보기로 했다. 결론적으로는 최고의 선택이었다. 2학기와 3학기, 그렇게 1년을 활동하면서, 동아리 활동은 내게 생기를 불어넣어 주었다. 일주일에 몇 번 연습하는 그 짧은 시간이 그 이상의 시간을 쉬는 것보다 훨씬 더 도움이 되었다. 때로는 학부생들과 미래에 관한 고민을 나누기도 하고, 축제를 함께 즐기기도 하고, 같이 공연하면서 즐겁게 지냈다. 비록 학기가 진행되면서 일주일에 몇 시간조차 꾸준히 내기가 쉽지 않아 동아리 활동은 1년으로 마무리하게 되었지만, 체력을 올릴 수 있는 좋은 방법이었다.

소도 언덕이 있어야 비빈다고, 사람에게도 의지할 곳인 비빌 언덕이 있어야 한다고 생각한다. 가족이 평상시 내게 가장 큰 언덕이었다면, 동아리 동생들은 내게 누울 곳이 되어 주었다. 정말 모든 게 안 되는 것 같을 때 그들과 함께 이야기 나누면 별일 아닌 것이 되는 것 같았고, 우울할 때에는 함께 찍었던 영상을 보면서 힐링할 수 있었다. 시험 기간에는 같이 밤을 새우며 서로를 응원하며 또 하나의 가족이 되었다. 이외에도 서울대학교 대학원생 동아리에서 친목을 다지기도 했는데, 대학원생들끼리 이야기를 하면서 공부나 미래에 관한 이야기를 나누는 것도 큰 힘이 되었다. 모두가 대학원생이라는 이름으로 생활하고 있지만, 전공과 연구실에 따라 정말 다른 생활 모습을 보이는 것도 재미있었고, 서로를 가장 잘 이해할 수 있는 존재라는 점에서 또 하나의 힘이 되어 주었다. 마지막으로 전공 사람들을 비롯하여 약 30년간 내 곁을 지켜 준 주변 사람들이 주는 애정을 한껏 받은 것이 내 대학원 생활의 비빌 언덕이었다. SNS를 통해, 전화와 메시지를 통해 연락을 주고받으며 내 곁을 지켜 준 사람이 있었기 때문에 대학원 생활을 계속할 수 있었던 것 같다.

아직 어디가 끝인지 보이지 않고, 작은 결과물만을 가지고 있지만, 대학원 생활을 너무 불행하게만 보지 않으려고 한다. 내가 선택한 길이고, 좋은 경험이 되었다. 살면서 언제 이렇게 '공부' '연구'를 직업으로 가질 수 있을까. 대학원 생활을 마무리할 수 있을지 없을지 때문에 전전긍긍하던 것을 넘어서 이제는 주어진 대학원 생활 동안 '그럼에도' 조금 더 행복해 보기 위해 노력하고자 한다. 각자의 배경이, 각자의 지식이, 각자의 인간관계가 어떠했든 목표는 졸업이 아닌 행복이 아닐까? 지금 내가 발 디디고 있는 현재를 즐기면서, 내게 주어진 시간을 잘 사용할 수 있도록 좀 더 노력하려 한다. 10명의 사람이 있다면 10개의 성향이, 10개의 공부 방법이 있을 텐데 어떻게 정답이라는 게 있을까. 좀 늦고 틀리면 돌아가면 그만이지. 주변 비빌 언덕을 찾아가면서, 나의 미래를 고민하면서, 나의 무지를 알아 가면서 일단은 계속 걸어 보려 한다.

05
대학원이 궁금한 K에게

이규빈 (교육사회학전공)

대학원생의 삶에 관심이 있다고 들었습니다. 저 또한 한낱 보잘것없는 박사과정생이므로 대학원생의 삶과 공부에 관해 이야기한다는 것이 매우 조심스럽습니다. 대학원 생활을 마치지 않고 대학원 생활에 대해 논한다는 것이 모순적이라는 생각까지 듭니다. 마치 물에 빠진 사람이 자기가 얼마나 젖었는지 모르는 것과 비슷하다는 느낌입니다.

그럼에도 인간은 겉보기에 모순되어 보이는 노력들을 해 왔기에 조금 더 의미 있는 세상이 되고 있는 것이 아닌가 생각하여 어렵사리 편지를 씁니다. 뇌를 사용해서 뇌를 연구하고자 하는 뇌 과학자들이 그랬던 것처럼요(물론 이 이야기가 뇌 과학만큼의 가치가 있다는 말은 절대로 아닙니다).

시작하기 전에, 편지의 목적을 먼저 밝혀 두어야겠네요. 우선 이 이야기는 대학원 생활을 개괄하는 것이 아닙니다. 그렇게 될 수도 없습니다. 100명의 사람에게 100명의 삶이 있고, 각기 다른 세상에 대한 관점이 있습니다. 마치 '교육'에 대한 정의를 내리기 불가능한 것과 같습니다. 우리나라 정도면 모두 비슷한 교육을 받았기에 '교육이 무엇인지'에 대해 합의할 수 있을 법한데, 그렇지 못합니다. 모두 각자 다른 삶에서 다른 경험을 했기 때문이죠. 그러므로 저의 이야기를 대학원 생활 전반을 보여 주는 것이라 생각하지 않았으면 좋겠습니다. 우리는 같은 것을 보아도, 다르게 느끼기 때문입니다.

또한 대학원 생활에 '팁'을 주는 것도 목적이 아닙니다. 『대학원생 때 알았더라면 좋았을 것들』(엄태웅 외, 2019)이라는 책이 있습니다. 저는 책으로 나오기 전 블로그를 운영할 때부터 읽어 왔는데, 도움을 꽤나 받았습니다. 제가 도움을 받을 수 있었던 이유는 그들이 대학원을 '나온' 사람들이기 때문입니다(저자 중 한 분은 자퇴를 했기에 모두 박사학위자는 아닙니다만). 저는 아직 대학원이라는 늪에서 헤엄치고 있는 한 마리의 개구리입니다. 따라서 팁을 줄 능력도, 자신도 없습니다. 기대했다면, 살포시 읽기를 멈추고 넷플릭스를 즐기는 편이 낫겠습니다.

마지막으로, 이 글은 대학원 진학을 '권장'하거나 '만류'하려는 의도가 없습니다. K는 심각하게 대학원 진학을 고민하고 있을 수도 있고, 그저 대학원이 뭔지 순수하게 호기심만 있을 수도 있습니다. 뭐가 어찌 되었든 이 글은 어느 한 방향으로 K를 몰아가려는 의도는 눈곱만큼도 없습니다. 간혹 친한 친구가 면대면으로 대학원 진학 고민을 털어놓으면 10의 응원과 90의 현실을 얘기하면서 의도적으로 비진학을 권장하는 때는 있지만, 그것은 저와 저의 지인 간에 라포가 형성이 되어 있으며, 제가 어느 정도 상대방을 이해하고 있기 때문에 그렇게 하는 것입니다. 제가 K를 잘 모르는 상황에서 '권장' 혹은 '만류'하려는 의도는 매우 위험하고, 오만한 태도가 될 수 있다고 생각합니다.

그렇다면 '대체 이 글은 무엇을 위해 쓰고 있느냐?'라고 물으실 수 있습니다. 사실 K, 당신에게 쓰고 있기는 하지만 이 글은 저에게 보내는 편지이기도 합니다. 지난 몇 년간의 대학원 생활을 돌아보며 아쉬웠던 것, 부족했던 것, 좋았던 것, 행복했던 것들을 돌아보며 반추하는, 저에게 쓰는 편지입니다. 사실 뭔가 있어 보이는(!) 이야기를 하고 싶었는데, 제가 뭔가 있는 사람이 아니라서 불가능했습니다. 그보다는 솔직한 이야기들을 풀어 나가는 것이 좋겠다고 생각했습니다. 그러다 보면 진심과 진심이 맞닿는 부분에서는 즐거운 공명이 일어날 수도 있겠다 싶었고요. 그런 우연찮은 공명이 조금이라도 생기길 바라는 것이, 이 편지의 목적이라고 할 수 있겠습니다.

유명한 대학원생 밈(meme)으로 이야기를 시작해 볼까 합니다. 바트 심슨이 대학원생을 조롱하는 장면이죠. 바트 심슨과 엄마인 마지 심슨의 대화입니다(저작권 문제로 그림 삽입은 하지 못했습니다).

바트 심슨: 너무 지루해서 우리 앞에 앉은 사람 머리 꼬랑지 잘라 왔어. (잘라 온 머리꼬랑지를 자기 머리 뒤에 대고 조롱하듯이) 작년에 60만원 벌었다~ 이거 봐라 난 대학원생이지롱~ 난 서른 살이야~

마지 심슨: (무미건조한 표정으로) 바트! 대학원생 놀리지 말거라. **그냥 잘못된 선택을 한 것뿐이야.**

이 밈의 내용이 얼마나 사실일까요? 첫 번째, 제가 저 밈을 봤을 때 서른 살이었습니다. 석사과정생이었어요. 바트 심슨이 맞았네요. 두 번째, 1년에 60만 원 벌었다는 것은 사실과 다릅니다. 저는 아르바이트를 해서 한 달에 90만 원 정도 벌었습니다. 바트가 틀렸네요. 이 이야기는 조금 이따 하기로 하고요. 세 번째, 눈에 확 꽂히는 부분은 "그냥 잘못된 선택을 한 것뿐이야."입니다. 저의 선택은 왜 잘못된 선택으로 조롱받는 걸까요?

시간/에너지/돈 차트(인터넷 밈을 재구성)

대학원 진학이 '잘못된 선택'이라는 생각은 객관적인 삶의 척도가 남들과 확연히 차이 나기 때문에 생겨납니다. "'시간/돈/에너지'의 삼박자가 생애주기에 따라 오르락내리락 한다는데, 대학원생은 모두 바닥이다."라는 이야기도 들어 보셨을 겁니다.

우선 '시간'부터 얘기해 볼까요? '시간'은 대학원생의 가장 큰 친구이자 적입니다. 저는 적으로 생각될 때가 친구라고 생각될 때보다 많지만, 실은 어떻게 관계를 맺느냐에 달린 문제입니다. 사실 굉장히 힘들게 출퇴근하고, 프로젝트에 발이 묶여서 매일 밤을 지새우는 대학원생의 이미지는 주로 이공계 계열의 대학원생이 도맡고 있습니다. 저와 같은 문과 대학원생은 다른 이미지로 그려져야 한다고 생각합니다. 분야마다, 전공마다, 교수님마다 차이는 있겠지만 문과 대학원생활은 스스로 헤쳐 나가지 않으면 가라앉아 버리는 늪이랄까요. 그렇기에 내가 시간을 어떻게 쓰느냐에 따라 생활이 매우 달라질 수 있습니다. 컨디션이 안 좋거나 기분이 내키지 않으면 하루 이틀쯤 쉬어도 그 누구도 개입하지 않습니다.

좋은 이야기처럼 들리지만, 사실 그렇지 않습니다. 아무도 간섭하지 않는다는 것은 나 자신을 채찍질해야 한다는 것이고, 언제나 내가 나의 시간을 잘 쓰고 있는지를 스스로 평가해야 한다는 것입니다. 그리고 그 평가는 당연하게도 매우 주관적이며, 많은 경우에 후한 점수를 주지 못하고 스스로를 깎아내리기 일쑤입니다.

"아니 그러면 스스로 후하게 점수를 주면 될 거 아니야?!"라고 말씀하실지도 모르겠습니다. 그게 정신건강에는 매우 좋은 것이지요. 그러나 그랬을 경우 내가 시간 사용을 잘 못했을 때도 후한 점수를 주는 오류를 범하지 않을까 하는 또 다른 걱정거리가 생겨납니다. 좋은 성격이 아닌 것을 알면서도, 저는 저 자신을 꾸짖는 편입니다.

스스로를 피곤하게 만드는 스타일이지요. K가 대학원에 온다면 부디 균형을 잘 맞추었으면 합니다.

시간 사용에 대해 이야기하고 있었죠. 위에서 말한 이유로, 당연하게도 저에게는 출퇴근 시간이 존재하지 않습니다. 아침에 일어나서부터 잠자리에 들기 전까지가 업무 시간이고, 그 시간을 어떻게 효율적으로 쓸지, 쓰고 있는지를 고민하게 됩니다. 오해하지 않으시길 바랍니다. 한시도 쉬지 않고 공부하거나 일한다는 의미는 절대 아닙니다. 다만 공부하고 일하는 시간과 쉬는 시간을 딱히 구분해 놓지 않는다는 것입니다. 어떤 사람들은 회사원처럼 9시부터18시까지 시간을 정해 놓는다는데, 저는 그렇게 하지 못했습니다. 다시 말씀드리지만, 시간을 유동적으로 사용하는 것은 장점도 있고 단점도 있습니다. 출퇴근 생활을 하는 아내가 "다음 주말에 놀러 갈 수 있어?"라고 물어보면, 저의 대답은 항상 같습니다. "내가 조절하면 갈 수 있지."

이렇게 생활하다 보면 가끔 스위치 오프(switch off)가 어려울 때가 찾아옵니다. 그래서 저는 반드시 운동을 합니다. 매일 하지는 못하지만 주 3회 이상은 고강도 운동을 하려고 노력합니다. 운동을 할 때는 움직임과 호흡에만 집중해야만 하기 때문에 스위치를 끌 수 있습니다.

자연스레 '에너지' 측면을 이야기하게 되는데요. 저는 약하게 태어났다고 생각을 해서(2.6kg로 태어났다고 하네요. 2.5kg부터 인큐베이터행이었는데요), 남들보다 더 관리를 해야 한다는 스스로에 대한 압박감이 있습니다. '더 관리를 해도, 평균 정도를 유지할 뿐이다!'라고 믿고 있습니다. 그래서 지금도 에너지를 유지하기 위해 운동을 합니다.

공부도 육체를 씁니다. 공부가 정신노동이라는 것은 거짓입니다. 심하게 공부하거나 집중하고 나면 몸이 피곤합니다. 몸의 에너지를 쓴다는 말이고, 육체를 쓴다는 말이지요. K도 알겠지만, 인간은 뇌의 활동이 전체의 20%의 에너지를 사용합니다. 몸에 에너지가 없으면 공부도 할 수 없습니다. 대학원생은 시간이 없어서 운동할 에너지도 없다고들 하지만, 악순환의 고리는 단호하게 끊어 내야 한다고 봅니다. 시작이 무척 어렵겠지만요.

그보다 큰 문제는 '돈'입니다. 시간과 에너지와 돈은 매우 매우 긴밀하게 연결되어 있어서, 어느 한쪽이 삐걱대면 세 가지 모두가 어긋나기 십상입니다(운동도 돈이 있어야 하는 것이 현실……). 대학원을 생각하는 많은 이들이 금전적인 문제를 걱정합니다. 아마 K도 걱정하고 있을 수도 있겠습니다. 여러 가지 방법이 있는 것 같아요. 미리 돈을 모아 놓는다든가, 일과 병행한다든가, 부모님에게서 지원을 받는다든가…… 저는 좀 대책 없는 스타일이라 사실 입학 전부터 크게 걱정하지는 않았습니다. 입학 전에는 미혼이었기 때문에 제 몸뚱아리 하나만 책임지면 된다고 생각했습니다. 부모님께서도 아직 일을 하고 계셨기 때문에 딱히 제가 챙겨 드리지 않아도 되었고요. 대책 없다고 말했지만, 운이 좋은 거라고도 말할 수 있겠네요. 어쨌든 앞에서 슬쩍 언급했지만, 한 달에 100만 원 전후를 벌었습니다. 학원에서 강사 아르바이트를 했습니다. 지금 생각해 보면 100만 원으로 어떻게 살았나…… 싶은데, 어릴 때부터 쪼들리게(?) 사는 것에 익숙해서 너무 힘들다거나 울고 싶다거나 그렇진 않았어요. 강사 일도 어렵지 않았고, 시간을 최소한으로만 쓸 수 있도록 원장선생님께서도 배려해 주셨고요.

그런데 K의 상황, 지향, 성향이 어떤지 제가 알지 못합니다. 제가 저렇게 해도 버틸 수 있었던 것은 저의 상황, 지향, 성향이 복합적으로 작동해서 잘 맞아떨어졌기 때문에 가능했던 겁니다. 물론 그 과정에서 많은 것을 포기해야만 한 것은 사실입니다. 그럼에도 집이 부자는 아니지만 가난하지 않은 '상황'이 있었고, 대학원 공부로 미래를 그려야겠다고 '지향점'을 정했으며, 아등바등 사는 것을 크게 나쁘게 생각하지 않는 '성향'이 있었습니다. 더 쉽게 말하면 금전 감각이 별로 없었던 거죠. 저의 제일 친한 친구 세 명이 있는데, 세 명 모두 30대 초반에 서울에 집을 샀습니다. 그들을 보면 가끔은, '아 내가 철이 없었구나.'라는 생각을 하곤 합니다.

그러나 절대 후회하지는 않습니다. 왜냐하면 현재의 내가 과거의 나에게 "돈을 벌어라!"라고 했다면 실패하고 괴로워했을 게 뻔하거든요. 저의 성향과 지향이 잘 맞아 떨어졌던 겁니다. 그러니 중요한 것은 K의 상황, 성향, 지향을 잘 아는 것이라고 봅니다. 누구나 각기 다른 생각을 가지고 대학원에 옵니다. 생각이 다르면 견딜 수 있는 정도도 다르다고 봅니다. 누군가는 "아니 한 달에 90만 원으로 어떻게 살아?" "모아 놓은 돈도 없이 불안해서 어떻게 해?"라고 혀를 끌끌 찰 수도 있겠지요. 아마 제 친구들도 저를 세상 물정 모르는 샌님으로 생각하고 있을지도 모릅니다. 뭐가 맞는지 틀린지는 저는 정말로 모르겠고, 다만 저 자신의 선택에 후회하지 않으며 선택한 삶을 괴로워하지 않는다는 사실이 중요한 것 같습니다. 아무리 돈이 많아도, 하기 싫은 일을 하며 살고 싶지는 않거든요(돈이 많이 없어 봐서 잘 모르는 것일지도 모르겠지만요……).

그렇다면 대학원생은 돈과 시간과 에너지를 쏟아서 무엇을 하는 걸까요? '(남이 보기에) 잘못된 선택'이 아니라 '(내가 생각하기에) 옳은 선택'이라고 어떻게 그렇게 확신을 할 수 있을까요?

대학원 진학을 고민할 때, 내가 공부를 업으로 삼을 수 있을까 고민할 때, 저 스스로에게 던져 보던 질문이 있습니다. '평생 한 권의 책만 읽을래? 아니면 매일 책 읽을래?' 다소 비약이 있는 극단적인 질문이지만, 극단의 상황에 몰아 넣는 사고실험을 통해 성공적인 결단을 할 수 있었다고 생각합니다. 저에게는 후자의 삶보다 전자의 삶이 훨씬 끔찍하게 느껴졌어요. 누군가에게는 후자의 삶이 수레를 돌리지 않으며 지옥불로 떨어지는 끔찍한 나태지옥이거나 시시포스의 형벌과 같은 이야기로 들릴지도 모르겠습니다. 틀린 비유는 아니지만, 저에게는 읽지 못하는 삶이 더욱 지옥이고 형벌이었습니다.

그렇다면 대학원생의 '읽기'란 어떤 의미일까요? 저는 가끔 (사실은 자주) 『허생전』에 나오는 허생을 생각합니다. 아내의 닦달에 "읽기를 10년을 작정했는데, 7년밖에 채우지 못하다니! 에잇!" 하며 집을 뛰쳐나가는 그 허생이 맞습니다. 허생의 주업도 '읽기'였고, 대학원생의 주업도 '읽기'입니다. 그러나 이 둘은 소리만 같을 뿐, 완전히 다른 의미를 갖는 동음이의어입니다.

제가 종종 허생을 생각하는 이유는 두 가지입니다. 애초에 내가 생각했던 대학원생의 공부가 허생의 그것과 별반 다르지 않다고 생각했던 지난날의 반성이 한 가지, 그리고 지금의 공부는 어떠해야 하는지에 대한 비교대조군 설정이 다른 하나입니다. 허생처럼 '읽기'만을 10년을 작정해서는 아무것도 할 수 없습니다. 지금의 '읽기'는 10년으로 끝나지 않습니다. 매일 새로운 논문이 몇만 편씩 쏟아지고 있고, 나의 관심 분야로만 좁혀도 최소 몇백 편은 출판되고 있습니다. 허생의 시대에서 허생은 아마 10년이면 그동안 출판된 모든 글을 읽을 수 있을 것이라는 계산이 있었을 겁니다. 그러나 대학원생의 '읽기'는 그렇게 작정하고 해야 하는 일이 아닙니다. 습관처럼 몸에 익혀야 하는 일이라고 생각합니다.

'읽는 삶'을 살기로 정했다는 것은 그런 의미입니다. 읽기가 일이자, 습관이자, 삶의 일부가 되는 것입니다. 물론 이는 생각했던 것보다 어렵고, 힘이 듭니다. 마치 운동을 안 하던 사람이 습관들이기 매우 어려운 것처럼요. 그래도 힘들 때마다 생각합니다. '한 권의 책만 읽는 삶보다는 낫다.'고요.

대학원생에게는 '읽기'만 있는 것이 아닙니다. 필연적으로 '쓰기'도 병행되어야 합니다. 수업을 들을 때는 매주 글을 읽고 논평을 써야 합니다. 학기 말에는 논문 형식으로 글을 완성해서 제출해야 합니다. 수업을 듣지 않더라도 대학원생에게 '쓰기'는 필연입니다. 대학원생의 성과는 '쓰기' 활동으로 측정됩니다. 쓰지 않으면 자신을 증명하기 어렵습니다.

꼬꼬마 시절 미래 진로를 고심할 때, 단순하게 생각했던 방향성이 있었습니다. '나는 뭘 하든 글을 쓰며 살겠구나.'라고 생각했습니다. 글쓰기를 잘하는 것도 아니었고, 많이 쓰는 것도 아니었지만 꼬꼬마 시절의 저는 그렇게 생각했습니다. 그게 지금 이런 논문의 형식이 될 줄은 꿈에도 몰랐지만요.

그러나 사실 어떤 것이든 취미가 아니라 '일'이 되는 순간 스트레스와 압박은 따라오기 마련입니다. 저는 쓰기를 싫어하는 편이 아니었지만, 논문 형식의 글을 쓸 때는 스트레스를 많이 받습니다. 이것이 나의 결과물로 나오고, 이 글로 내가 평가받는다는 기분을 지울 수 없기 때문이지요. 이것 또한 저의 성향이나 성격과 관련이 있는 문제이니, 길게 언급하지는 않겠습니다. 다만 정도의 차이일 뿐 연구를 업으로 삼는 사람이면 누구나 글쓰기에 압박을 느끼지 않을까 생각합니다. '나는 글쓰기가 너무 즐거워, 행복해, 너무 자신 있어.'라고 생각하는 대학원생 연구자는 없지 않을까요? 있다면 정말 부럽네요.

대학원생이 뭘 하는지 종합해 보면 이렇게 말할 수 있지 않을까요?

"대학원생은 티 나지 않는 일을 한다."

우리 엄마도 아직 제가 뭐하는 사람인지 잘 모릅니다. 막연하게 '공부한다'라고만 생각하시는 것 같아요. 일 년에 한두 번 만나는 친구들에게는 매번 만날 때마다 설명해 주어야 합니다. '너는 뭐 하는데 돈을 받냐?'라고 물어보는 친구도 있었습니다. 그만큼 대학원생의 일과 삶은 티가 나지 않습니다. 그렇기에 이 사회에서 정말 소외된 존재가 아닐까 생각도 듭니다.

근로기준법 일부개정안에서 굳이 대학원생을 '사람'으로 포함하자고 제의된 것은, 이전까지는 사람으로 인정받지 못했다는(적어도 근로기준법 상으로는) 슬픈 방증이겠지요(다음의 법률안 참조).

조만간 법적으로 '사람'이 될 가능성이 생긴 대학원생

근로기준법 일부개정법률안

근로기준법 일부를 다음과 같이 개정한다.

제2조 제1항 제1호 중 "사람"을 "사람(대학원생을 포함한다)"으로 한다.

제76조의 2 제목 외의 부분을 제1항으로 하고, 같은 조에 제2항을 다음과 같이 신설한다.

② 누구든지 근로자로 하여금 해당 업무의 범위를 벗어난 행위를 하게 하여서는 아니 된다.

제109조 제1항 중 "제72조"를 "제72조, 제76조의 2 제2항"으로 한다.

출처: 태영호(2020). 근로기준법 일부개정법률안(의안번호 제2102028). 국민참여입법센터.

그렇다면 대체 무엇을 위해 이걸 하고 있느냐고요? 다른 건 몰라도 이 질문에는 명확하게 대답할 자신이 있습니다. 저는 궁금한 게 있어서 공부합니다. 특히 사회에 대해서, 교육에 대해서 궁금한 게 아직 너무 많습니다. 예전에는 그 궁금증이 '분노'로 표출되던 시절도 있었습니다. '이런 제기랄, 이건 왜 이 모양 이 꼴이지?'라고 생각하며 세상을 바꾸어 버리고 싶다고 생각하기도 했습니다. 그런데 지금은 많이 정제된 형태로 저의 분노를 궁금증으로 승화시키고 있습니다. 궁금한 게 없어지는 순간 공부를 안 하게 될 것 같아요. 공부의 원동력은 궁금함이라고 생각합니다. ('호기심'도 너무 거창한 말인 것 같습니다.) 누군가의 삶이 궁금하고, 특히 그 사람이 어떤 교육을 받았는지, 자신이 받은 교육에 대해 어떻게 생각하는지, 교사와의 관계는 어땠는지, 학교는 어떤 곳이라고 생각하는지 등이 궁금합니다. 아내와도 이런 이야기를 자주 하는데, 아내가 어떤 삶을 살았는지 들어 보면 지금 이 사람이 왜 이런 생각을 하고 왜 이렇게 행동하는지 이해가 되고 설명할 수 있는 부분이 있습니다. (물론 당연한 말이지만, 다 이해되진 않습니다. 그래서 겁나게 싸우는 거죠).

저는 그런 궁금증을 '나름대로' 해결했을 때, 어떤 희열을 느낍니다. 누군가는 이것을 '진리 추구'라는 말로 표현하지만, 글쎄요. 제가 그렇게 대단한 일을 한다고 생각하지는 않습니다. 다만 제가 궁금해하는 어떤 것에 대해서 나의 언어로 설명을 할 수 있고, 사람들에게 설명했을 때 공감을 얻을 수 있다면 저는 그걸로 족하다고 봅니다. 그리고 저는 이게 꼭 공부라는 형식으로만 해결될 수 있는 것은 아니라고 생각합니다. 제가 공부의 형식을 택한 것은, '내가 궁금해했던 걸 이미 생각한 사람이 반드시 있을 거다.'라는 확신 때문이었습니다. 그 궁금증과 궁금증에 대한 해결은 지식의 형태로 전달되어 내려오고 있을 것이고, 그것들을 먼저 알아 가는 것이 필요하다고 생각했기 때문입니다. 이건 저의 방식이고, 세상을 이해하는 방식은 다양합니다. K만의 방식이 있다면 그것으로 세상을 해석해도 좋습니다. 공부는 수많은 방식 중 하나일 뿐입니다.

그래서 이건 좀 이기적인 생각이지만, 저는 '내가 하고 싶은 연구'를 할 수 있다면 계속 이 바닥에 남아 있을 수 있을 것 같습니다. 먹고살 수 있을 정도로만 돈을 벌고, 나의 궁금증을 해소할 수 있는 플랫폼이 있다면 말이지요. 그렇게 할 수 있는 한 저는 행복할 것 같습니다. 그렇기에 지금도 시간 · 돈 · 에너지 모두 부족하지만 행복합니다. 친구들이 차를 사고, 집을 사면서 부자가 되는 것을 바라만 보아야 하지만, 괜찮습니다. 당연히 부럽긴 하지만, 그렇다고 제가 불행하지는 않습니다.

K는 어떤가요? 본인이 어떤 것에 가치를 두고 있는지, 그리고 그 지향점이 대학원이라는 형식과 잘 맞는지 고민해 보면 좋겠습니다. 대학원은 그 자체로 불행한 곳도, 행복한 곳도, 잔인한 곳도, 고결한 곳도 아니라고 생각합니다. '나'와 대학원의 관계를 어떻게 맺느냐에 따라 그 모습을 달리하는 곳이 아닐까요? K의 생각이 궁금합니다. 언젠가 답장을 받을 날을 기다리겠습니다.

참고문헌

엄태웅, 최윤섭, 권창형(2019). 대학원생 때 알았더라면 좋았을 것들. 클라우드 나인.

태영호(2020). 근로기준법 일부개정법률안(의안번호 제2102028). 국민참여입법센터.

06
연애도 연구가 필요해

이다연 (교육공학전공)

대학원 생활은 롤러코스터를 타는 것과 같다. 대학원 생활이 시작되기 전에는 설렘과 두려움이 느껴지고, 대학원 생활이 시작되면 환희와 후회 사이를 쉼 없이 오르내린다. 마음은 시시각각으로 변하고 때론 멈춰 서고 싶기도 하다. 하지만 졸업이 다가오면 너무도 빨리 지나가 버린 시간에 대한 갑작스러운 자각과 함께 아쉬움, 뿌듯함, 또 다른 도전에 대한 기대감을 느끼게 된다. 이 다이내믹한 대학원 생활은 삶의 원동력이 되기도 하지만 때론 너무 삭막하고 때론 너무 고독하게 느껴진다. 롤러코스터를 타는 것 같은 일상을 살고 있는 대학원생에게 연애는 안전바와 같은 역할을 한다. 사람들은 롤러코스터를 탔을 때 안전바를 몸쪽으로 당기며 안정감을 느끼고, 정신없이 올라갔다 내려갔다를 반복할 때 안전바를 꼭 잡고 그것에 의지한다. 대학원생들도 이와 마찬가지로 연인이라는 안전바를 꼭 잡고 있노라면 마음이 한결 놓인다. 물론 안전바가 있다고 해서 롤러코스터를 타는 것이 평지에서 자동차를 타는 것과 같지 않듯, 연애를 한다고 해서 대학원 생활이 편안해지는 것은 아니다. 연애로 인한 괴로운 점도 있을 테고 학업 외적으로 더 많은 시간과 노력이 필요하다. 하지만 안전바 없이 롤러코스터를 탄다고 생각해 보면 정말 아찔하지 않을까? 이런 이유에서 대학원생들이 연애에 많은 관심을 가지는 것이라고 필자는 생각한다.

대학원생들이 가진 연애에 대한 관심은 지대하다. 연구실 책상에 앉은 연구원들은 나름의 이유로 매우 분주하다. 누군가는 논문 투고를 위해 최종 수정작업을 하고 있고, 누군가는 프로젝트 과제를 붙잡고 씨름하고 있으며, 누군가는 작성 중인 학위 논문을 멍하니 쳐다보고 있다. 이들을 한 자리에 모이게 할 수 있는 주제에는 크게 세 가지가 있다. 그것은 연애, 교수님, 식사 메뉴다. 이 중 단연 최고는 연애다. 종이 넘기는 소리, 타닥타닥 하는 타자 소리를 뚫고 누군가 '저…… 지난주에 소개'라고 말하는 순간 모두가 미어캣마냥 고개를 들고 목소리의 주인공을 쳐다보고 있다. 솔로, 커플 할 것 없고, 석·박사 할 것 없고, 본인이 무엇을 하고 있었든 관계없이 모두가 의자를 끌며 지난주에 소개팅한 주인공 옆으로 모여든다. 그렇게 소개팅 컨설턴트(남의 연애에 관심이 지대한 석·박사과정생)들이 한자리에 모이면 본격적인 컨설팅이 시작된다. 소개팅 상대에 대한 여러 정보와 두 사람이 소개팅 자리에서 나눈 이야기들을 바탕으로 둘의 관계가 연인으로 발전할 수 있을 가능성을 체계적인 근거를 들어 논한다. 참 대학원생다운 분석력이 아닐 수 없다. 대학원생이 너나 할 것 없이 연애에 관심을 갖는 이유는 무엇일까? 대학원 삶이 힘들어서? 물론 그것도 맞지만 좀 더 명확히 따져보면 연애를 하면 좋다는 게 가장 큰 이유다. 연애는 삭막한 대학원 생활에 오아시스 같은 존재다. 그래서 모두가 원하고 서로의 연애를 응원하게 된다.

사람과 사람이 만나 서로를 사랑하고 되고 삶의 어느 때를 함께 하는 이 기적 같은 현상을 우리는 '연애'라고 부른다. 연애. 이 두 글자는 사람을 설레게 만드는 힘이 있다. 하지만 모순적이게도 연애는 결코 쉽지 않다. 만남도, 관계를 유지하는 것도, 이별도. 어느 것 하나 쉽지 않다. 대학원생의 연애라고 일반적인 연애와 크게 다른 것은 없다. 만나고, 사귀고, 이별하거나 결혼하거나. 하지만 대학원이라는 특수한 환경은 연애의 어려움을 가중시킨다. 대학원생의 연애는 어렵다. 무엇이 대학원생의 연애를 특히나 어렵게 만드는 걸까? 그 이유를 하나씩 살펴보자.

대학원생의 연애가 어려운 이유

첫째: 연애를 시작할 여유의 부재

연애를 시작하기 위해서는 많은 노력과 시간 그리고 에너지가 필요하다. 한 마디로, 여유가 있어야 연애도 시작할 수 있는 것이다. 그러나 대학원생은 연애를 시작할 여유가 없다. 대학원생이 연애를 시작하는 것이 얼마나 어려운지를 잘 보여 주는 괴담 하나를 살펴보자.

S 대학교 교육학과의 한 연구실에는 무시무시한 괴담이 전해지고 있다. 석사 1학기 4월까지 연인을 만들지 못하면 졸업할 때까지

연애를 할 수 없다는 것이다. 이 괴담은 사실 우스갯소리에서 시작됐다. 새롭게 대학원 생활을 시작하는 석사 1학기 학생들이 박사과정 선배에게 대학원 생활에 대한 조언을 구했다. 석사생들은 읽어야 할 전공 서적이나 논문 작성 팁 혹은 교수님과의 관계를 잘 유지하는 법과 같은 이야기를 기대했지만 그 선배는 이상한 말을 했다. "선생님들! 지금 공부가 중요한 게 아니에요! 공부는 무슨 공부예요? 됐고! 일단 4월까지 여친, 남친이나 만들어요! 4월까지야! 그때까지 못 만들잖아요? 그럼 졸업 때까지 못 만들어요. 그럼 공부도 잘 안 돼. 그러니까 내 말 새겨들어요!" 선배의 말에 멋쩍은 웃음 짓던 석사생들은 속으로 무슨 말도 안 되는 소리냐고 생각했다. 그러나 4월 정도에는 연인과 손잡고 벚꽃 데이트를 할 수 있을 거라고 자부했던 석사 1학기 솔로 연구원 모두가 석사 4학기가 되도록 연애를 하지 못하면서 그 선배의 경고는 저주가 되어 괴담으로 전해지게 되었다.

이 어이없는 괴담은 대학원 과정 중 연애를 시작하기가 얼마나 어려운가를 단편적으로 보여 준다. 대학원생은 여러 이유로 여유가 없다. 석사과정은 코스워크(coursework)와 학위 논문 작성이 2년 반 이내에 대부분 마무리되기 때문에 학위과정 중 연애를 시작할 시간적 여유가 없다. 박사과정은 시간적 여유가 없는 동시에 연구와 실적의 압박으로 마음의 여유도 없다.

대학원생이 연애를 시작할 여유가 없는 데에는 자유롭지 못한 일정도 한몫한다. 대학원생의 일정은 대부분 연구실과 교수님에 의해 결정된다. 대학원 생활 중 알게 된 한 선생님(석사과정)의 소개팅 에피소드는 이런 대학원생의 현실을 잘 보여준다. 친구의 소개팅 날 갑자기 연구실 회의가 잡혔다. 소개팅도 가야 하고 줌(Zoom) 회의도 참석해야 하는 웃픈 상황이라 소개팅 자리에서 줌 회의를 켜 놨다가 그 이후로 다시는 상대방과 연락이 닿지 않았다고 한다. 연애를 시작하려면 시간과 노력을 기울여야 하는데 연구실 스터디, 교수님 면담, 프로젝트 회의와 같은 여러 일정을 잘 피해서 새로운 사람과의 만남에 집중하기가 쉽지 않다. 대학원생들은 바쁜 일상에 치이다 보니 시간이 나면 소개팅을 하거나 새로운 사람을 만나는 노력을 하기보다 조금이라도 더 쉬어서 에너지를 충전하는 선택을 하게 되는 것이다. 그러다 보니 연애의 시작이 점점 더 어려워진다.

둘째: 너무 바쁜 일상

연애란 게 시작만 했다고 되는 게 아니지 않나. 모든 연애가 그렇겠지만 관계를 유지하는 건 시작하는 것보다 훨씬 더 어렵다. 대학원생 연애의 아주 이상적인 모습은 대학원생과 상대방이 서로를 이해하며 함께 성장하는 연애를 하는 것이다. 하지만 실제로는 여러 어려움을 극복하지 못하고 다툼이 잦아지는 경우가 많다.

연애를 성공적으로 유지하는 데에도 상당한 시간과 노력이 필요하다. 하지만 대학원생은 물리적인 시간이 부족하다. 대학원생은 너무 바쁘다. 연인을 위해 노력하고 싶어도 쉽지 않다. 아무리 읽어도 읽어야 할 논문은 산더미 같고, 한참을 붙잡고 시름하고 있는 연구는 마음처럼 진척이 되질 않는다. 몇 날 며칠을 고민해서 작성한 연구 각종 페이퍼는 엄청난 피드백과 함께 다시 돌아온다. 마무리해야 할 프로젝트의 최종 보고서 기한은 너무 빨리 다가온다. 모든 것이 시간과의 싸움이다.

그리고 대학원생은 일반적인 직장인과는 다른 생활 방식을 갖고 있다. 대학원생은 수업을 듣고 과제를 해야 할 뿐만 아니라 프로젝트나 연구도 수행해야 한다. 9시 출근 6시 퇴근(나인 투 식스)과 같은 출퇴근 개념도 명확하지 않다. 그러다보니 직장인처럼 일과 시간이 일정하지 않다. 수업이나 회의가 몰리는 날이 있고, 또 연구에만 집중하는 날이 있다. 그러다 보니 어떨 때는 일주일 내내 연인보다 교수님을 더 많이 뵙기도 하고, 연인보다 팀 프로젝트 멤버들과 더 많이 연락하기도 한다. 때론 연구를 위해 연인과의 약속을 취소해야 하는 경우도 생긴다.

이런 대학원생의 생활을 이해해 주고 배려해 주는 연인을 만나 연애를 한다는 건 정말 더할 나위 없이 좋고 감사한 일이다. 하지만 모든 대학원생의 연인이 대학원 생활을 완전히 이해해 줄 수는 없다. 바쁜 일상으로 인해 서운함을 느끼고 서운함이 쌓여 다툼이 되거나, 서로의 생활 패턴을 조율할 수 없어 이별을 경험하기도 한다.

셋째: 결혼 적령기와 연구 적령기

대학원에 진학하는 미혼 남녀의 연령대를 살펴보면 학부생처럼 이십 대 초반은 아니다. 대부분 이십 대 중 · 후반이거나 삼십 대 이상인 경우가 많다. 그러다보니 솔로든 커플이든 '결혼'을 염두에 두지 않을 수 없다. 하지만 문제는 일반적인 사람들이 이야기하는 결혼 적령기와 연구 적령기와 맞물려 있다는 것이다. 누군가는 연구에 정해진 나이가 없고 나이를 먹고서도 연구 성과를 낼 수 있다고 말하지만, 우리는 예외적인 경우보다 일반적인 경우를 전제로 이야기를 해 나갈 필요가 있다. 일반적으로는 결혼 적령기는 가장 활발히 연구를 하고 성과를 내야 할 시기와 겹친다. 그래서 많은 대학원생들이 선택의 기로에 서게 된다.

대학원생은 남자든 여자든 결혼에 있어 많은 것을 고민해야 하고 때론 많은 것을 포기해야 한다. 남자 대학원생에게 결혼은 가장의 무게를 견뎌야 하는 일이다. 대학원생은 진로나 직업 방향이 불확실한 경우가 많고, 학업적 도전이나 새로운 시도를 고민할 가능성이 크다. 하지만 가정을 꾸리게 되면 새로운 시도나 도전보다는 안정적인 방향을 추구하게 될 수밖에 없다. 남자라면 특히나 가장이라는 책임감도 함께 부여된다. 안정성을 최우선으로 둔 선택은 연구자로서 혹은 학자로서의 성취를 가로막을 수 있다. 게다가 결혼으로 인한 경제적 부담도 고려해야 한다. 결혼식을 올리고, 신혼여행을 다녀오고, 집을 마련하고, 혼수를 준비하는 결혼의 모든 과정에 상당한 비용이 소요되기 때문이다. 대학원 진학 이전에 경제적으로 충분히 준비되지 않았다면, 경제적인 부분을 고려하지 않을 수 없다. 대학원에 다니는 동안에는 안정적인 수입이 없거나 수입이 있다 하더라도 결혼 비용을 감당하기에 부담스러운 게 사실이기 때문이다.

여자의 경우에는 결혼 이후에 가족계획을 고려해야만 한다. 결혼을 하고 아이를 낳는다는 것은 커리어를 이어 가는 데 큰 부담이 될 수 있다. 10달 동안 아이가 배 속에 있다는 것은 물리적으로 심리적으로 많은 관심과 에너지를 쏟아야만 하는 일이다. 아이가 태어나면 문제가 더 복잡해진다. 아이를 돌보면서 연구를 이어 나가야만 한다. 연구만 붙잡고 시름해도 쉽지 않은 연구인데 육아까지 병행하면 더욱 힘들 수 밖에 없다. 아이를 키우는 시간 동안에는 연구에 몰두하기가 쉽지 않다. 연구도 육아도 다 잘 해내고 싶지만 그러기 위해서는 가정의 적극적 지원이나 경제적 뒷받침이 있어야 한다. 그러다 보니 결혼을 앞두고 연구자로서의 삶과 엄마로서의 삶을 고민하지 않을 수 없다.

몇 가지 조언

대학원생의 연구도 연애도 다 성공적이면 좋겠지만 대학원생의 연애는 시작도, 유지도, 마무리도 어느 것 하나 쉬운 게 없다. 이 복잡하고도 미묘한 대학원생의 연애를 잘해 나가려면 어떻게 해야 할까? 나름의 몇 가지 조언을 해볼까 한다.

이 글을 쓰고 있는 필자가 대단한 연애 전문가는 당연히 아니다. 그랬다면 지금 대학원생으로서 연애 관련 글을 쓰고 있는 대신 마이크를 잡고 있었을 것이다. 하지만 한 사람과 7년 동안 연애를 했고, 그중 2년의 석사과정과 2년의 박사과정을 거쳤다. 7년 연애의 절반이 넘는 4년이라는 시간을 대학원생으로 보낸 경험을 나누고자 한다. 대학원에 진학하여 연구에 몰두하고 새로운 것들을 배우면서 미래를 그렸지만, 과거의 누군가가 쓴 글자 하나하나를 가만히 들여다보고 있노라면 그 적막함에 외로움이 밀려들었다. 외로움과 답답함에 몸과 마음이 지치던 순간에 연인이 있어 얼마나 큰 힘이 되었는지 모른다. 사랑하는 이가 함께해 준 대학원에서의 시간은 무한히 행복했으며 넘치게 사랑받고 또 사랑했던 순간들이었다. 하지만 그와 동시에 숱한 시행착오와 후회의 연속이었다. 대학원생으로 4년을 연애

하면서 배우고 느낀 것들과 대학원 석·박사과정생들과 연애에 관해 나눈 이야기 중 계속 반복되는 것들을 정리해보았다. 대학원생으로서 혹은 예비대학원생으로서 연애가 고민이라 이 글을 읽고 있을 누군가에게 작게나마 도움이 되면 좋겠다.

첫째: 새로운 시작을 두려워하지 말자

대학원생 연애의 시작도 일반적인 연애와 다르지 않다. 새로운 시작을 두려워하지 말고 다양한 경로를 통해 사람을 만나 보자. 대학원에 다니는 동안 가장 많이 들은 연애 고민이 새롭게 연애를 시작하고 싶은데 어떻게 해야 할지 모르겠다는 것이었다. 연애를 위해서는 사람을 만날 기회를 늘려 가는 게 필요하다. 인연은 언제 어디서 어떻게 만날지 모르는 거니까. 대학원생의 연애는 자만추(자연스러운 만남 추구), 소개팅, 외부활동, 소개팅 앱 활용 등을 통해서 시작된다.

자만추를 원한다면 같은 수업, 프로젝트, 교내 활동 등에서 호감이 가는 분을 잘 탐색해 보자. 학내 혹은 근처의 카페나 음식점도 자주 가는 것을 추천한다. 하지만 자만추는 열심히 상대를 탐색해야 하고 어떨 때는 용기를 내서 먼저 다가가야 한다는 위험 부담이 있다. 누군가에게 호감을 표시하며 번호를 물어보는 일이 선뜻하기에 어렵기 때문이다. 수업 과제를 함께하거나 프로젝트에 참여하면서 알게 된 지인과 자연스럽게 연인으로 발전하는 것이 이상적인 형태가 아닐까? 주변에서도 이런 경우를 제일 많이 봤기 때문에 추천하는 방법이다.

소개팅에도 적극적으로 임할 수 있다. 대체로 대학원생들은 소개팅을 좋아한다. 대학원생은 이미 학부 졸업생이기 때문에 다년간의 소개팅 경험으로 다져진 나름의 스킬과 노하우가 있다. 그래서 어느 정도 상대방과 서로 호감을 느끼면 소개팅을 성공적으로 이끌어 갈 수 있다. 게다가 소개팅으로 새로운 만남을 가지는 것이 대학원생에게는 여러모로 긍정적인 영향을 끼친다. 무엇보다 소개팅 상대가 이미 내가 대학원생인 것을 알고 있기 때문에 대학원 진학의 이유나 당위성을 굳이 설득할 필요가 없다. 게다가 자만추를 통해 사람을 만날 때 보다 훨씬 더 적은 시간과 노력이 요구된다.

다음은 외부활동이다. 동호회나 운동과 같은 개인적인 외부활동에 참여해 보자. 외부활동을 위해서는 꽤 많은 시간과 노력을 쏟아야 하는데, 그런 시간이 대학원생에게 있을지는 장담할 수 없다. 바쁜 대학원생들에게 외부활동은 사치처럼 느껴질 때가 많기 때문이다. 하지만 연애를 위해서라면 그 정도 노력은 필수가 아닐까? 마지막은 커플을 매칭해 주는 앱을 활용하는 것이다. 소개팅 앱을 활용하면 상대방과 나의 조건을 따져 볼 수 있다는 장점이 있지만 신뢰의 문제가 남아 있다. 내가 만난 사람을 신뢰할 수 있느냐는 아주 중요한 문제니 말이다.

새로운 시작은 다양한 경로를 통해 이루어질 수 있다. 새로운 시작에 대한 용기를 갖고 연인을 찾아 연애를 시작해 보자.

둘째: 내 마음을 다스리자

대학원생은 불확실한 미래로 인해 심리적 불안을 겪는 경우가 많다. 또한 인간관계나 연구로 인해 스트레스를 받는 경우도 많다. 그러다 보면 연인을 통해 마음의 안정을 찾고 싶어진다. 대부분의 연인들은 대학원 생활에 지친 여자친구, 남자친구를 위해 나름의 최선을 다한다. 함께 시간을 보내기도 하고, 여행을 가거나, 술잔을 기울이며 밤새 이야기를 나누기도 한다. 연인을 통해서 마음의 위안을 얻는 것은 당연하다.

하지만 이때 잊지 말아야 할 것은 연인이 나를 이해해 주고, 위로해 주고, 공감해 줄 수 있지만 결국 내 마음을 다스릴 수 있는 사람은 나라는 사실이다. 대학원에서의 일을 연인과 공유하고 공감을 얻을 수 있다. 나보다 더 나를 잘 아는 사람을 통해 위로를 받을 수도 있다. 하지만 내가 사랑하는 연인이 결코 내가 될 수는 없다. 결국 연구실에 혼자 앉아 있어야 하는 순간이 오고 스스로의 의지와 마음으로 이겨 내야만 하는 괴로운 상황을 마주한다. 그렇기 때문에 연인에게 내 모든 마음을 맡기지는 말자.

나의 마음을 스스로 다스릴 줄 모르면 연인에게 과하게 의존하게 된다. 의지하는 것과 의존하는 것은 완전히 다르다. 전자는 내가 오롯이 있고 연인에게 기대는 것이라면, 후자는 나를 잃고 연인에게 자신을 떠맡기는 것과 같다. 그래서 연인이 내가 기대하고 원하는 만큼 내 마음을 알아주지 못할 때 화가 나고 서운함을 느끼게 된다. 나는 나로 있어야 한다. 내 마음을 오롯이 이해하고 받아들일 수 있는 사람은 나라는 사실을 잊지 말자.

셋째: 배려받기만을 바라지 말자

대학원생은 여러 사정으로 인해 연인의 배려를 필요로 한다. 하지만 '교수님 때문에, 연구 때문에, 논문 때문에'와 같은 '~때문에'가 늘어나는 건 경계해야 한다. 어느 순간 나도 모르게 연인이 나를 위해 더 많은 것을 배려하고 양보하길 바라고 있을지도 모른다. 하지만 상대방도 누군가와 연애를 하고 있는 한 명의 사람이다. 서로 배려하고 이해하는 것이지 일방적인 한 사람의 배려나 이해만을 바라면 관계를 오래 유지하기 어렵다.

나의 대학원 생활이 힘든 만큼 옆에서 함께해 주는 연인도 분명 힘이 들 것이다. 힘든 시간을 함께하고 있는 연인을 위해 배려할 수 있는 것들을 찾아보자. 사랑하는 사람을 위한 배려는 대단한 무엇인가에서 시작하는 것이 아니라 작고 사소한 것에서 시작한다. 사랑한다는 말, 고맙다는 말을 한 번 더 한다거나, 연인과의 여행 계획을 짜 본다거나, 맛집을 찾아서 함께 간다거나 하는 것들부터 시작해 보자. 서로 배려할수록 관계가 더 좋은 방향으로 발전해 나갈 것이다.

넷째: 연구와 연애 사이의 균형을 잡자

대학원생의 본분은 연구이다. 연구가 힘들고 지치지만 내가 선택해서 하는 대학원 생활과 연구란 걸 잊지 말자. 내가 지금 나의 미래를 위해 노력하고 있다는 것도. 사랑하는 연인과의 일상이 너무 좋다고 해서 연구나 학업을 놓치거나, 연인과의 불화나 문제로 인해 연구에 지장을 받는 것은 어리석은 일이다.

대학원에 다니고 있는 우리는 철부지 스무 살이 아니다. 연애 때문에 내 미래와 직결된 대학원 생활에 부정적인 영향을 끼친다면 내가 지금 하고 있는 연애가 올바른 방향으로 나아가고 있는가를 고민해 볼 필요가 있다. 어느 한쪽으로 치우치지 않고 적당한 균형을 유지하는 연애와 연구의 방향을 세워 보자. 연인과의 진지한 대화가 많은 도움이 될 것이다.

다섯째: 오랜 연인이 있다면 꼭 함께하자

대학원 생활 중 관계를 이어 가고 있는 오랜 연인이 있다면 꼭 함께하자('오랜'의 정도는 사람마다 다르게 느끼기 때문에 구체적인 수치는 언급하지 않고자 한다). 대학원 생활을 하면서 대학원 입학 후에 이별을 경험하는 경우를 많이 봤다. 대학원 생활의 여러 특수성 때문일 것이다. 그런 어려움에도 불구하고 내 곁을 든든히 지켜 주고 있는 사람이라면 무조건 믿고 함께하자.

관계를 오래 유지한다는 것은 서로를 누구보다 잘 알고 있는 사람과 함께하고 있다는 것을 의미한다. 그리고 서로 배려하며 아끼고 있다는 것도. 오랜 연인에게 연애 초반의 불같은 뜨거움은 없을지라도 변치 않는 따듯함이 있다. 그 따듯함과 서로에 대한 믿음이 대학원 생활에 큰 힘이 된다. 물론 상대방이 대학원에 진학한 경험이 없다면 처음에는 대학원 생활에 대해 알려 줘야 할 것도 많고 설명해야 할 것도 많다. 하지만 그건 서로 다른 환경에 있는 것이니 당연한 것이다. 서로의 상황을 이해해 주자.

익숙함에 속아 소중함을 잃으면 안 된다. 학업을 이어가는 순간을 함께해 주고 내 미래를 응원해 주는 내 편이 있다는 것에 항상 감사하며 행복한 연애를 하자.

여섯째: 이별은 있는 그대로만 마주하자

만남이 있다면 당연히 이별도 있다. 숱한 연인들이 셀 수도 없는 각자의 이유로 이별을 경험한다. 따지고 보면 대학원 생활 중에 이별을 경험하는 것도 자연스러운 일이다. 인연이 다 하면 자연스럽게 관계가 끝날 수도 있는 거니까 말이다.

이별에 너무 아파하지 말라고 쉽사리 말할 수는 없다. 이별은 그렇게 가볍지 않기 때문이다. 충분히 슬퍼하고, 충분히 후회하고, 지나간 시간을 추억하고, 또 아쉬워도 하자. 미련이 남지 않도록 이별을 있는 그대로 마주하고 받아들이자. 다만 '내가 대학원생이라서'로 시작하는 자책은 절대 하지 말자. 연인 관계가 끝나는 데 한 사람의 잘못만 있는 경우는 없다. 서로의 상황이 맞지 않았거나, 서로 맞춰가기 어려웠거나, 서로 부족했던 거지 한 사람의 잘못은 아니다.

이별이 너무 힘들 때는 그냥 흘러가는 대로 가만히 지켜보자. 결국엔 시간이 흐르고, 아프고 힘들었던 기억들도 조금씩 흐려질 테니까. 시간이 약이라는 말이 틀린 말은 아니다. 그리고 마지막으로 당부하고 싶은 것은, 새로운 만남을 두려워하거나 걱정하지 말자는 것이다. 분명 새로운 인연이 찾아올 테고 지금보다 더 성숙한 인연을 만들어 갈 수 있다.

일곱째: 결혼적령기와 연구적령기 모순을 극복하자

대학원생의 결혼은 분명 연구에 영향을 미칠 것이다. 두 사람이 부부가 되어 가정을 꾸리고 부모가 된다는 것은 결코 녹록지 않은 일이니까. 가정을 꾸리고 대학원 생활을 이어 가는 것은 당연히 어렵다. 인생에서 몰두해야 할 것들이 겹쳐 어느 것 하나도 제대로 못 해낸다는 좌절감에 빠질 수도 있다. 또한 이어져 오던 커리어가 단절된다는 사실이 후회스러울 수도 있다. 끊임없는 희생과 헌신에 지칠 수도 있다.

그렇다면 지금 내가 해내야만 하는 삶의 과업을 뒤로 미루기만 한다고 문제가 해결될까? 전혀 그렇지 않다. 결혼과 연구를 놓고 오랜 고민 끝에 연구를 선택했다고 가정해 보자. 당장에는 연구를 수행하더라도 언젠가 가정을 꾸리고 자녀를 출산할 계획이 있다면 문제를 해결하는 것이 아니라 문제를 뒤로 미루는 것일 뿐이다. 내일의 나에게 떠넘기는 것이다. 그렇게 시간이 가면 가면 미래의 어느 순간에는 또 다른 모순을 극복해내야 한다.

결혼을 하고 가정을 꾸려 가야 할 시기와 연구에 몰두해야 할 시기가 겹쳐서 어려움을 겪을까 봐 걱정하는 대학원생에게 꼭 해 주고 싶은 말이 있다. 인생은 그 어떤 순간도 쉽지 않다. 연구자로서의 삶은 종종 어느 것 하나를 선택하고 다른 하나를 포기하게 만든다. 결국 정답은 내 안에 있다. 그러니 자신의 선택을 믿고 나아가 보자.

여덟째: 나만의 방식으로 연애를 연구하자

지금까지 연애에 관해 많은 이야기를 했다. 하지만 그 누구도 연애가 무엇인지 쉽사리 정의할 수 없다. 사실 연애는 알 수 없는 것 투성이다. 이 넓은 세상에서 왜 하필 두 사람이 만나게 되었는지, 사랑이 무엇인지, 이별이 무엇인지, 어느 것 하나도 명확하지 않은 이 모호한 현상은 연구할 가치가 충분하다. 대학원생들은 답이 없는 문제를 연구하는 데 익숙한 사람들이니까.

하지만 이 개념조차 모호한 현상에 정답이란 게 있을 리 없다. 사바사, 케바케란 말이 있듯 각자의 사정은 천차만별이다. 우리 모두는 너무 다른 연애를 하고 있다. 그러니 때론 연애가 너무 막막하더라도 타인에게서 답을 찾으려고는 하지는 말자. 내 연애의 정답을 다른 사람을 통해서 찾으려는 것은 어리석은 일이다. 연애도 내 인생의 일부분이며, 내 인생의 답을 찾을 수 있는 것은 타인이 아니라 오직 나 자신임을 잊지 말자. 대학원생으로서 끊임없는 연구를 통해 조금씩 답을 찾아가듯 이 정답이 없는 관계에 대해서도 끊임없는 연구가 필요하다.

그리고 당부하자면, 연애에 대해서 잘 아는 듯 떠들어대거나 남의 연애에 훈수 두는 사람들의 말을 경계하자. 그들의 말은 정답이 아니다. 앞서 잔뜩 이야기한 필자의 생각 역시 결코 정답이 될 수 없다. 그저 하나의 의견일 뿐이니 필요에 따라 참고만 하자. 마치 선행연구에서 필요한 부분만 발췌하여 활용하듯이 말이다.

쉽사리 답을 찾을 수 없는 문제의 답을 찾아내고 있는 대학원생이라면 연애 문제는 누구보다 잘 해결할 수 있으리라 믿는다. 당신의 새로운 연애가 설렘과 기대를 안고 시작되길, 연애를 하고 있다면 두 사람이 평안하고 행복하길, 이별했다면 더 좋은 인연이 당신에게 찾아오길, 연애를 끝내고 가정을 꾸리려 한다면 당신의 용기와 헌신이 더 큰 결실을 맺길 바라며…… 대학원생 모두 행복하길.

07
교육상담 박사 대학원생의 생존일지

이승호 (교육상담전공)

외눈박이 마을에서는 양눈박이인 사람이 불편하다. 그 이야기는 외로움을 참지 못한 나그네가 외눈박이가 되는 것으로 끝난다. 나에게 서울대학교는 세눈박이의 마을이었다. 여기서 세눈박이는 서울대학교의 이들이 유능하다는 의미로만 말하는 것이 아니라 요구받는 과업의 수준이 양눈박이에게는 매우 버거운 수준이라는 것이다. 양눈박이인 나는 이마에 눈을 새로 그려 넣을 수도 없는 노릇이었다.

우리 전공 교육상담 박사과정에서 이수해야 할 학점이 45학점 이상이다. 또한 석사과정에서 이수한 학점과 합했을 때 96학점 이상이어야 한다. 따라서 타 대학에서 석사를 졸업한 학생은 무려 70학점 이상을 박사과정에서 이수하기도 한다. 학사과정에서 전공 수업을 70학점 정도 듣던 것을 감안하면 높은 수준이다. 수업만 듣고 졸업할 수 있으면 얼마나 좋으랴. 우리 전공 특성상 시간과 돈, 에너지 등을 요구하는 자격증 관리도 해야 하며, 프로젝트에 투입되면 시간과 체력은 더 부족해진다. 다행히 나는 석사과정을 이미 이수한 덕분에 박사과정에서는 45학점만 이수해도 되었고, 멀티태스킹에 있어서는 어느 정도 준비를 해 놓은 상태였다. 3학기를 지나 수료 전 마지막 학기를 지나는 현재, 나는 여전히 양눈박이다. 달라진 점이 있다면, 스스로를 불행하다 여기지 않는 양눈박이다.

석사과정 때를 떠올리면 스스로를 불행하게 여기는 시간이 많았던 것 같다. 서울대학교에 진학하면 모든 것이 잘 풀릴 것이라는 순진한 진로 탐색에 대한 업보였을까. 이름에 이끌려 선택했던 서울대학교였기에 그 이름에 걸맞은 졸업장을 얻기 위해 얼마나 많은 노력이 필요할지는 생각하지 못했던 것이다. 학위 외에 상담과 관련된 자격증이 필요했던 나는 학업과 프로젝트를 이미 하고 있었지만, 다른 기관에서 인턴 개념의 자원봉사까지 추가로 했다. 그때의 나는 체력도, 시간도, 돈도, 삶의 에너지까지 모든 것이 부족했고 힘들었다. 냉정하게 생각해 보면, 힘든 건 맞지만 나를 힘들게 한 존재는 다른 누가 아닌 '나'였다. 다시 박사과정에 들어왔을 때는 얼마만큼 힘들지 알고 있었고, 맷집도 더 생긴 상태였다. 입학한 이후 1년을 고생하면서 드디어 깨달았다. 석사과정을 포함해서 내가 느껴 왔던 이 어려움들은 다른 누구도 아닌 내가 선택했다는 것을. 엄밀히 생각해 보면 박사과정에 지원하고 내가 생각하던 것에서 크게 벗어난 것도, 어려운 것도 없었다. 예상만큼 힘들었다. 여전히 힘들고 어렵지만, 내가 선택한 일이고 내가 해야 할 일이며, 나를 위한 일이라고 생각하기 때문이다.

석사과정에서의 생존일지

석사과정에 대한 이야기가 나온 김에 과거의 이야기를 간략하게나마 더 해 볼까 한다. 사실 서울대학교 대학원 과정에 진학하고자 꿈꾸는 학생들이 적지 않을 것이라 생각한다. 아마 이 책을 읽는 많은 독자가 그런 사람이지 않을까? 그렇지 않다면 이 책이 정말 재미없을 텐데……. 학부는 다른 학교에서 졸업했던 나에게 서울대학교는 입시 대상이었다. 당시 내가 꿈꾸던 서울대학교는 얼마나 빛나고 멀게만 느껴졌었는지……. 박사과정생으로서 이 학교에 입학하기 위해 어떤 준비를 했고 들어오고 나서는 어떤 것을 느꼈는지를 기술한다면 이 책의 목적에 더 부합하겠지만 진실성은 부족하다고 느낀다. 왜냐하면 나는 자대 출신으로 석사진학을 준비할 때보다는 제정신으로 진학을 준비할 수 있었고(입학 절차는 공정했지만 석사와 비슷한 과정이었기에 준비하는 데 불안감이 덜했다), 준비하면서 느낀 점도 처음이라는 설렘보다는 오랜만이라는 향수에 가까웠기 때문에 '입학'의 설레는 마음과는 딱 맞지 않기 때문이다. 따라서 입시와 관련된 내 경험에 대해서는 석사과정을 준비했을 때의 마음에 초점을 맞춰 기술해 볼 생각이다.

처음 서울대학교 석사과정을 준비하기 시작했을 때는 학부 3학년부터였다. 내가 공부하고 있는 전공의 석사 입시에서 가장 어려운 것은 시험이나 면접보다는 서류였다. 학부 수준에서는 꽤 난이도가 있는 서류였는데, 이 서류를 준비하기 위해 3학년부터 여러 활동을 계획 및 실행했고, 심리학과 출신인 나는 시험공부도 다른 이들보다 빨리 시작했어야 한다고 생각했다. 준비하는 과정에서 여러 우여곡절이 있었지만, 결국 입시에 성공했다.

결론을 말하자면, 입시에 있어서 가장 도움되었던 것은 목표를 정한 뒤 그 과정에 대해 미리 계획해서 준비했다는 것이다. 또 목표로 하는 곳이 자대가 아니더라도 학교에서 입시를 위해 지원해 줄 수 있는 시스템이 많다는 것도 알아 두면 좋을 것이다. 훌륭한 인재가 다른 대학에 진학하게 되는 것이 학교 입장에서 반갑지 않을 수도 있겠지만, 본인의 학교 내 관련 학과 교수님께 찾아가서 준비하고 있는 학교, 학과, 이유를 충실히 말한다면 분명 어떤 종류의 도움이라도 받을 수 있을 것이다. 나 역시 어린 날의 패기로 당시 학교 내 전공 교수님께 진로 상담을 요청하여 "서울대학교에 가고 싶어요!"라고 가열차게 말했다. 어떤 교수님은 실질적인 도움을 주었다기보다는 어떤 식으로 준비하면 좋을지 조언해 주셨지만, 다른 교수님은 교내 시스템을 활용할 수 있도록 안내해 주셨다. 그 시스템을 통해 혼자서 준비하기 어려운 서류를 갖출 수 있었다.

낮은 현실감에 높은 이상, 그리고 서울대학교

가만히 생각해 보면 당시의 나는 마음가짐에서도 조금은 남달랐던 것 같다. 나 스스로를 특별한 존재로 만들려는 얘기는 아니다. 지금도 매우 부족하지만, 당시의 나는 현실감이 또래에 비해서 정말로 부족했다. 면접을 볼 당시에 정장을 입지 않았던 사람은 유일하게 나밖에 없었다. 어떤 중년 남성분께서 등산 재킷을 입으셔서 반가웠는데, 본인의 차례가 되자 재킷 안에 숨어있던 정장이 나와서 배신감이 들었던 순간을 아직도 생생하게 기억한다. 그뿐만이겠는가. 면접에서도 엉뚱한 소리를 몇 번씩이나 해서 교수님들께서 실소를 터트리시고 반문하시곤 했다. 박사 면접에서도 정장에 흰 양말을 신기도 하였고, 후에 가족들에게 이에 대해 질책도 받았다.

결과적으로 박사과정 역시 합격했으니 지금 에세이도 쓰고 있지만, 어쩌면 그런 부족했던 현실감이 나에게 서울대학교를 준비하게 만들었던 것 같다. 서울대학교에 입학하기 전까지는 서울대학교 출신이면 다른 사람이라고 생각하고 살았다. 그러나 들어와서 알게 된 모습은 이곳도 사람이 사는 공간이라는 것이다. 다만 좀 다른 것이 있다면, 입학할 당시에 다른 사람들보다 어떤 '자원'을 가진사람들인 것 같다. 자원에는 지능, 경제력, 인맥, 정보, 끈기, 열정, 운 등등 많은 것들이 포함된다. 어떤 자원이 풍부하든 결국 사람들이 사는 공간인 것을 이곳에 소속되고 나서야 깨달았다. 여기도 사람이 오가고 머무는 곳이다. 따라서 준비를 하는 데에 있어서 너무 과도한 부담감은 내려놓고, 내가 가진 자원이 무엇인지 그리고 그것을 어떻게 활용할지 고민하는 것이 도움이 될 것이다.

석사과정을 무사히 마치고 졸업한 뒤, 박사과정에 들어오려고 마음을 먹기까지는 그리 오랜 시간이 걸리지 않았다. 이 길에 발을 들이고 여러 직업을 직간접적으로 경험하니 내가 어떤 환경에서 어떤 일을 하고 싶은지 더 명확해졌기 때문이다. 다만 입학을 망설이게 하는 한 가지 요인이 있었다면, 석사과정을 이수하는 동안 내가 무척이나 힘들었다는 사실이다. 상담사란 우울한 고객(내담자)을 하루에도 몇 번씩 만나며 우울이라는 감정에 친숙한 직업이지만, 스스로가 느끼는 우울이라는 감정과 그에 관련된 증상들과는 그렇게 친하지 않았다. 그러나 석사과정 중에 고생을 거듭하며 처음으로 진한 무기력감을 경험했고, 그때의 나는 주변 사람들과 나 스스로에게도 굉장히 부족하고 못난 사람이었다. 따라서 졸업한 직후에는 내가 박사에 진학하는 것이 과연 맞을지 고민했다. 다시 스스로나 주변 사람에게 그런 존재가 되고 싶지 않았기 때문이다. 그러나 고통의 망각은 예상보다도 정말 빠르게 찾아왔다. 졸업한 지 1년이 채 되지 않아서 다시 입시를 준비했다. 사람 마음이 참 간사한 게, 그렇게 스트레스 받고 벗어나고 싶어서 몸부림치던 학교가 다시 입시를 준비하고자 하니 간절하고 불안해졌다(지금은 다시 스트레스를 받고 있다). 박사과정 입학에는 많은 것을 요구하지는 않았기 때문에 미리 준비한다는 생각으로 수개월을 잡고 있었다. 결국 가장 임팩트를 남긴 것은 흰 양말이었지만 준비하는 동안은 성실하게 임했다. 그리고 학교에 입학하여 다시 등교하게 된 첫날, 셔틀버스를 타고 흩날리는 벚꽃을 보며 불현듯 석사과정 당시에 고생했던 기억이 떠오르며 '내가 잘 선택한 게 맞나?' 하는 불안한 마음이 떠올랐다. 내가 버틸 수 있을지 두려움도 들었다. 결국 이곳도 사람이 사는 공간이기에 적응을 하게 되었지만, 입학한 직후 한 달 만에 체중이 약 5kg이 빠지는 기록도 세웠다. 처음 입학했을 때는 석사과정 중에 많은 박사과정 선생님들께 도움을 받고 의지했었기 때문에 내가 그런 존재가 될 거라는 기대감과 걱정이 있었다.

비교적 젊은 나이에 박사에 진학한 나는 의지는커녕 다른 이들에게 이것저것 질문하기 바빴던 것 같다. 예상외로 달라진 것이 있다면, 책임을 져야 하는 자리를 맡다 보니 힘들어하는 내 감정을 살피기보다 일을 분배하고 다른 이의 상황을 살피는 게 더 우선이 되었다는 것이다. 물론 그만큼 소진이 더 빠르게 왔지만, 이런 이유로 내가 의지하던 박사 선생님들이 (힘든 얼굴로) 석사 학생들을 배려하고 챙겨 주셨었구나 하는 이해를 할 수 있었다. 그리고 또 한 가지 예상과 달랐던 점은, 일은 확실히 더 어려워지고 많아졌지만 그걸 감당해야 하는 나도 조금은 성장했다는 사실이다. 최근까지의 나는 나의 불만을 석사과정 때만큼 폭발적으로 터트리지 않고 다루고 있다. 심리적 성숙 외에도 사회적이나 경제적으로 석사과정 때보다 갖추고 있다는 사실이 나에게 큰 안정감을 주고 있는 것 같다. 여전히 이 현실이 막막하고 버겁지만 내가 쌓아 온 경험을 기억하고 내가 할 수 있는 것을 아는 것, 그리고 나를 필요로 하는 곳이 있고 생산할 수 있는 일이 있다는 것이 나를 지지해 주는 기반이 되었다. 그래서 박사과정의 나는 학교에서의 단편적인 경험을 나라는 사람의 판단 기준으로 삼지 않고, 이곳이 내 인생에 주는 영향에 대해 확대 해석하지 않으려고 노력한다. 그것이 3학기가 지나는 현재 내가 제정신으로 신체 건강히 학교 생활을 영위할 수 있는 노하우 같다. 이 단락을 마무리하며, 학교 생활 중 들었던 "학생이라는 존재는 목적이 아닌 수단이기 때문에 필연적으로 불안정할 수밖에 없다."는 말이 떠올랐다. 그 말이 내게는 큰 위로가 되었다. 나에게 "불안정한 것은 나 자체가 아니다. 불안정한 것은 학생이라는 내 신분이고, 나의 불안정함은 단편적인 것이다."라는 메시지를 주었기 때문이다. 이 학교를 졸업한 뒤 앞으로 내 삶에서 내가 겪을 수많은 불안정함 속에서 나는 이 말과 태도를 기억하려고 한다.

상담학도로서 내 마음 돌보기

내가 공부하고 있는 전공은 사람의 마음과 심리에 대해서 배우고 잘 다루기 위해 훈련하는 곳이다. 큰 도움이 될는지는 모르겠지만, 이 전공에서 석사와 박사과정을 보내고 또 상담전공생으로서 내 감정과 어려움이 어땠는지, 그리고 그것을 어떻게 다루었는지 풀어 보려고 한다. 당연한 말이지만, 이것은 나의 개인적인 경험이자 방법이다. 심리상담을 공부하는 전공의 특성상 상담사로서 잘 기능하기 위한 수련과정이 필수적이다. 글로만 상담에 대해 배운 사람이 상담을 잘할 수 있을까? 나는 글로만 상담을 배운 상담사에게 상담을 받고 싶지 않다. 사람의 마음은 글로 표현하는 데 한계가 있고, 모든 사람은 각자의 역사와 감정을 갖고 있기 때문이다. 원칙적으로도 수련의 과정이 필요하지만 나는 이전이나 지금이나 스스로에게 상담자라는 정체성을 유지하고 있기 때문에 상담에 대한 공부를 시작했을 때부터 최대한 상담을 많이 하려고 노력했다. 어떻게 보면 학교라는 '수단적인' 공간에서 내가 나의 가치를 느끼며 할 수 있는 몇 가지 안 되는 일이기 때문이기도 했다. 당시에 나는 상담 케이스를 늘리기 위해, 학교 근처에 있는 상담센터에 일일이 전화를 걸어 상담일을 할 수 있는 자리가 있는지, 나를 써 달라는 요청을 하기도 했다. 말도 안 되는 일이지만, 그 전화를 계기로 일할 수 있게 되기도 했다. 아무튼 열정이 곧 실력으로 이어지지는 않아서 상담을 마음만큼 한다 한들 보람은 적거나 짧고 자책감과 좌절은 깊고 오래갔다.

초심상담자는 종종 얘기를 잘 들어 주는 친구보다도 기능을 못한다. 나 역시 그런 순간이 석사과정 내내 있었으며, 내가 상담을 제대로 진행하고 있지 못하고, 내담자 역시 그걸 느끼고 있다는 걸 실시간으로 체감하는 것은 고문에 가까웠다. 또한 상담자의 수련 과정 중에 상담하는 과정을 보고서로 정리하여 숙련된 상담자에게 지도감독(supervision)을 받는 것도 포함이 되어 있는데, 실망스런 회기는 이 과정까지 고통이 이어졌다. 보고서를 쓰면서 내가 망친 상담을 직면하는 고통, 지도를 받으며 '이렇게 상담한' 이유를 질문하실 때 거기에 답을 해야 하는 고통, 내담자가 받게 된 손해를 깊이 느끼는 고통까지……. 부족한 내가 제공했던 상담 한 회기의 대가는 너무나도 컸다. 이런 상담을 석사 중 최소 50번 해야 했으며, 그 한 번 한 번의 경험이 사무쳤던 것은 말할 것도 없다. 다행히 나를 지도감독해 주시는 선생님께서는 나를 불쌍하게 여기셨는지 매번 따뜻한 위로와 걱정을 해 주셨다. 학기 중 대학원 수업에 심지어는 학부생 때는 듣지도 않았던 계절학기도 들었었다. 이렇게 많은 일을 동시에 하면서 무엇 하나 쉬운 난이도의 일도 아니다 보니 제대로 되는 일이 하나도 없는 것 같았다. 이 과정을 거치며 우울한 감정과 상태가 어떤 건지 진하게 느꼈다. 석사 때는 나의 멘탈을 관리하는 방법은 물론 이를 느끼는 것조차 어려웠던 것 같다. 나의 내부가 아닌 외부의 할 일에 초점을 맞추고 미련하게 일을 했고, 이러한 지친 몸과 마음이 회복할 때까지 꽤 오랜 시간이 걸렸다.

그렇다면 박사과정에서는 얼마나 달라졌는가. 사실 박사과정에서의 일에 대한 부담과 절대적인 양은 늘었지만 멘탈은 석사 때보다는 관리가 되고 있다. 최소한 주변인에게 화풀이를 하지는 않으니 말이다. 여기에는 몇 가지 차이가 있다. 먼저 내가 이곳에 온 이유에 대해서 스스로 계속 의식한다. 처음 박사진학을 결정했을 때 내가 어떤 목표를 갖고 어떤 기대를 했는지 상기하려고 노력한다. 이곳에서 내가 겪는 어려움들을 나는 예상하지 않았던 것도 아니었고, 알면서도 이곳을 선택한 것은 나라는 걸 상기하면, 때로는 내 스스로에게 야속함을 느끼지만 일이 많아서 느꼈던 자동적인 분노는 조금 가라앉았다. 그리고 또 하나는 어차피 할 일은 태산이고 시간은 부족하다는 것을 인정한다. 이 말은 두 가지로 해석이 될 수 있는데, 어차피 할 일이 많으니 그 안에서 내 몸과 마음이 쉴 수 있는 시간과 공간을 마련하라는 의미와 어차피 할 일이 많아서 마음이 불편할 수밖에 없으니 미루지 말고 바로 일을 하는 게 가장 속 편하다는 의미다. 나는 이 두 가지의 해석에 모두 동의한다. 때로는 이 두 가지가 동시에 나에게 일어나던 순간도 있었다. 나는 사람을 만나는 것을 좋아하지만, 혼자서 게임하는 것도 무척 즐기는 편이다. 가장 바빴었던 2학기에, 사람을 잠깐이라도 만날 시간이 부족해서(당시 식사는 물론 일하면서 대충 때웠다.) 충동적으로 게임기를 하나 구매했다. 그때 내가 간과했던 사실은, 게임을 할 시간과 에너지가 전혀 없었다는 것이었다. 큰맘 먹고 샀던 게임기였기 때문에 이를 활용하지 않는 것은 또 다른 스트레스가 되었다. 게임을 조금이라도 하기 위해서는 그날의 할 일을 정말 촘촘하게 짜고 열심히 해야 했다. 그리고 그렇게 매일 30분씩 나에게 게임할 수 있는 시간을 마련해 주었다. 그때 학기 중 가장 바쁜 시기였음에도 불구하고 게임하는 30분이 즐거워서 이를 위한 공부와 업무를 열심히 할 동기가 생겼던 것 같다. 매일 바쁘게 살아도 보상이 충분하지 않다고 느껴질 때, 동기를 다시 끌어 올리기 위해 나를 위한 외적 보상을 마련해 두는 것도 좋은 방법 중 하나일 것이다.

이 방법은 내가 도움을 받아서 소개하려고 하는 다른 멘탈 관리법과도 관련이 있다. 그것은 바로 내 삶에 몰입할 수 있는 것을 만드는 것이다. 박사과정의 삶은 나를 위하지만 그것이 피부로 느껴지지는 않는, 매우 모순적인 시기다. 결국 자기가치감, 삶의 에너지를 느끼기가 정말 어려워지는데, 이때 몰입하는 것이 생기면 이를 구심점으로 생활에 활기가 생긴다. 예를 들어, 좋아하는 드라마가 생기면 그 드라마가 끝날 때까지 매주 나의 생활에 새로운 콘텐츠가 생기는 것처럼 말이다. 지속하기 어려운 것이 많지만 임시방편으로는 꽤 효과가 좋은 방법이라고 자부한다. 그 외에 운동, 잘 먹고 잘 자기 등은 너무 당연한 방법이기 때문에 굳이 언급하지 않겠다. 입학을 계획하는 사람이 있다면, 자신은 어떤 방법으로 스트레스와 마음을 관리할지 대비하는 것이 큰 자산이 될 것이다.

대학원에서의 인간 관계

이전 단락에서 멘탈을 어떻게 관리했는지 기술했다. 사실 박사과정에서 제정신을 유지할 수 있었던 데에는 내가 노력해서 관리할 수 있는 방법 외에 인간관계가 큰 몫을 담당했다. 내가 느꼈던, 이곳에서의 인간관계는 특이한 점이 있었기 때문에 이에 대해서도 간략히 기술해 보고자 한다. 멀리서 봤을 때는 나의 자격지심과 불안을 자극하는 이들이 가까이에서 함께 이야기를 나눌 때에는 동료이자 전우임을 느끼게 되기 때문이다. 석사에 입학했을 당시 다른 학교 출신이었던 나는, 학교에 진학했을 때 내가 적합한 사람인지 끊임없이 고민하고 증명하려고 했다. 그 당시에는 1학기가 끝나기 전까지 학교에서 메일이나 전화가 오면 "오류가 있어 합격처리가 되었고, 당신은 사실 불합격자다."라는 말을 들을까 봐 노심초사했다. 만약 정말로 그런 연락이 왔다면, "그럴 줄 알았어요."라고 말하고 학교를 덤덤하게 떠났을 것이다. 그렇게 생각하다 보니 학교에 재학 중인 모든 선배와 동기들은 나와 같은 사람처럼 느껴지지 않았다. 그래서 나의 능력과 역량을 보여 주기 위해 최선을 다했던 것 같다. 학기가 지나며 스스로에 대한 인정도 되었고, 또 남들이 내 역량에 그렇게까지 관심이 없다는 사실도 깨달았다. 과정이 끝날 때쯤엔 서로에게 의지하고 가까워졌었기 때문에 박사과정에서는 자격지심 등의 감정은 느끼지 않을 것이라고 생각했다. 그러나 박사과정에 진학한 이후에 그것이 큰 오산이었음을 깨달았다. 학교에 돌아오자마자 내가 부족한 것과 그동안 못해 왔던 것들이 다 들추어지는 느낌이었다. 왜냐하면 주변에는 착실하고 유능한 이들이 너무 심하다고 느껴질 정도로 많았기 때문이다. 석사과정 중에 한 박사과정 선생님께서 하신 말씀이 있다. "서울대학교의 모든 사람은 열등감을 갖고 있을 거예요. A small fish in a big pond." 서울대학교가 원인인지, 혹은 그 현상의 결과인지는 모르겠다. 하지만 그 말은 학교에 다니면 다닐수록 더 진하게 느끼고 있다. 결국 이 학교에서 재학생이 볼 수 있는 것은 우수한 역량을 가진 재학생의 성과이기 때문이다. 가까운 사이가 되어 그들의 이야기를 듣기 전까지는 모두가 '노력까지 하는 성실한 천재'로 보인다. 가까워지고 이야기를 나눈 뒤에도 아주 틀린 말은 아니긴 하지만, 그렇게 보이기까지 그들의 고민과 어려움을 들으며 동질감을 느낄 수 있다는 점에서 아주 다르게 보이는 것 같다. 학교에서 기대하고 요구하는 많은 과업들에 대한 부담과 이를 유지하기 위한 노력을 듣고 있으면 “나만 이런 것이 아니구나.”라는 흔하지만 강력한 위로를 얻게 되는 것이다. 요구받는 과업의 양과 질이 매우 높았기 때문에 어떤 유능한 인재라 할지라도 그 부담감을 공감할 수 있다는 것이 흥미로운 일이었다. 사실 박사과정의 학교생활은 정말 연구와 학업으로 꽉 차 있기 때문에 지지와 위로, 공감 외에 다른 것을 나누기는 어렵다는 생각이 든다. 물론 그것만으로 이미 많은 것을 나누고 있지만 사적으로 마음과 교감을 나누기에는 허락된 시간과 체력이 턱없이 부족하다. 정리해 보면 석사과정과 박사과정의 관계는 양상이 좀 다르다. 석사과정 때는 비교적 시간과 체력이 있는 덕분에 더 많은 감정을 나눌 수 있지만 관계를 맺고 이어 가기가 조금 더 어렵게 느껴진다면, 박사과정에서는 모두가 힘들기 때문에 관계 맺기는 비교적 쉽지만 그만큼 깊은 감정을 나누기에는 그럴 여력조차 없다. 그러므로 박사과정생으로 진학을 준비하면서 관계에 대한 두려움이 있다면 부담을 조금 더 내려놓아도 될 것이다.

08
대학원생의 메타

이진호 (교육철학전공)

대학원생의 삶에서 자신의 전공 분야와 관련된 공부가 무엇보다도 중요하다는 말에 이견을 보일 사람은 아마도 없을 것이다. 한 사람의 전문가로 인정받기 위해 자신의 전공과 연구 주제를 선택하고, 그것에 집중하고, 그렇게 한 분야의 깊이를 더해가는 것이야말로 분명 대학원생다운 모습이라고 생각될 테니 말이다. 하지만 그 과정에서 지식을 축적하는 공부에만 몰두하다 보면, 정작 자신이 하는 공부의 의미와 가치에 대해서는 충분히 숙고하지 못하는 것 같다. 물론 이것은 모든 대학원생이 경험하는 보편적인 문제가 아닐 수도 있고, 어쩌면 나를 비롯한 몇몇 대학원생만이 겪는 특수한 경우인지도 모르겠다. 그렇기에 이 글은 대학원생에 관한 거창한 통찰이나 분석이 아니라, 바로 나 자신이 겪은 대학원생으로서의 시행착오와 고민으로 채워진 하나의 고백이다.

그 너머의 현실, 메타

대학원생에게 전공 분야와 관련된 내용들을 알아 가는 일이 가시적인 현실이라면, 그 너머에는 비가시적인 또 다른 현실이 마치 보이지 않는 공기처럼 우리를 감싸고 있다. 나의 경우를 예로 들면, 그것은 내가 '교육철학'을 전공하는 대학원생이라서가 아니라 바로 '대학원생'이라는 사실 자체에서 마주하게 되는 현실이자, 이 글에서 내가 대학원생의 메타(meta)라고 부르려는 바로 그 현실이다.

온라인 게임을 좋아하고 즐겨하는 사람이라면 '메타'라는 표현이 그리 낯설지 않을 것이다. 게임 분야에서 쓰이는 메타란 용어는 게임 한 판 한 판의 미시적이고 전술적인 진행을 넘어서 해당 게임계 전반의 흐름을 거시적이고 전략적으로 따지는 일을 뜻하는데, 이는 일본 게임계에서 메타 게임 분석이라는 용어를 메타라고 줄여서 쓰던 용법이 우리나라에 그대로 수용된 사례라고 한다.[1)]

그러니까 게임 분야에서 쓰이는 메타란 용어는 게임의 내적인 요소를 넘어서는 차원으로써, 주요 전략이나 패턴, 추세 등을 망라하는 게임계 전반의 흐름을 일컫는 말이라고 볼 수 있다. 하지만 최근 들어서 이 메타란 용어는 앞서 밝힌 의미처럼 효과적인 전략이나 패턴 등을 설명하기 위해 사용되는 경우보다, 오히려 반어적으로 전혀 전략적이지 않은 방식이나 태도를 정당화하거나 비꼬는 데에 더 자

1) 게임 분야에서 쓰이는 용어인 만큼, 이용자들의 맥락을 가장 적절하게 반영하고 있는 것처럼 생각되는 사이트인 나무위키에서 '메타(게임용어)' 항목을 참고 하였다.

주 쓰인다고 한다. 가장 대표적인 예가 바로 '기도 메타'란 표현인데, 이는 게임을 플레이하면서 중요한 판단과 결정을 할 때 전략적으로 고민하는 것이 아니라 마치 하늘에 맡기듯이 우연에 기대는 태도를 지칭하는 말이다.

이런 경우에서 알 수 있듯이, 최근에 널리 사용되는 메타의 의미는 사실 메타란 단어의 본래 의미에 충실하다고 볼 수는 없다. 본래 메타는 사이에(among), 뒤에(after), 넘어서(beyond) 등의 의미를 지닌 고대 그리스어 *μετά*에서 유래한 말이다. 그런 메타의 용례 가운데 우리에게 가장 유명한 것은 아마도 고대 그리스의 철학자 아리스토텔레스의 저술 중 『형이상학』으로 번역되는 *τά μετά τά φυσικά* (Metaphysica)일 테다. 그런데 사실 이 책의 제목은 아리스토텔레스 본인이 직접 지은 것이 아니라, 그의 후대인 로마 시대에 아리스토텔레스의 저술을 모아 간행한 안드로니코스라는 사람이 지은 것이라고 한다. 안드로니코스가 이런 제목을 짓게 된 이유는 단순한데, 그가 아리스토텔레스의 저술 중 '존재로서의 존재'와 같이 다소 난해하고 추상적인 주제를 다룬 글들을 따로 모아 『자연학(*τά φυσικά*, Physica)』 다음에 위치시켰기 때문이다. 그러니까 이 책의 제목이 본래 가리키는 것은 자연학(Physica) 뒤에(meta) 놓인 책이라는 의미에 불과했던 것이다.

하지만 이 책의 제목에 사용된 메타라는 표현을 단순히 편집 순서를 가리키는 말이 아니라 학문적인 함의가 있는 표현으로 해석하는 입장도 존재한다.[2)] 왜냐하면 첫째로 아리스토텔레스 본인이 이 책

---

2) Cohen(2016/2017)의 책 『아리스토텔레스의 형이상학(Aristotel's Metaphysics)』(김혜연

에 실린 내용에 대해 '제1철학' '존재로서의 존재에 관한 연구' '지혜' '신학' 등의 표현을 사용하며 강조하고 있다는 점과 둘째로 후대의 학자들이 이 책의 내용을 '감각으로 경험할 수 있는 세계에 대한 이해를 얻은 다음에야, 즉 자연학적인 탐구를 한 다음에야' 비로소 탐구할 수 있는 주제라고 평가한다는 점 때문이다. 그리고 이런 용례의 영향을 받았기 때문인지 이후로 메타란 용어에는 점차 현실 너머의 이면적 · 초월적 차원이라는 의미가 덧입혀져 왔으며, 그렇게 메타버스(metaverse)와 같이 우리가 오늘날에도 종종 사용하고 있는 메타라는 말의 의미가 정립된 것으로 보인다.

공부만 열심히 하면 좋은 연구자가 될 수 있을까

그렇다면 대학원생이 마주하고 있는 현실 너머의 현실, 그러니까 대학원생의 메타는 구체적으로 무엇을 의미할까? 위에서 살펴본 것처럼 메타라는 표현을 직접적인 현실 너머의 차원이라는 광의로 해석할 수 있다면, 우리는 대학원생의 메타를 교육학, 정치학, 경제학, 사회학 등의 각 분과학문으로 국한할 수 없는, 그들이 공통적으로 딛고 있는 더 넓은 차원의 현실이라고 이해할 수 있을 것이다. 그리고 구체적으로는 대학원생이 각자의 전공 분야를 공부하는 학생인 동시에 공통적으로 연구라는 전문적인 일을 수행하는 연구자(많이

외)과 김진성(2007)의『형이상학』해설 참조.

양보해도 예비연구자)이기도 하다는 사실을 의미한다고 볼 수 있을 것이다.

그렇지만 이처럼 대학원생의 삶 속에 공부하는 학생으로서의 정체성과 연구하는 연구자로서의 정체성이 중첩되어 있음에도 불구하고, 그중 더 직접적이고 가시적인 것은 분명 자신의 전공 공부와 직결되는 학생으로서의 정체성인 것처럼 보인다. 왜냐하면 대학원생이 일상적으로 자주 만나고, 대화하고, 함께 시간을 보내는 사람들은 보통 자신과 같은 전공인 경우가 많으며, 그런 사람들과의 관계 속에서 중요한 화두는 대개 전공 공부와 관련된 내용일 테니 말이다. 바로 이것이 앞서 대학원생에게 공부가 가시적인 현실이고, 연구는 비가시적인 현실이라고 말했던 이유이기도 하다.

그렇다면 공부와 연구는 구체적으로 어떻게 다른 것일까? 지난 몇 년 동안 대학원생들 사이에서 입소문을 탔던 책 『대학원생 때 알았더라면 좋았을 것들』(2019)에서는 공부와 구별되는 연구의 특징을 다음과 같이 설명하고 있다.

> "내가 연구하려는 주제는 교과서에 나오지 않는다. 교과서에 나와 있는 내용이라면 과거에 이미 연구가 된 내용이고, 그것을 연구하는 것은 이미 연구가 아니다. …(중략)… 이러한 과정은 지금까지 우리가 초·중·고·대학교를 거치며 해 왔던 '공부'와는 완전히 다른 것이다."
>
> —『대학원생 때 알았더라면 좋았을 것들』, 143쪽

공부라는 활동은, 우리가 어린 시절부터 자연스럽게 익혀 온 것처

럼, "이미 세상에 존재하고 체계적으로 누군가 과거에 정립해놓은 지식을 차근차근 배우는" 일이다.[3)]

그러니까 간단히 말해서 공부는 이미 정리된 지식을 받아들이는 일이다. 하지만 대학원생에게 연구는 일반적인 의미에서의 공부와는 조금 다른 활동이어야 하고, 구체적으로 그것은 공부한 내용을 바탕으로 다시 새로운 지식, 의미 있는 관점, 그리고 어떤 식으로든 도움이 되는 결론을 새롭게 낳는 활동이어야 한다.

> "연구를 한다는 것은 그렇게 인류가 가진 지식의 경계 너머에 있는 미지의 세계를 조금씩, 아주 조금씩 개척해 나가는 것과 같다. 이제 내가 가진 질문에 대한 답은 다름 아닌 내가 만들어야 하는 것이다. 내 질문에 대한 '정답'이라는 것이 존재하는지는 모르겠지만, 그 문제에 대해서 가설과 실험을 거쳐서 논리적으로 결론을 내리고, 이것이 학계에서도 받아들여진다면 그것이 논문이 되고, 결국에는 인류의 새로운 지식이 될 것이다."
>
> –『대학원생 때 알았더라면 좋았을 것들』, 144쪽

인용문에서 말하고 있는 것처럼, 연구라는 것은 연구자가 그 분야의 전문가로서 독창적으로 제안하는 아이디어를 하나의 지식으로 정립하는 활동으로써 그 결과는 대개 논문의 형태로 나타난다. 물론 오늘날에는 블로그, 인스타그램(Instagram), 유튜브(YouTube) 등 소셜 미디어의 발달로 인해 자신의 생각을 이전보다 다양한 형식으

3) 엄태웅, 최윤섭, 권창현(2019)의 글 2부 참조.

로 알릴 수 있게 되었다. 하지만 그럼에도 불구하고 여전히, 그리고 앞으로도 연구자들 사이에서 강력한 소통의 도구가 되는 것은 전문적인 형식과 권위를 갖춘 연구물인 논문일 것이다.

이와 같은 이유에서 대학원생은 분명 내가 궁금한 것이나 배우고 싶은 것만을 찾아다니는 공부 이상의 것을 해야만 한다. 만일 대학원생이 되었음에도 여전히 개인적인 지적 호기심을 충족시키기 위한 공부에만 머무른다면, 우리는 학생일 수는 있어도 연구자라고 불릴 수는 없기 때문이다.[4)] 특히나 문과 계열 대학원에 입학한 이상, 그리고 박사과정에 진학한 이상, 우리의 진로는 졸업 후에 진입할 연구자들의 세계에서 한 명의 연구자로 오롯이 인정받는 일과 직결되어 있는 까닭에 우리 대학원생에게는 더욱더 연구라는 활동과 연구자라는 정체성에 대한 고민이 전공 분야에 관한 공부만큼이나 중요할 수밖에 없는 것이다.

낯선 순간을 통해 메타로 들어가기

이제 우리는 대학원생이 단순한 학생이 아니라 연구자이기도 하다는 것을 알게 되었으니, 그것으로 충분한 것일까? 다시 대학원생의 삶 속으로 돌아가 이전과 똑같이 책을 읽고 글을 쓴다면, 그것을

4) 물론 이러한 지적 호기심은 대학원생이 되고 연구자가 되기 위한 중요한 동력이 된다는 점에서 여전히 중요하다. 하지만 이 글의 목적은 공부와 연구가 엄연히 다른 활동이라는 사실을 부각하는 데 있기 때문에, 여기서는 그 둘의 차이를 더 분명하게 드러내는 방식으로 설명하고 있음을 추가로 덧붙인다.

공부가 아닌 연구라고 쉽게 말할 수 있는 것일까? 당연히 문제는 그리 단순하지 않다. 모두가 알고 있듯 우리 주변에 열심히 공부하는 대학원생은 정말 많지만, 그렇게 공부한 내용을 다시 자신만의 연구로 승화시킬 수 있는 능력을 갖춘 대학원생이 된다는 것은 또 다른 차원의 문제이기 때문이다. 나의 전공을 예로 들면, 제아무리 유명한 철학자들의 저술을 독파하고 그들의 사상에 박식하다고 한들, 반드시 의미 있는 교육철학적 연구물을 완성한다는 보장은 없는 것이다. 따라서 진짜 문제는 이제부터 시작이다. 반복적으로 말하지만, 대학원생은 (아직 예비적이긴 해도) 한 분야의 지식과 이론에 정통한 지식인인 동시에 그러한 지식과 이론을 생산해 낼 수 있는 전문 연구자이기도 하다. 그리고 그중에서도 후자에 관한 질문, 그러니까 “연구란 무엇인가?”나 “연구자란 무엇인가?”와 같이 연구 활동의 의미와 가치를 묻는 질문은 보통 연구 분야나 주제에 앞서서 제기되는 일종의 메타적인 질문이라 할 수 있다.

그렇다면 이런 메타적인 질문의 답을 찾고, 연구자라는 메타적인 정체성을 알아 간다는 것은 어떻게 가능할까? 글의 서두에서 이야기한 것처럼, 이 글은 하나의 고백에 불과하기 때문에 나 역시도 이 문제에 관한 답을 정확히 알고 있지는 못하다. 아니 어쩌면 이 질문에 확정적인 답을 할 수 있는 사람은 아무도 없을지도 모른다. 오죽하면 그 유명한 천재 물리학자 아인슈타인마저도 연구의 난해한 본성에 대해 다음과 같이 말했을까? “우리도 우리가 뭐 하는지 잘 모르잖아요. 알면 연구 아니잖아요. 그렇잖아요? (If we knew what it was we were doing, it would not be called research, would it?)”[5]

그렇지만 우리가 최종적인 결론에 도달할 수 없다고 해서, 그 고민 자체를 무시하거나 소홀히 해도 된다는 뜻은 아닐 것이다. 어쩌면 이러한 고민 앞에서 끊임없이 씨름하는 것이야말로 좋은 연구자가 되어 가는 과정 그 자체일 테니 말이다. 그러니 이런 나 자신의 말에 작은 용기와 위안을 얻어서, 여전히 시행착오를 반복하고 있는 일개 대학원생인 나의 경험을 짧게 나눠 보고자 한다.

앞서 말한 것처럼 우리에게 직접적이고 가시적인 현실이 전공 분야에 관련된 내용들로 가득 차 있기 때문에, 이 메타적인 현실에 다가가기 위해서는 특별한 방법이나 노력이 필요한 것 같다. 그렇지만 다행히도 이 메타적인 현실에 다가가는 방법은 특별할지언정 그리 어려운 일은 아닐 수 있다. 왜냐하면 나의 경우 그것은 다른 전공 대학원생들과의 만남 속에서 경험한 낯선 순간들을 통해 가능했기 때문이다.

사실대로 고백하자면 나 또한 3년이 채 되지 않는 석사과정 중에는 그저 무사히 졸업하는 일만으로도 벅찼기 때문에, 내가 하는 공부의 의미나 가치 같은 깊이 있는 고민을 할 겨를도 없이 전공 공부를 따라가기에만 급급했다. 그리고 특히나 교육철학이라는 전공의 특성상, 교육학 내의 다른 전공들과 연구의 방법론, 문제의식 등을 공유할 기회가 많지 않기도 했다. 그래서 지금 돌이켜 보니 석사과정 중의 나는 다소 고립된 환경 속에만 머물렀던 것처럼 보인다. 당시의 나에게 중요했던 것은 오직 '미디어 교육'이라는 익숙한 연구 주제와 교육철학이라는 익숙한 학문적 관점뿐이었기 때문이다.

하지만 박사과정에 진학하고 어느덧 대학원생의 삶에 익숙해지면

---

5) 엄태웅, 최윤섭, 권창현(2019)의 3부에서 재인용.

서 내게 점차 새로운 환경과 조건이 갖춰지게 되었다. 특히나 내게는 박사과정 중에 BK21 사업에 참여할 수 있었던 것이 대단히 큰 행운이었는데, 그 이유는 장학금 혜택과 같은 경제적인 지원뿐만 아니라 이 사업에서 진행하고 있는 여러 교육 프로그램과 연구 프로젝트를 통해 다른 전공 대학원생들과 교류할 기회가 많이 생겼기 때문이다. 그중에서도 BK21 사업에서 제공하는 '방법론 워크숍'이나 '박사 세미나'와 같은 수업은 전공 분야와 관계없이 모든 대학원생에게 필요한 내용, 그러니까 앞서 말한 대학원생의 메타적인 질문들을 직접적으로 다뤄 볼 수 있는 시간을 제공하기도 했다.

물론 이러한 시간이 처음부터 유익하고 뜻깊게 느껴진 것은 아니었다. 사실 이제까지 한 번도 들어 본 적 없는 용어들과 한 번도 고민한 적이 없는 질문들 앞에 마주한다면, 누구라도 낯설고 불편한 당혹감을 느낄 수밖에 없을 테니 말이다. 나 또한 교육철학적 관점과 연구 방법이 지닌 고유한 특징에 이미 익숙해져 있었기에 다른 전공에서 다뤄 왔던 문제의식, 관점, 방법론 등에 관한 강의를 들을 때면 모든 것이 낯설고 어렵게만 느껴졌다. 그렇지만 분명한 것은 그러한 시간들이 쌓여 갈수록 오히려 이제까지 내가 해 왔던, 그리고 지금 하는 연구에 대해 조금은 다른 차원의 고민을 해 볼 수 있게 되었다는 사실이다.

교육철학, 교육사회학, 교육과정, 교육행정 등 서로 다른 전공을 가진 대학원생들이 각자의 연구 주제나 관심 분야를 나누다 보면 사실 전혀 모르는 용어나 내용들이 쏟아지기도 한다. 그래서 반대로 나에게는 너무나 당연하고 확정적인 지식이나 관점이 타 전공의 연구자들에게는 다르게 받아들여질 수 있다는 사실을 깨닫기도 한다.

하지만 그렇게 우리가 서로 다른 전공을 공부하고 있음에도 여전히 연구라는 공통분모가 우리를 소통할 수 있게 한다는 사실이 느껴질 때가 있는데, 그때가 바로 내가 대학원생의 메타를 자각하게 되는 순간이었다. 마치 우리 사이에 전공이라는 벽이 가로막고 있는 것처럼 보일 때도, 오히려 서로가 자신의 아이디어를 다른 동료들에게도 받아들여질 수 있는 방식으로 설명하기 위해 애쓰고 고민하면서 우리가 연구라는 메타를 공유하고 있다는 사실을 체험할 수 있었던 것이다. 그렇게 다른 전공 대학원생들과 만나면서 낯선 영역을 마주할수록, 나는 나의 연구 주제들 너머에 있는 연구자로서의 고민, 연구 활동 자체에 대한 고민을 계속해서 붙잡을 수 있었다. 그뿐만 아니라 이러한 경험을 통해 연구자로서의 나의 관점이 더 단단해질 수 있었고, 그렇게 나의 연구 활동 자체에 큰 동기부여가 되어 주었다.

글을 맺으며

아마 대학원에 진학하기로 결정한 사람이라면 누구라도 이미 대학원 공부를 통해 해결하거나 개선하고 싶은 문제들을 마음에 품고 있을 것이다. 나의 경우는 그것이 '미디어 교육'이었는데, 영상학을 전공하면서 단편 영화, 광고(CF), 뮤직비디오와 같은 다양한 장르의 콘텐츠를 만들었지만, 그럴수록 오히려 더 많은 사람이 이러한 콘텐츠를 제대로 경험하고 활용할 수 있게 만드는 미디어 교육에 관심을 두게 된 것이다. 특히 당시에 막 보편화되기 시작했던 스마트폰, 소셜 미디어, 그리고 온갖 디스플레이로 장식되는 자동차나 건물을 바라보면서, 영상이라는 것은 더 이상 우리가 선택적으로 접하거나 활용할 수 있는 대상이 아니라 우리 삶에 깊숙이 뿌리내린 하나의 일상적 조건이 되리라고 생각했다. 그렇게 확실한 문제의식을 바탕으로 대학원에 진학했기에 나는 '미디어 교육'을 주제로 열심히 공부할 수 있었고, 석사논문까지 쓸 수 있었다. 하지만 오히려 구체적인 문제의식에만 너무 몰두하다 보니, 정작 내가 빠져들고 있는 연구 활동 자체의 의미와 가치를 숙고하는 일에 소홀할 수밖에 없었던 것 같다. 물론 자신의 주제를 깊이 있게 공부하는 것도 대단히 중요한 일이지만, 한 사람의 연구자로서 제 몫을 하기 위해서는 그렇게 공부한 내용을 바탕으로 다시 연구자다운 결과물(즉, 논문)을 만들어낼 수 있어야 하기 때문이다.

그런 이유에서 대학원생의 상황은 인생의 두 번째 사춘기처럼 보이기도 한다. 마치 사춘기가 아동기와 성인기 사이의 주변인으로 묘사되는 것처럼, 대학원생도 공부하는 학생과 연구하는 전문 연구자 사이의 주변인으로 보이기 때문이다. 그러나 우리는 이 두 개의 정체성을 서로 갈등하거나 대립하는 관계로 이해할 필요는 없을 것 같다. 앞서 언급한 것처럼, 공부와 연구는 하나가 다른 하나를 추동하는 동력으로 작용하며 서로가 서로를 끊임없이 이끌어 갈 것이기 때문이다. 그런 까닭에, BK21 사업에 참여했던 지난 1년 동안 나의 가장 큰 수확은 연구 자체에 관한 메타적인 물음과 끊임없이 씨름하는 것이야말로 학문의 여정이라는 사실을 깨달은 것이 아닐까 생각한다.

오늘날 청년 세대의 삶이 각박하다는 것은 자명한 사실이다. 그리고 그중에서도 대학원생의 삶이 더 각박하다는 것 또한 이미 널리 알려진 사실이다. 학력 인플레이션이 너무나 당연해서 더 이상 화제가 되지도 않는 시대. 석 · 박사학위는, 특히나 문과 계열의 석 · 박사 학위는 더 이상 우리 삶에 어떤 보증도 되지 못하는 시대. 그런데도 매년 수만 명의 문과계열 석 · 박사들이 탄생하는 시대. 우리는 그런 시대에 한 분야의 전문가인 동시에 한 명의 연구자가 되어 가는 중인 대학원생들이다. 비록 그리 밝지 못한 전망에도 여전히 대학원 생활을 이어 나가는 (나를 포함한) 모든 동료 연구자들에게 격려와 응원의 마음을 보내며, 모두가 각자의 연구를 통해 행복할 수 있기를.

참고문헌

엄태웅, 최윤섭, 권창현(2019). 대학원생 때 알았더라면 좋았을 것들. 클라우드 나인.

Aristotle. *Metaphysica*. 김진성 역(2007). 형이상학. 이제이북스.

Cohen, S. M. (2016). *Aristotle's Metaphysics*. 김혜연, 배제성, 신우승, 주혜신 역(2017). 아리스토텔레스의 형이상학. 전기가오리.

09
대학원 진학이 고민 돼요

노지연 (교육상담전공)

왜 대학원 진학을 결정했나요

나는 미국에서 석사학위와 심리상담사로 일하기 위해 필요한 자격증을 취득하고서 '다시는 학생으로 살지 않을 것이다.'라고 다짐했다. 방학이 아니면 절대로 홀가분한 마음으로 생활할 수 없는 삶이 싫었다. 하루 일과를 마치고도 해야 할 과제들과 시험 공부들이 나를 기다리고 있었고, 주말에도 자유로움을 느낄 수 없었다. 오히려 어떤 주말은 공부와 과제만 해야 하는 주말이 되어 버렸다. 그렇다고 사실 방학 때에도 완전히 홀가분할 수는 없었다. 다음 학기에 해야 할 것들, 방학을 알차게 보낼 방법들 등에 대해 항상 고민하였다. 한마디로 졸업 전까지는 항상 걱정거리가 있었다.

심리상담사로서의 직장생활은 학생생활과 달랐다. 출근과 퇴근 시간이 정해져 있었기에 내 생활은 규칙적이었고, 퇴근 후에는 온전한 나의 시간을 즐길 수 있었다. 주말만큼은 직장으로부터 심리적 및 물리적으로 완전히 구분된 상태로 지낼 수 있었기에 주말 계획을 세우는 것은 매주 즐거웠다. 가끔 쉬는 것이 지루해질 정도로 마음 편히 충분한 휴식을 취할 수도 있었다. 그때의 나에게 내가 곧 박사 학위도 취득할 예정이라고 말해 주었다면, 그때의 나는 분명히 내가 자발적으로 그런 결정을 내리지 않았을 거라고 대답했을 것이다.

하지만 나는 직장생활을 하면 할수록 무언가가 부족하다는 것을 느끼게 되었다. 먼저 요즘은 100세 시대라 나는 아직 적어도 40년은 더 일하게 될 것 같은데, "고작 2년의 대학원 교과과정을 통해 얻은 지식들만을 바탕으로 40년간 나의 전문성을 탄탄하게 키워 나갈 수 있을까?" 라는 의문이 자꾸 들었다.

뿐만 아니라 나는 내가 속한 사회의 정신건강에 기여하고 싶은 소망이 있었는데, 상담실이라는 환경 안에서 개인들만을 대상으로 그들의 정신건강을 증진시키며 살아가면 내가 가질 수 있는 사회적 영향력의 최대치를 미치지 못할 것이라고 느껴졌다.

마지막으로, 나는 중학교 때부터 석사과정까지를 미국에서 보냈기에 한국으로 귀국했음에도 불구하고 국내 정신건강의 장에 소속감을 느끼지 못하고 있었다. 나의 거주지는 한국이었지만, 미국에서 딴 자격증으로 외국인이 설립한 사설 기관에서 외국 자격증을 취득한 상담사들과 영어로 대화하며 내담자들의 95%에게 영어로 상담을 제공하고 있었다. 물론 이러한 환경 때문에 한국에 적응하는 것은 크게 어렵지 않았다. 나의 대부분의 생활이 국내의 외국인 사회 안에서 진행되고 있었기에 미국생활이 연장된 느낌이었다.

하지만 내가 한국으로 귀국한 가장 큰 이유는 한국의 정신건강에 기여하고 싶었기 때문이다. 미국 생활을 하면 할수록 나의 정체성은 미국인도, 교포도 아니라는 것을 체감하였다. TCK(Third Culture Kid)가 나의 정체성을 가장 정확하게 묘사했지만, 그래도 한국과 미국 중에 고르라면 나는 한국을 고향으로 생각하고 있었다. 이 부분이 명확해지자 내가 열심히 쌓아 온 지식과 전문가로서 남은 수명을 한국사회의 정신건강 증진에 기여하는 것이 맞다는 결정을 내렸다. 하지만 나는 내가 이루고자 했던 목표로부터 점점 멀어지는 삶을 살고 있었다. 나는 한국이라는 나라에서 일하고 있다 뿐이지, 여전히 한국에 있는 외국인 사회라는 특수한 집단을 대상으로 재능기부를 하고 있었다. 이러한 현실을 직시할 때마다 한국 시장에 뛰어들고 싶었지만, 한국 시장에서 활동하고 있는 지인도, 지인의 지인도 없었기에 맨땅에 헤딩하는 느낌이었다. 어디서부터 어떻게 해야 국내 정신건강의 장에 속할 수 있을지를 몰랐기에 포기하게 되었다.

이 세 가지 요소들이 나의 직장생활에 대한 열정을 점점 감소시켰다. 제한적인 것 같은 나의 역량과 영향력, 그리고 나의 가치관을 실현시키기 어려운 환경에 속해 있다는 현실을 바꾸기 위해 무언가를 하고 싶었다. 이직도 생각해 보았고, 한국 자격증 취득도 생각해 보았지만, 가장 이상적인 답은 딱 한 가지였다. 대학교라는 울타리 안에서 전문성과 영향력을 기르며 새로운 소속감을 찾는 것이었다.

바랐던 것을 이뤘고,
기대한 것들을 즐길 수 있었나요

대학원을 진학하면 나는 다음과 같은 사람이 될 것이라 예상했다. 다양한 종류의 호소문제들에 대한 치료적 상담을 제공하는 유능한 상담사, 상담사들이 현장에서 일하며 겪는 공통적이고 고질적인 문제들에 대한 해결책들을 발견해 내는 연구자, 전문가로서의 아우라를 풍기며 후배들을 지도하는 선배. 대학원 진학 하나로 내가 이만큼이나 업그레이드될 수 있을 거라는 기대에 부풀어 입학하였지만, 박사과정을 수료한 나의 모습은 나의 예상과 많이 다른 모습이다.

첫째: 상담사

예상했던 나의 모습: 준비된 상담사 ▬▬ 나는 '교육상담'이라는 한 영역의 공부를 2년씩이나 하면 드디어 내가 원했던 준비된 상담사가 될 수 있을 줄 알았다. 석사과정 중에도 상담 공부를 했는데, 2년이나 공부를 더 하면 숙련 상담사가 되는 것이 당연한 것이 아닐까? 개인상담에 대한 숙련도는 물론이고, 석사과정에서는 배우지 못해서 내가 따로 찾아가며 겨우 해내고 있었던 커플상담 및 가족상담도 할 수 있을 것이란 믿음이 나를 벅차게 했다. 뿐만 아니라 교과과정의 끝판왕인 박사과정을 빨리 마쳐 더 이상 공부는 안 해도 되는 상태에 빨리 도달하고 싶었다. 드디어 내가 그토록 싫어하던 '할 것들이 남아 있기 때문에 느끼

는 찜찜함'에서 평생 벗어날 수 있을 거라는 기대에 부풀었다.

나에게는 또 하나의 학업적 기대가 있었는데, 내가 하고 싶은 공부만을 집중적으로 할 수 있을 것이기 때문에 교과과정의 모든 부분이 흥미롭고 재미있을 것 같았다. 학사과정 중에는 졸업의 필수 요건이기 때문에 나의 특성과 흥미에 전혀 맞지 않는 이집트의 역사나 자연과학 과목 같은 비전공과목들을 들었었다. 그때 느꼈던 짜증은 아직도 생생하다. 내가 나의 돈, 시간, 에너지를 투자하며 나를 괴롭혀야만 졸업을 할 수 있다는 것이 너무 싫었다. 보통 시간이 지나면 많은 기억들이 미화되거나, 성숙해지면서 한때는 쓸데없다고 느꼈던 경험이 배움의 경험으로 기능하였다고 결론을 내릴 수 있게 된다. 하지만 졸업해야 하기 때문에 억지로 들었던 수업들에 대한 기억은 아직도 미화되지 않았고, 그 경험은 대학교 친구들과의 전우애를 강화시킨 경험, 그리고 그 친구들을 오랜만에 만날 때 추억 팔이를 하기에 최상인 수다 토픽으로만 남았다. 하지만 박사과정은 버릴 수업이 하나도 없을 것이기에 내가 준비된 상담사가 되기 위해 필요한 지식들만 편식해서 수강할 수 있을 거라 생각했다. 실제로 첫 학기 시작 전에 수강편람을 보며 듣고 싶은 수업들을 정리하는 과정이 즐거웠고, 비슷해 보이는 과목들이 있다면 강의계획서를 보며 어떤 과목이 더 나에게 도움이 될지를 고민하였다.

현실적인 나의 모습: 준비하는 상담사 ▬▬ 나의 예상은 일부 적중하였다. 박사과정 시작 전과 비교해 나는 더 준비된 상담사다. 다양한 상담 접근의 이론적 기반에 대한 지식이 더 탄탄해졌고, 내가 더 잘 실현할 수 있거나 실현하기에 어려운 접근들에 대해 더 명확히 알고 있다. 교수님과 다른 학우들의 풍부한 현장 경험을 통해 이론적 지식을 어떻게 구현할 수 있을지에 대한 구체적 기술 또한 배울 수 있었다. 그 결과, 내담자에 대한 사례개념화와 상담전략을 더 적합하게 구상할 수 있고, 상담 장면 안에서도 내담자에게 지금 우리가 하고 있는 활동이 어떤 목적을 갖고 있으며, 이를 통해 어떤 효과를 기대할 수 있는지 등을 설명할 수 있다.

하지만 더 많이 알게 될수록 내가 무엇을 모르는지가 더 명확해졌다. 박사과정 전에는 내가 잘 해야 하는 것들만 배우면 좋은 상담사가 되리라 생각하였다. 따라서 지식 습득과 지식 실현에 온 힘을 썼다. 그렇지만 이제는 치료적인 상담을 제공하기 위해서는 상담사 요소에도, 내담자 요소에도, 상호관계적 요소에도 심혈을 기울여야만 한다는 것을 안다. 내 머릿속에 많은 것을 집어넣어 나만의 방식으로 이를 실천하는 것이 상담의 전부였다고 생각했지만, 사실 이는 성공적인 상담에 요구되는 세 가지 요소 중 하나였을 뿐이었다. 따라서 박사과정 전에는 내가 무엇을 모르는 것조차 몰랐다면, 이제는 내가 무엇을 모르는지를 알게 되었다. '교육상담'이라는 분야의 전문가가 되기 위해서는 얼마나 방대한 지식이 요구되는지를 알기 때문에 이를 채우기에는 어떤 준비과정을 거쳐야 하는지에 대해 더 잘 알게 되었다.

그렇다면 이것을 깨우치는 과정이 내가 기대했던 것처럼 마냥 즐겁기만 했는가? 아니다. 한 전공이 포함하는 모든 지식이 나에게 흥미로울 수는 없다. 학부 때처럼 '내가 왜 이 과목을 수강해야 하지?'라는 생각이 들기도 했다. 하지만 학사과정 때와는 다르게 박사과정의 교과과목에 소비한 시간에 대해서는 쓸모없이 보낸 시간은 없다고 자부할 수 있다. 입학에서 수료까지 학교와 관련된 모든 시간이 의미 있는 성장의 시간이었다고 말할 수 있다.

예를 들어, 나는 한 번도 진로상담사가 되고 싶었던 적이 없었다. 하지만 진로상담은 상담영역의 큰 부분을 차지하고 있기에 교육상담 전공의 졸업 필수 교과과정에 포함이 되어 있다. 어떻게 보면 억지로 수강한 수업이지만, 이 수업을 통해 상담사로서 필요한 성장을 했다고 말할 수 있다. 먼저, 이 수업을 통해 내가 이미 여러 번 진로상담의 한 형태를 제공하고 있었고, 언제나 제공할 준비가 되어 있어야 하고, '심리상담'과 '진로상담'은 구분되는 것이 아니라 서로 겹치는 영역이라는 것을 알게 되었다. 나는 주로 20대, 30대 내담자들을 대상으로 상담을 제공해 왔는데, 이들이 진로를 결정하지 못해 느끼는 불안감, 본인이 정말로 원하는 진로가 주변 사람들에게는 어떻게 비칠지에 대한 걱정, 원하는 진로를 시작하지 못하고 있기 때문에 느끼는 절망감, 자신의 진로에 만족하지 못해 느끼는 우울감 등은 정신적 질환으로 발현되고 있었다. 하나의 진단 가능한 정신적 질환의 증상도 맥락에 따라 상담전략이 달라질 수 있는데, 진로는 정신적 질환의 큰 맥락 중 하나였다. 따라서 진로상담 수업은 상담사로서의 나의 조망을 넓혀 주는 아주 유익한 수업이었다.

이 수업이 계기가 되어 이제는 내담자에 대한 배경지식을 탐색할 때에 어떤 이유에서 특정 진로를 결정하게 되었고, 진로가 자신의 생활 패턴, 대인 관계, 자기가치 실현 등과 같이 삶의 크고 작은 부분에 어떤 영향을 미치는지를 구체적으로 탐색한다. 이러한 변화는 내담자에 대한 사례개념화와 상담전략 구상을 더 효과적으로 할 수 있게 도와주었다. 억지로라도 진로상담 수업을 듣지 않았더라면 이러한 관점의 전환은 한동안 불가능했을 것이다. 이처럼 대학원 과정에서 비자발적으로 수강했던 모든 수업이 나의 그릇을 조금씩 넓혀 주었고, 그릇이 넓어진 만큼 준비할 것도, 채워진 것도 많아졌다.

둘째: 연구자

예상했던 나의 모습: 한 획을 긋는 연구자 ▬ 내가 박사과정을 밟아야겠다고 결심하게 된 이유 중 하나가 내가 가질 수 있는 사회적 영향력을 최대화하기 위해서라고 이미 언급하였다. 박사가 진행하는 연구는 같은 직종에 종사하고 있는 학자들은 물론이고 상담분야에 관심 있는 일반 시민들에게까지 노출되어 국내에서 제공되는 상담 서비스의 질과 평균적인 시민의식을 향상하는 데에 영향을 미칠 것이라 생각하였다. 명문대학교 연구진들이 발견한 획기적인 연구 결과를 바탕으로 집필된 책들의 상당수가 베스트셀러로 한 번씩은 자리매김하는 것, 그러한 연구 결과들이 신문이나 뉴스에 종종 소개되는 것, 연구자들이 자신의 연구 과정과 결과를 소개하며 TED Talk과 같은 토크쇼에

서 간략하지만 마음을 울리는 메시지를 전달하는 것을 자주 봐왔기에 최대한 많은 사람들에게 선한 영향력을 가지려면 좋은 연구를 하는 것만이 답이라고 생각했었다. 상담 장면에서는 한 사람, 많아 봐야 한 가족 단위에 영향을 미치게 되지만, 연구를 통해서는 동시에 몇백 명, 혹은 몇천 명에게 영향을 미칠 수 있을 거라고 믿었다.

현실적인 나의 모습: 점 하나 찍는 연구자 내가 기대했던 영향력 있는 연구자의 모습은 박사과정을 무사히 마친다면 언젠가는 성취가 가능할 것 같다. 하지만 박사과정생, 혹은 갓 졸업한 햇병아리 연구자에게는 아직 먼 미래의 모습인 것 같다. 내가 서점, 뉴스 혹은 미디어를 통해 알게 된 연구자들은 박사과정 졸업 후에 특정 토픽에 대해 오랜 기간 동안 끊임없이 연구를 했기 때문에 한 획을 긋는 연구자로 거듭날 수 있었던 것이었다. 뿐만 아니라, 사회에 어느 정도 영향력을 줄 수 있는 지식은 한 개인의 결과물이 아니라 여러 연구진의 체계적이고 열정적인 협동을 통해서만 나올 수 있는 결과라는 것을 알게 되었다.

하지만 박사과정 중에 연구자로서 기능을 할 수 없다는 것은 아니다. 실제로 나는 교과과정 중에 주어졌던 과제 중 하나를 발전시켜 학술지에 게재하였고, 다른 하나는 학술대회에서 포스터 발표를 하였고, 수업을 통해 만난 학우들과 하나의 연구를 실행하여 현재 투고 과정 중에 있다. 이처럼 박사과정은 연구자로서의 실습기간이다. 따라서 과정 중에는 '연구'라는 개념을 정확히 배우는 것과 다양한 연구를 수행하겠다는 도전적인 태도를 가지는 것이 중요한 것 같다. 박사 신입생으로서의 나는 입학할 때 지녔던 연구 관심사만을 중점으로 연구를 수행하고 싶었지만, 내가 관심이 있다고 수업과목과 무관한 연구 주제를 고집하는 것은 적절한 태도가 아니다. 따라서 환경에 의해 내가 수행하리라 상상치도 못한 주제를 바탕으로 연구를 계획하고 실행하였고, 이때까지 구상한 연구들도 각양각색이다. 다양한 주제와 형태의 연구를 위한 사전작업을 자유롭게 할 수 있다는 것은 사실 박사과정생이 누릴 수 있는 특권이라 생각한다. 학생일 때만큼 다른 학생 연구자들과 교수님들의 지식에 대한 접근성이 높은 시기가 없기 때문이다.

박사과정 중에 이미 한 획을 긋는 연구자로 거듭난 학생들도 있을 것이다. 하지만 나는 교과과정을 통해 연구자 오리엔테이션을 하고 있는 느낌이고, 졸업연구를 진행해야지만 광야같이 넓은 지식의 장에서 나만의 점 하나를 찍었다 간주할 수 있을 것 같다. 그 후에 수 년, 혹은 수십 년 동안 다른 연구자들과 협동하여 여러 점들을 찍어 나가고, 이 점들을 이어 가며 한 획을 긋는 연구자가 되지 않을까 예상해 본다. 따라서 내가 기대했던 나의 모습은 박사과정을 거쳐야지만 실현할 가능성이 더 커지는 것은 확실하지만, 졸업 후에 본격적으로 연구에 매진해야만 얻을 수 있는 값진 결과물인 것 같다.

셋째: 선배

예상했던 나의 모습: 이끌어 주는 선배 ▬▬ 내가 석사과정에 있을 때에는 박사과정 선배들이, 박사 신입생일 때에는 박사

과정 선배들이 그렇게 어른같이, 전문가같이 보였다. 그들이 수업이나 방 모임에서 하는 질문이나 코멘트들은 '역시 나와 다르네.'라는 느낌을 들게 하였다. 뿐만 아니라 한국에서 다닌 마지막 학교가 초등학교였던 나는 대학원 생활에 적응을 하기 위해 교수님과 선배들에게 전적으로 의지하였다. 예를 들어, 첫 학기 시작 전에 방 모임 진행을 위해 필요한 논문들을 박사과정생들이 수집해야 했는데, 나는 집에서 도서관 웹사이트에 접속하여 그 일을 할 수 있는지도 몰랐다. 따라서 논문검색을 위해 학교까지 1시간 30분을 운전해서 갔고, 도서관에서도 자리 예약을 하는 방법을 몰라 30분간 헤매고, 도서관 웹사이트에 접속한 후에도 학술저널에 어떻게 접근하는지 몰라 방장님과 통화하며 한 클릭 한 클릭 하며 진행하였다. 아직도 석사과정부터 우리 전공에서 쭉 진행했던 학생들에 비하면 학교에 대한 익숙함이 부족하긴 하지만, 현재는 학교생활을 하는 데 눈에 띄는 어려움은 없는 상태다. 정말 무지했던 나를 재촉하지 않고 친절하게 이끌어 준 교수님과 선배들이 있었기에 서울대학교가 '내 학교'라는 느낌을 얻었다. 따라서 좋은 교수님과 선배들이 있는 방에 입학했다는 것은 너무나도 감사한 일이었다. 그렇기 때문에 나도 후배들을 잘 이끌어 주고, 최대한으로 그들의 대학원 생활 적응에 도움이 되는 선배가 되고 싶었다. 연구 주제로 마음이 맞으면 내가 주도적으로 기회를 만들어 같이 공부하며 실적을 내고 싶었고, 이론적 지식이나 현장근무에 필요한 노하우를 필요로 하는 것 같아 보이면 적극적으로 보충해 주고 싶었다.

현실적인 나의 모습: 공감해 주는 선배 ▬▬ 현실적으로 내가 석사과정생을(박사 신입생은 말할 필요도 없다.) 이끌어 주는 선배가 되기에는 턱없이 부족했다. 그들에 비해 그나마 내가 쥐똥만큼 더 가졌던 것은 2년의 현장 근무였는데, 초심자로 보냈던 2년이었기에 그 기간에는 시행착오를 통해 교훈을 얻은 것이 전부였다. 수강 경험을 보면 그들에 비해 몇 학기 더 들은 것이 전부였는데, 종강 이후로 시간이 지날수록 배웠던 지식이 흐릿해졌고, 앞서 말했듯이 교과과정을 통해 모든 지식을 통달하는 것은 불가능했다. 따라서 나는 박사과정생이었지만 내가 바랐던 이끎을 제공할 수 있는 상태가 아니었다.

대신, 공감은 할 수 있었다. 교과과정, 현장실습, 연구수행, 자격증 수련, 그리고 번외활동 등에서 각각 마주하게 되는 어려움, 그리고 이 모든 것들을 병행하며 생길 수밖에 없는 버거움에 대해서는 숙달된 상태였다. 따라서 후배들이 어려움을 표현하면 공감해 주고, 그들이 자책하지 않도록 최대한 어려움을 정상화해 주고, 내가 어려움을 극복하기 위해 아직도 사용하고 있는 전략들을 공유할 수는 있었다. 혹시 어려움을 직접적으로 표현하지 않는다고 해도, 너무나도 뻔하게 어려운 시기를 헤쳐 나가고 있는 후배들에게 진심으로 안부를 물어보고 그들의 이야기를 들어 줄 수는 있었다. 다행히도 이러한 신세한탄과 전우애 속에서 문득문득 정말 실용적인 도움을 줄 수도 있었고, 나의 지식을 공유할 수도 있었다.

비록 이런 현실은 나의 바람과 어긋났지만, 나쁘지 않은 현실인 것 같다. 앞서 말했듯이 학생, 그리고 연구자로의 삶을 지속하기 위해서는 혼자 갈 수 없다. 적어도 나는 그렇다. 관계 속에서 힘,

위로, 배움, 기회 등을 얻기 때문이다. 따라서 나의 예상과 조금 빗나가는 방식으로라도 관계를 이어나가는 학교생활은 풍족하게 느껴졌다.

대학원 진학에 만족하나요

수료한 지금, 4년 전에 대학원에 진학하겠다고 내린 결정에 만족하는가를 생각해 보면, 복잡하지만 확실한 답은 "그렇다."이다. 단순하게 "그렇다."라는 답이 나오려면 내가 기대했던 대로 대학원 생활이 흘러가야 했을 것이다. 하지만 지금 나의 입학동기를 돌이켜 보면, 내가 충족시키고자 했던 세 가지 요소들은 처음부터 비현실적이었던 것 같다.

고작 2년간의 교과과정을 통해 내가 더 이상 크게 배울 것이 없는 상담사가 될 수 있을 거라 생각했지만, 깨달은 현실은 먼 훗날 숙련 상담사가 되어도 언제나 더 배울 준비가 되어 있어야만 한다는 것이다. 배움에는 끝이 없다는 점이 부담스럽게 느껴지기도 하지만 어떻게 보면 '완성된' 모습을 목표로 삼지 않아도 되기에 해방감이 느껴지기도 한다. 나의 부족함을 성장의 기회로 전환한다면 시간이 흐를수록 더 유능한 상담사가 될 수 있을 것이기에 나의 끊임없는 변화가 기대된다.

박사학위 취득과 동시에 한 분야에서 알아주는 연구자로 거듭날 수 있을 것 같았지만, 학위 취득은 연구자로서의 본격적인 활동을 시작할 수 있는 신분 취득과 동일하다는 것을 깨달았다. 연구자로서의 영향력은 지식처럼 내 진로의 마지막 시점까지 다른 학자들과 함께 넓혀 가고 꾸려 나가는 것이라는 것을 알게 되었다.

뿐만 아니라, 내가 박사과정에 지원하는 과정에서 우러러봤던 신문, 서점, 미디어, 등의 경로를 통해 지식을 전파하는 학자들만이 국내 정신건강에 기여하는 인물들이 아니라는 것을 알게 되었다. 물론 그들처럼 대중에게 친숙한 경로를 통해 자신의 연구와 현장 경험을 바탕으로 지식을 전파하는 것이 top-down 변화에 굉장히 효과적일 수도 있다. 하지만 사회적 변화는 bottom-up과 top-down의 양방향으로 이루어지며, 지식 전파 외에도 다양한 방법을 통해 촉진된다. 상담 사무실 안에서 한 내담자의 변화를 통해 그 내담자의 가족과 지인, 그들의 가족과 지인까지 영향을 받을 수 있고, 학교 울타리 안에서 학생들을 연구자와 학자로 양성하며 그들이 가질 영향력을 증가시킬 수 있고, 정치적 맥락 안에서 국내 상담사들이 제공하는 서비스의 질을 더 엄격하게 관리하여 잠재적 내담자들의 정신건강을 미리 증진시킬 수도 있다. 이처럼 '한국인의 평균적 정신건강 증진'이라는 궁극적인 가치를 실현하는 무언가를 하고 있다면 그 삶은 국내 정신건강에 선한 영향력을 미치는 삶이라고 볼 수 있게 되었다.

이러한 관점의 변화는 대학원 생활 이후에 밟아야 할 단계들에 대해 고민하는 과정에도 전환을 주었다. 무조건 대중에 쉽게 노출되는 방식을 통해 연구 결과를 전파해야 한다는 사명감을 느꼈을 때에는 적성에 연구가 맞지 않더라도 연구를 최우선 순위로 두어야 한다는 부담을 갖고 있었고, 연구 주제도 사회적으로 '핫한' 주제이어야 한다고 생각했다. 예를 들어, 내가 대학원에 지원할 때 〈스카이 캐슬〉이라는 드라마가 한창 유행했었는데, 이 때문에 나는 지원서를 쓸 때

국내 학부모들의 '대학' 혹은 '학업적 명예'에 대한 집념이 자녀에게 미치는 부정적 영향을 완화시키기 위한 연구를 해야겠다고 생각했었다. 하지만 이는 나의 참된 흥미를 크게 반영하지 않은 토픽이었다. 뿐만 아니라 교과과정 중에 사회적 이슈로 대두되는 토픽은 끊임없이 바뀌었고, 그럴 때마다 나의 주요 관심사는 바뀌었다. 하지만 선한 영향력은 한 가지 형태로만 존재하지 않는다는 것을 깨달았기에 나의 미래를 조금 더 유연하게 디자인할 수 있게 되었다.

현재 나는 나의 먼 미래의 모습이 흐릿하게만 그려진다. 정신건강과 관련된 어떠한 일을 하고 있겠지만, 어디서 어떤 일을 하고 있을지는 모르겠다. 정확한 목표가 없어진 것 같은 느낌에 처음에는 불안했지만 '직책'이라는 단편적인 목표보다는 '가치추구'의 역동적인 목표를 가질 수 있게 되어 더 자유롭게 느껴진다. 예상치 못한 변수가 생기더라도 하나의 가치를 추구하는 방식은 여러 가지니, 또 다른 방식을 찾아 내가 추구하는 가치를 실현하면 되기 때문이다. 대학원 생활을 통해 내가 삶을 대하는 방식 자체가 근본적으로 바뀔지 몰랐지만, 이러한 변화가 참으로 반갑다.

내가 대학원을 통해 얻고 싶었던 마지막 요소는 국내 정신건강 시장에 대한 소속감이었다. 하나의 대학교 안에서, 하나의 전공 안에서, 하나의 방 안에서 박사과정을 밟으며 한국 사회에 대한 소속감을 채워 나갈 수 있었다. 하지만 나는 여전히 부수 집단인 '외국인 대상 상담사' 집단에 속한다. 어떻게 보면 아직 국내 정신건강의 소수집단에 더 알맞은 상담사라고 할 수 있겠다. 하지만 그 어떤 누가 아동 · 청소년 · 대학생 · 성인 · 노인 · 기업 · 커플 · 가족 등과 같은 다양한 국내 정신건강의 모든 소집단 안에 속할 수 있을까? 어차피 나는 좁고 깊은 전문성을 갖고 싶었는데, 박사과정을 통해 내가 속할 수 있는 둥지를 조금 좁혀 나간 것 같다. 국내에서도 외국인 상담의 수요와 존재감은 명확하기 때문에 나는 나의 새로운 소속감에 만족할 수 있게 되었다.

대학원 진학에 만족하냐는 질문에 고민 없이 '만족한다'라는 답이 나오지 않는 이유는 박사과정 중에 아예 예상치 못했던 어려움을 겪기도 하였기 때문이다. '학생'으로서만 살아가면 되었던 학사 · 석사 때와는 다르게 박사과정 중에는 '학생'으로서, '직장인'으로서(파트타임이었지만), '아내'로서, '엄마'로서 살아가야 했다. 학생으로서의 신분에 충실히 해야겠다는 마음은 처음부터 끝까지 유지했지만, 여러 역할을 해내야 했던 현실이 버거웠다. 하지만 그러한 역할들을 동시에 해냈기 때문에 지금 만끽할 수 있는 성취감과 뿌듯함은 내가 살아가며 느꼈던 보람 중 가장 크다. 뿐만 아니라 임신과 출산을 박사과정 중에 병행했기 때문에 나의 인생에서 가장 의미 있던 날들을 함께해 준 교수님과 선후배들이 단순히 '학교 사람'이라고 느껴지기보다는 진정한 인생의 동반자로 느껴진다. 실제로 나는 학교 선배가 내 태몽을 꿔 줄 정도로 연결감을 경험하였고, 내 아들의 생일 파티에도 학교 선배들의 가족들이 참석하였다. 이러한 만남의 축복은 전혀 기대하지 못했던 요소였다. 이를 경험하고 난 지금은 공과 사를 구분하지 않고도 친밀감을 느낄 수 있는 사람들을 얻었기에 대학원은 나에게 학원과 같은 교육의 장으로 다가오기보다는 나의 가정 다음으로 가장 강렬한 희로애락을 경험할 수 있는 장소로 다가온다.

결론적으로 대학원을 통해 내가 원래 이루고자 했던 세 가지 목표를 어느 정도 각각 다 이루었고, 이루지 못한 목표들은 새로운 목표들로 변환되거나 차차 달성하면 되는 목표로 바뀌었다. 대학원 진학 전에 갖고 있었던 나의 목표는 전문 상담사로 일하며 대중들이 본인의 정신건강 증진을 위해 일상생활에서 실천할 수 있는 행동적 및 심리적 전략에 도움이 될 만한 연구 결과들을 내어 이를 널리 전파하는 것이었다. 하지만 나의 수정된 목표는 전문 상담사로 일하며 대학원생들에게 강의를 하는 것이다. 실제로 도움이 필요하여 찾아온 내담자들의 변화에 참여하고, 잠재적 내담자들에게 더 좋은 경험을 선사할 수 있도록 전문상담사 양성에 힘쓰고 싶다. 아직 어떻게 이 두 가지를 병행할 수 있을지 모르겠다. 다행히도 현재 수정된 목표 달성에 대한 두려움은 크지 않은데, 그 이유는 대학원을 통해 얻은 자원이 든든하기 때문이다. 교과과정을 통해 얻은 지식, 연구 경험, 현장 경험, 기회, 인력 자원, 등은 이제부터 자율적으로 진로를 개척해 나가야 하는 나에게 가장 큰 힘이 된다. 따라서 대학원만큼 이렇게 효율적으로 자기발전을 도모할 수 있을 선택은 없을 것 같다는 확신과 함께 대학원이라는 디딤돌을 밟기 위해 졸업까지 가 보려 한다.

10 박사 진학을 고민하는 후배에게 하고 싶은 말

민예슬 (교육상담전공)

상담 분야에서 일하는 사람들에게 교육상담 박사과정에 있다는 소식을 전하면 꼭 묻는 말이 있다. “선생님, 박사과정 어때요?” 가볍게 안부 차 묻기도 하지만 어떤 경우에는 진심으로 알고 싶어서 묻는 표정이다. 석사 후 계약직으로 여러 근무지를 돌면서 마주하게 되는 미래에 대한 불안감과 생계에 대한 막막함은 너무도 이해된다. “저도 언젠가 박사를 해야 할 것 같은데요, 그게 언제가 될지 모르겠어요. 어떻게 그런 결정을 내리셨어요?”와 같은 질문을 받기도 한다. 건너건너 아는 사람이 우리 학교 전공에 대한 이야기를 듣기 위해 오랜만에 연락해 온 적도 더러 있었다. 이들에게 주로 해 주었던 말과 이곳에 재학하면서 특별하다고 느낀 점들을 두루 섞어 에세이에 기록해 보고자 한다.

'수업'에 진심인 커리큘럼

서울대학교 학칙에 제시되어 있는 대학원 수료 기준은 석사과정 24학점, 박사과정 36학점 이상이다. 하지만 교육상담전공의 경우 석사과정 48학점, 박사과정 48학점을 요구한다(2022년 기준). 특히 석사를 본교에서 졸업하지 않은 학생의 경우 원칙적으로 96학점을 수강해야 한다. 주변 선후배들 중에서는 박사과정을 수료하기까지 6~7학기를 다니는 경우도 있다. 첫 번째 주제의 시작을 숫자로 여는 이유는 이러한 현실을 인지한 상태에서 대학원 생활을 가늠해야 한다는 것을 전달하고 싶어서다. '교육학'적 지식과 경험으로 무장한 교육자답게, 이곳 교수님들은 어떠한 방식으로 수업을 운영했을 때 학생이 최대한의 학습(여기서 학습이라 함은 단순히 '머리로 아는' 걸 넘어서서 온몸으로 체득할 수 있고 실제로 기억되게 한다는 뜻을 내포한다.)을 할 수 있는지를 아시는 듯하다. 수업을 대충 듣는 건 생각보다 어렵다.

교육자이자 슈퍼바이저를 양성하는 커리큘럼

석사과정은 상담자가 되기 위한 기초적 지식과 실무를 배우는 과정이다. 처음 박사과정에 들어왔을 때는 막연하게 박사과정 커리큘럼이 더 좋은 상담자가 되기 위한 교육과정일 것이라 짐작했다. 하지만 상담이론과 실무를 가르치는 '상담 교육자' 그리고 상담사례를 지도하는 '슈퍼바이저'가 되기 위한 훈련에 더 초점이 가 있었다. 상담을 배우는 수업도 있지만, 상담을 가르치는 것을 배우는 수업들도 커리큘럼에 포함되어 있다.

배우는 사람이 아닌 가르치는 사람으로 정체성을 이동하는 과정은 단번에 이루어지지 않는다. '내가 누구를 가르칠 만큼 충분히 뭔가를 더 알고 있는 걸까?' '저 학생(슈퍼바이지)은 나를 어떻게 볼까?' 등의 의문이 들었던 적이 많았다. 속에서 올라오는 긴장과 준비되지 않은 느낌을 들키지 않으려고 애쓰면서, 그래도 뭔가를 가르치는 자리에 자꾸만 서게 되었던 순간들이 스쳐 지나간다. 처음인 만큼 시행착오도 많았는데, 그래도 다행스러운 것은 그나마 안전한 환경에서 이러한 역할들을 해 볼 수 있었다는 점이다. 내 강의나 슈퍼비전에 부족함이 있을 때 보충해 줄 교수님이 계셨고, 나 역시 학생에게 제공하는 나의 피드백에 대한 피드백을 받을 수 있었다. 잘하고 싶은데 능숙하게 되지 않는 속상함을 나눌 수 있는 동료들이 있다는 것도 큰 위안이었다.

박사과정 수업 중 하나는 이제 막 석사과정에 입학한 학생들에게 상담의 기본 이론과 실제를 가르치는 수업이다. 박사과정생들이 한 학기 내내 돌아가면서 석사과정 수업을 준비하고 강의자가 되는 것이다. 이 과정에서 박사과정생들은 강의뿐만이 아니라 상담의 기초 기술을 연습시키고 피드백을 주는 교육자의 역할을 두루 수행하게 된다. 오후에 석사과정 수업에서 진행할 강의를 오전 박사수업에서 한번 예행연습을 하고 교수님과 동료들로부터 피드백을 받는다. 피드백을 반영해서 오후에는 좀 더 완성된 형태로 석사과정 수업에서 강의를 진행하는 것이다. 석사생 입장에서는 4~6명의 교수자가 있는 특별한 형태의 수업인 셈이다. 오후 강의가 끝난 후에는 강의진행에 대한 피드백과 격려가 두루 주어지곤 했다.

한 슈퍼비전 수업에서는 박사들이 석사생 한 명씩을 맡아서 슈퍼비전을 제공하고, 이에 대한 지도를 받기도 했다. 한 학기동안 슈퍼비전의 기초 이론을 배우고 각자 실행해 보고 싶은 슈퍼비전의 구조와 계획을 짠 후에 실제 진행을 해보는 것이다. 심화된 슈퍼비전 실습 수업에서는 공개사례 발표가 한 학기 내내 진행되었다. 사례 발표자, 주 슈퍼바이저, 부 슈퍼바이저 역할을 돌아가면서 진행하는 수업이었다. 비단 교육의 내용뿐만 아니라, 교육의 과정이나 형식에 대한 고민이 많이 필요하다는 것을 알게 되었다. 슈퍼바이지가 최대한 학습할 수 있는 분위기를 조성하는 것, 질문을 장려하는 것, 슈퍼비전 내용을 어떻게 소화하고 있는지 중간중간 점검하는 것, 전체 시간을 안배하고 구조화하는 것 등은 수업을 듣기 전에는 아예 생각해 보지 못한 영역이었다.

'여기에서는 실수해도 돼. 그러니까 마음껏 해 봐.' 이 수업들에서 내가 경험한 느낌의 요약이다. 박사과정 수료 후 타대학에서 강의를 하고, 공개사례발표회에서 슈퍼비전을 꾸준히 진행하게 된 이 시점에서는 저 수업들이 든든한 자산이었다는 것을 깨닫는다. 가르치는 법을 안전한 환경에서, 피드백을 받아 가면서 훈련할 수 있었던 것 말이다. 추억의 포켓몬스터로 비유하자면, 캐터피가 어느 한 순간에 버터플이 되어야 한다고 하면 얼마나 무섭겠는가. 중간 단계의 단데기처럼, 조용히 단단해질 수 있는 시간이었다.

상담과 수업과 연구, 아슬아슬한 밸런싱

상담학은 본질적으로 실용학문이기에 상담 전공자는 직업 세계 내에서도 여러 아이덴티티 사이를 넘나들게 된다. 상담자, 수업을 듣는 학생, 연구자 등. 나의 경우 상담은 일주일에 하루에 몰아서 하고, 일(프로젝트나 알바 겸 하고 있는 일들)은 그때그때 처리하는 편이었다. 수업 과제는 늘 기한이 있기 때문에 자연스럽게 마감 하루 이틀 전에 가장 효율이 좋았고, 중요하지만 급하지는 않은 연구에 시간을 어떻게 배정하느냐가 박사과정 중 나에게는 가장 중요한 과제였다. 사람마다 들고 있는 일의 양에 따라, 각각의 정체성에 부여하는 중요성에 따라 이 밸런싱을 다르게 하고 있을 것이다. 상담을 좋아하는 사람의 경우에는 다른 많은 일을 하고 있음에도 불구하고 추가적으로 상담시간을 늘려 그 속에서 의미를 찾기도 한다. 연구에 대해 의욕적인 사람은 다른 일을 줄이는 대신 적극적으로 수업 과제를 연구물로 발전시키기도 한다.

나는 최근에 풀타임으로 대학상담센터에서 일하게 되면서 근무시간 중의 상담과 행정업무, 근무시간 외의 연구와 강의업무로 머릿속 카테고리가 분류되었다. 그래도 강의가 없는 방학 중에는 4가지가 아니라 3가지여서 조금 마음의 여유가 있다. 가능하다면 일을 퇴근 후까지 끌고 오지 않으려고 노력한다. 집중적인 작업이 필요할 때에는 그 시간을 확보할 수 있도록 가족에게 양해를 구하기도 한다. 때로는 지루한 것을 싫어하는 나에게, 다양한 역할과 다양한 업무가 주어지는 이 삶이 퍼뜩 잘 어울린다 싶을 때도 있다. 깊은 정서적인 교류의 충만감과 도움을 주었을 때의 기쁨은 상담에서 찾고, 새로운 것을 알아 가는 재미와 스펙을 쌓고 있다는 뿌듯함은 연구에서 찾을 수 있다. 가벼운 전환은 행정업무에서, 가르치는 즐거움은 강의실에서 찾는다. 한쪽에서의 의욕이 사그라들더라도 언제든 다른 영역으로 전환할 수 있다. 한쪽 일에서의 스트레스는 다른 일로 보완된다. 이 얼마나 다채로운 삶인가!

위와 같은 내용이 끝이면 아주 완벽할 테지만, 세상에 완벽함은 없다. 살짝의 냉소 섞인 진심이라고 읽어 주면 좋겠다. 밸런싱하려고 애쓰지만 양쪽 팔과 양쪽 발에 네 개의 접시를 올려놓고 동시다발적으로 돌리다 보면 숨이 차서 주저앉아 버리고 싶은 때가 꼭 온다. 무슨 부귀영화를 누리겠다고 이렇게까지 하고 있나, 회의감과 무력감이 찾아오기도 한다.

상담전공생의 멘탈 케어: 전공생들을 꼭 붙잡기

학기에 한두 번씩은 폭발할 것 같은 경험을 한다. 위에서 말한 것처럼 너무 많은 역할과 과제들에 압도될 때 그냥 다 내려놓고 도망가고 싶다. 그래도 숨을 쉬고 정신을 가다듬고 내담자의 이야기를 주의 깊게 들어 줘야 할 때도 있다. 그럴 때는 가족이나 친한 (바깥) 친구보다 백번 나은 건 똑같은 상황에 있는 가까운 동기다. '동지애' '전우애'라는 말이 이럴 때를 위한 것임을 알아 가게 된다. 기본적으로 상대방의 마음에 공감할 준비가 되어 있는 사람들, 연약한 모습을 드러냈을 때 위로를 받을 수 있다는 것을 아는 사람들이 상담 전공자들 아닌가. 이건 말할 수 없을 만큼 귀중한 자산이다. 상담 분야에서 일하는 사람들끼리 자주 하는 "상담 전공의 가장 큰 메리트는 함께 상담을 전공하러 온 사람들이다."라는 말은 괜히 있는 말이 아니다. 수업에서도 서로 이야기를 나눌 기회가 있지만, 그 외에도 더 개인적인 이야기들, 다시 말해 겉으로는 멀쩡해 보이지만 사실은 버겁고 힘들다는 이야기들을 할 수 있는 관계들이 정말 소중하다. 나의 경우 2020년에 박사과정에 입학해서 4학기를 전부 비대면으로 진행한, 코로나 학번이었다. 그래서 일주일 내내 수업을 같이 듣고 밥을 같이 먹었던 석사과정 때와는 달리, 자연스럽게 교류할 수 있는 기회가 매우 적었다. 그래도 만남을 추진해 볼 수 있었을 텐데 집에서 나가기 귀찮은 마음에 자주 그러지 않았던 게 돌아보면 아쉽다. 함께한 시간이 쌓일수록 관계의 깊이가 쌓여 가는 건 당연하다. 바쁘고 나가기 귀찮더라도 소중한 사람들은 소중히 여기자(나에게 하는 말).

같이 학교를 다니고 있는 동기들, 선후배들과 이야기를 많이 나누는 것은 비단 멘탈 케어뿐만이 아니라, 다양한 영역에서의 도움을 주고받을 수 있는 통로이기도 하다. 놓치고 있었던 이번 학기 수강신청 시기라든가, 오늘 학생식당 메뉴라든가, 수업 과제를 어느 정도의 완성도로 만들어야 하는지와 같은 사소해 보이지만 중요한 정보들을 알게 될 수 있다. 학과의 논문자격시험이나, 상담 자격증(한국상담학회, 한국상담심리학회 등)을 준비하는 과정에서 선배들이 정리해 놓은 자료를 받거나 경험담을 들을 수 있는 건 귀하디 귀하다. 이런 건 대학원마다 다를 수 있겠지만, 적어도 내가 경험한 상담전공 문화 속에서는 뭐라도 더 알려 주려고 하고 도와주려고 한다. 생각해 보면 나도 그런데, 선배들이 아껴 주고 도와주었던 만큼 뭐든

선뜻 내어 주고 싶다.

상담전공생의 멘탈 케어: 요령 부리기

멘탈 케어에서 (내 기준에서) 빠질 수 없는 것 중 하나가 요령 부리기다. 일의 양을 물리적으로도, 정신적으로도 감당할 수 있는 수준으로 조절하는 것은 나의 건강과 생존에 필수적이다. 물리적으로 조절한다는 것은 실제로 나에게 다가오는 일들 중 일부를 수락하거나 거절한다는 것을 의미한다. 물론 수업과제와 같이 조절할 수 없는 일들도 많지만 어떤 일들은 애초에 받지 않을 수도 있고, 받았더라도 중간에 스피드나 완급을 조절할 수 있는 경우도 있다. 정신적으로 감당할 수 있는 수준으로 조절한다는 것은 모든 일에 완벽을 기하겠다는 마음을 내려놓는 것을 의미한다. 어느 순간, 나에게 주어진 모든 일들을 120%의 마음으로 할 수 없다는 것을 알게 된다. 석사과정 때부터 이 놀라운 진실을 알게 되었다고 생각했는데, 여전히 무언가를 잘하지 못할 때마다 스트레스를 받는 걸 보면 또 너무 열심히 마음을 들이고 있었구나 싶다. 한계를 수용하는 것은 아직까지 나에게 어렵다. 머리로는 안다. 모든 것을 잘하려고 했을 때 너무 빨리 지치고 오히려 모든 생산적인 활동을 중단하고 싶어진다는 것을. 그렇게 되면 부담감만 한가득 마음에 무겁게 단 채 결국 미루고 미룬다는 것을. 차라리 이 모든 것을 내가 바라는 만큼 잘 해내지 못할 수도 있다는 마음가짐이 더 도움이 된다. "여기까지가 나의 한계야."라는 선을 그어 주면 오히려 차분해진 마음으로 한계 안에서 할 수 있는 것을 하게 되고, 한계가 있지만 그래도 뭔가를 해 보려고 애쓰고 있는 나를 봐줄 수 있게 된다. 물리적으로 그렇지만 내 마음 안에서도 적절한 수준에서 일을 끊고 적절히 다음으로 넘길 수 있어야 하는 것 같다.

요령을 좀 부려도 된다는 말, 무임승차권을 주고 싶다는 말은 나를 아끼는 사람들에게서 들은 말이었다. 요령을 왜 부리지 못할까, 함께 일하는 사람에게 마감을 늦추자고 하거나 양해를 구하는 것이 왜 이렇게 어려울까를 생각해 보면 결국 잘하는 사람으로 보이고 싶은 마음 때문이다. 못하는 모습을 보이면 안 된다는, 그러면 큰일 날 것이라는 무서움은 생각보다 크다. '나에 대해서 실망할 거야, 앞으로 다시는 나와 같이 일을 하고 싶지 않을 거야'까지 나의 마음은 한순간에 달려 나간다. 그럴 때마다 다독거리고 진정시킬 필요가 있다. 한 번 양해를 구했다고 해서 큰일나지 않아. 좀 아쉬울 수는 있어도 나를 여전히 좋게 생각해 줄 거야. 봐봐, 오히려 내가 괜찮은 건지 걱정해 주고 있잖아.

학비와 생활비에 대하여

"대학원 생활을 하며 돈을 벌 수 있는가?" 그 대답은 자신 있게 "예!"다. 물론 커리큘럼상 풀타임 일은 절대 못한다. 하지만 나를 포함하여 주변 선생님들은 장학금, 파트타임 상담, 이래저래 들어오는 여러 프로젝트 일, 단기성 알바 등 다양한 경로를 통해서 생계유지를 하고 있다. 나의 경우, 일이 들어오면 일단 덥석 받는 스타일이었다. 금전적 보상이 좋거나, 금전적 보상이 적지만 장기적으로 나에게 유익한 경험이 되거나, 같이 일하는 사람들이 좋은 경우에 더욱 하게 되는 것 같다. 참고로 "대학원 생활하며 돈을 많이 벌 수 있는가?"라는 질문의 대답은 "그렇지 않다."이다. 어찌 되었든 대학원 과정은 미래를 위해서 나의 지식과 역량을 쌓는 시간인 만큼 엄청난 수입은 기대하기 어렵다.

최근에는 '연구로 돈을 버는 방법'에 대한 고민을 조금씩 해 보고 있다. 사실 연구로 돈을 추가적으로 벌기는 어렵고, 내 돈을 쏟아붓지 않을 방법을 궁리해 보는 것이다. 플러스는 아니어도 마이너스는 만들고 싶지 않다는 마음이다. 찾아보면 연구비나 장학금을 따 올 수 있는 곳들이 꽤 있다. 한국연구재단이라든가, 매년 올라오는 분야별 학술대회 공모라든가, 학회 등에서 실시하는 장학사업들이 있고, 교내에도 다양한 방식으로 대학원생 연구자를 위한 지원들이 많이 있다. 특히 논문을 투고하는 과정에서 BK에서 논문 게재료를 지원해 주는 제도는 정말 감사하게 귀히 사용하였다.

연구에 나만의 재미 하나쯤은

박사과정은 연구를 위해 진학하는 곳이다. 박사 진학을 고민하는 사람이라면, '논문을 쓰는 것을 나의 업으로 삼을 수 있는가?'에 대한 고민을 한 번씩 해 보게 된다. 여기에서 가장 걸리는 것은, 논문에 대한 막연한 두려움이다. '나의 관심 주제가 무엇이지? 나는 연구를 통해 무엇을 하고 싶어 하지?'라는 질문 앞에 정신이 멍해지고 아득해지는 경험은, 박사 입학을 위한 자기소개서와 연구계획서를 쓰는 모든 이들이 거쳐 가는 경험일 것이다.

나의 경우도 다르지 않았다. 전문 분야로 삼고 싶은 나만의 주제를 찾아야 한다는 부담감으로 연구를 시작했다면 아마 지금까지도 얼어붙어 있으리라 생각한다. 그런 내가 연구를 조금 더 가벼운 마음으로 시작하게 된 계기는 박사 수업 때 과제로 제출한 연구계획서였다. 과제로 끝나고 마는 많은 연구계획서들도 있었지만, 몇몇의 수업에서 나는 운 좋게 같이 수업을 듣는 동료들과 함께 연구를 진행하고, 분석하고, 글을 써서 투고할 수 있었다. 솔직히 말하자면 해당 연구 주제나 내용에 대한 관심도 있었지만, 그보다는 마음맞는 사람들과 아이디어를 공유하고 연구진행 상황을 협의하며, 회의 때마다 다음 회의 때까지 각자 해 올 역할을 분담하고 실행하는 과정이 재미있었다. 각기 다른 분야에서의 상담 경력을 가진 동료들과 이야기를 나누다 보면 자꾸만 새로운 아이디어들이 생각이 났고, 연구를 조금 더 좋은 방향으로 작성할 수 있는 좋은 논의점들이 제시되었다. 이러한 과정 자체가 신기하고 좋았던 것 같다. 여기에서 전하고 싶은 말은 연구를 시작할 때 가벼운 마음으로 시작하기를 바란다는 것이다. 나만의 소소한 재미 하나, 궁금한 지점이 연구의 시작이 될 수 있다.

마음 맞는 사람과 짝짜꿍

바로 앞에서도 서술했지만 나에게 연구를 해 나가는 데 있어 '동료'는 무엇보다 소중한 존재다. 박사과정에 들어올 때까지만 해도 잘 몰랐는데 멋진 동료들 옆에서 이런저런 이야기를 주워듣는 것만으로 배우는 게 정말 많다. 연구자로 성장한다는 건 학문적인 대화를 나눌 수 있는 사람들을 곁에 두는 것, 그런 대화를 나눌 수 있는 나만의 네트워크를 구축하는 것이라고도 생각한다. 특정 주제를 이야기할 때 들뜨고 새로운 아이디어들이 샘솟는, 합이 맞는 사람이 분명 있다.

박사과정을 지내 오면서 여러 그룹 안에서 연구를 진행할 수 있었다. 다양한 그룹에 속해서 연구를 진행해 본 경험을 정리해 보면 이렇다. 일단 "친한 사람과 같이 연구하는 것이 좋은가?"에 대해서는, 꼭 친해야만 연구를 같이 할 수 있는 건 아닌 것 같다. 친한 것과 관계없이 일을 같이 했을 때 합이 잘 맞고 시너지가 나는 사람이 있다. 그러다가 더 친해지기도 한다. 연구를 '핑계 삼아' 얼굴 보고 수다 떠는 시간을 가지는 것도 연구 진행의 소소한 즐거움 중 하나다. 또한 해당 연구에 기여할 수 있는 정도나 연구 진행 일정에 대한 열려 있는 대화가 가능해야 하고, 연구를 진행시키겠다는 동기 · 열의 수준이 비슷해야 한다. 연구를 진행하다 보면 한 사람(주로 주저자)이 전체적인 방향성을 잡고 다른 저자들은 협조하거나 도와주는 형태로 가게 된다. 당연한 말이지만 저자 순위와 이에 따른 업무분담에 대해서 모두가 공정하다고 느낄 수 있어야 연구가 무탈히 진행된다.

연구를 힘차게 착수한 후, 각자 바빠지거나 예상치 못한 난관들에 부딪히게 된다. 이럴 때 맛보는 좌절들을 함께 지혜롭게 조율할 수 있는 연구동료이면 더할 나위 없이 좋은 파트너다. 일정을 함께 맞추되 그중 한 명이 어려운 경우에는 서로 양해를 해 줄 수 있는 아량도 중요하다. 연구하는 동료들 각자가 가진 장점(예를 들어, 한 사람은 통계와 방법론을 잘 알고, 한 사람은 해당 주제에 대한 지식이 많을 때)으로 서로를 잘 보완할 때의 즐거움은 참 크다.

연구 탄생의 비하인드 스토리

"사연 없는 연구는 없다."라는 말을 들은 적 있다. 깊이 공감하는 바다. 애써서 연구를 진행하고 글을 쓰고 투고를 하지만, 당당하게 이름과 서지사항을 달고 세상에 태어나지 못한 연구들도 많다. 나만 해도 수업에서 발전시켜 출판한 연구, 자료수집까지 했지만 영영 수업 과제로 남은 연구, 자료수집하고 작성도 다 해서 투고했지만 2년째 떠돌고 있는 연구, 자료수집과 분석은 마무리 단계이지만 연구자들이 바빠져서 유예 중인 연구 등, 각각의 모양으로 마음의 짐으로만 존재하는 연구들이 있다. 이러다가 영영 드라이브 폴더에 묻히는 것은 아닐지 걱정이 되고 조급함이 올라올 때 스스로를 다독였던 말들, 주변에서 들었던 위로의 말들을 적어 본다.

- 모든 논문은 자기만의 집이 있다.
- 천천히 가도 돼. 포기만 안 하면 되는 거야. (1년 반~2년 이상

늘어지는 것 같을 때)

- 일단 높은 학술지부터 겨냥해 보자. 리뷰라도 받아 보면 도움이 돼.
- 내 논문의 셀링 포인트는 이거야.
- (심사위원의 수정의견을 보고 원망·절망하고 있을 때) 더 잘 되라고 하는 것 같은데?
- (부정적인 심사의견이 돌아올 때) 연구를 많이 낼수록 '게재 불가'도 많이 받는 거야.
- 연구자의 자질 중에서 하나를 꼽으라고 한다면, 성실성을 꼽겠다.

교수님과 소통하기

짧은 에세이의 마지막은 교수님에 대한 이야기를 쓰고 싶다. K-대학원생이라면 교수님과 만나는 자리가 어렵고 떨리고 긴장되기 마련이다. 잘 보이고 싶은 마음과, 잘 보일 만큼 내가 아는 것이 없다는 인식이 격렬하게 충돌하면서 얼어붙을 때가 많았던 것 같다. 교수님께 프로젝트나 논문의 진행상황을 공유해 드리고, 교수님 앞에서 논문발제를 할 때 느껴지는 긴장감은 다들 짐작할 수 있을 것이다.

나도 여전히 그러하지만, 그래도 석사과정 때부터 치면 8~9년 넘게 지도교수님과의 만남을 이어 오면서 나름의 방식을 터득했던 것 같다. 여러 경험들을 통해 우리 교수님은 나를 믿어 주시고, 긍정적으로 지켜봐 주고 계시다는 믿음이 생겼고, 이 믿음 덕분에 얼어붙은 긴장감보다는 '배우는 마음'으로 있을 수 있었다. 한 가지 추천하고 싶은 것은 교수님의 스타일을 파악하는 것이다. 선후배들을 통해서 우리 교수님이 어떤 정도를 기대하시는지, 어떻게 해 갔을 때 좋아하시는지를 듣는 것은 정말 도움이 된다. 혹은 교수님의 주된 연락방식(이메일, 전화, 문자 등)이나, 연락 빈도에 대한 경험담을 나누는 것도 좋다. 이 정도의 일로 교수님께 연락을 드려도 되는지, 연락을 어떠한 방법으로 드려야 하는지와 같은 고민에 대한 팁도 들을 수 있을 것이다. 또한 교수님께서 주시는 피드백을 들을 때, '나를 혼내시는구나, 나에 대해 실망하셨다. 나는 왜 이 모양이지.'와 같은 생각이 들기 쉽다. 한번 못했다는 생각이 들면 그다음에는 더더욱 긴장하기 마련이다. 사실 그보다는 나의 성장을 돕기 위해서, 내 논문의 완성도를 높이기 위해서일 때가 많고, 실제 논문심사 자리에서 죽 쑤지 않게 미리 대비할 수 있도록 챙겨 주시는 것일 때가 많다. 어차피 완벽한 상태에서 교수님을 만나 뵐 수는 없다. 부족한 것은 당연하다. 교수님께서 하시는 이야기를 듣고, 내가 맞게 들었는지 확인하고, 이해한 부분을 할 수 있는 만큼 수정해 가는 것이 교수님과의 최고의 소통이라 생각한다.

짧은 에세이이지만 다시 읽어 보니 대학원 생활에 대한 감회가 새롭다. 어찌어찌 여기까지 올 수 있었던 것은 함께해 준 모든 사람들 덕분이다. 나의 생존일지가 누군가에게 작은 도움이 되기를 바란다.

11
서울대학교 문과 대학원생 ~ing
-대학원생이 되기 전에 한 번쯤 생각해 볼 것

손소희 (평생교육전공)

문제 인식:
“왜 나는 대학원생이 되고 싶나?”의 문제가 아니라 “왜 이 연구가 필요한가?”의 문제

20대 전체와 30대를 통틀어 청년기의 대부분을 미국에서 지내며 학업생활을 한 내가 박사 진학을 위해 한국행을 결정했을 때, 많은 이들이 왜 미국이 아닌 한국을 선택하는지 궁금해했다. 그것도 그럴 것이 비교적 적지 않은 나이에 안정을 꾀할 수 있는 삶의 터전을 뒤로한 채 다시 새로운 시작을 한다는 것이 혹자에게는 무모해 보였을지 모른다.

개인적으로는 스스로의 만족과 성장 그리고 인생의 전환점을 위해서였다. 하지만 내 마음을 움직인 가장 큰 이유는 한국의 콘텐츠

산업과 종사자를 향한 어떠한 인도적인 차원의 비전과 사명이 피어났기 때문이다.

대학원 지원 전, 나는 전 세계 영화, 미디어, 테크놀로지 등 트렌드를 이끄는 수많은 스튜디오가 밀집된 LA에서 패션, 미디어, 엔터테인먼트 등을 아우르는 문화 · 예술산업 분야에 종사했다. 그리고 근 몇 년간 미국 내에서의 한인 아티스트들의 입지와 성장이 두드러지게 커지고 있는 것을 목격해 왔다. 특히 우리나라 대중문화예술산업의 지속적인 발전은 세계적인 한류 열풍을 이끌었고, 한국은 전례 없는 문화적 전성기를 맞이하고 있다. 이로 인해 실제로 미국뿐 아니라 세계적으로 한국에 대한 인식과 이미지가 향상되며 세계적 위상이 높아졌고 국력에 이익을 줄 뿐만 아니라 국제 교류를 위한 가교로써 큰 역할을 하고 있다.

반면, 우리는 이 산업의 이면에 어둠도 빈번히 목격했다. 예컨대 이 산업에 종사하는 공인들이 마약, 성범죄 등 빈번히 사회적 물의를 일으키는 안타까운 상황을 접하곤 한다. 이는 비단 한 개인의 안위에 대한 문제뿐 아니라 사회적 병리 현상으로 이어지기도 한다. 이렇듯 사회문화적으로 입지를 가진 이들이 스스로를 지탱하지 못할 뿐 아니라 사회에 역기능적인 영향력을 행사하는 것을 어떻게 바라봐야 할까.

최근 언론 · 방송 · 매체학계 및 정부기관에서는 대중문화예술에 대한 연구가 활발히 진행되고 있다. 한국국제문화교류진흥원에서 실시한 한류파급효과 연구(한국국제문화교류진흥원, 2021)에서는 한류로 인한 경제적 효과와 효용성에 따른 확장 방안을 제시하고 마찬가지로 여러 논문에서 K-문화 콘텐츠산업의 가치와 지속화 방향을 탐색하는 연구를 수행해 오고 있다. 하지만 이들 대부분의 연구는 성과와 사회적 현상에 치중되어 있지, 개인에 초점을 두고 다각도적으로 교육적인 관점에서 수행된 연구라기에는 무리가 있다. 다시 말하면 K-문화 산업의 시장성과 파급력은 경제와 문화 메커니즘에 지대한 영향을 미칠 만큼 거대하지만, 이들 산업조직은 이익 창출을 위한 인력 양성에 집중하지 개개인의 변화와 영향에 대한 관심은 우선순위가 충분하지 않고, 개인의 직업 생애와 사회적인 영향력을 고려한 마인드셋(mindset) 교육이 포함된 총체적인 직업생애를 위한 프로그램의 이행과 연구는 여전히 미흡한 실정임을 깨달았다.

비록 석사를 졸업하자마자 시도했던 박사 지원은 실패했지만 다년간의 사회생활을 통해 맞대고 부딪히고 느끼며 축적된 경험은 "왜 나는 대학원생이 되어야 하는가?"가 아니라 "왜 이 연구를 꼭 해야만 하는가?"라는 진정한 연구 문제의 인식으로 다다르게 하는 귀중한 시간이자 연구의 초석이 되었다.

목적과 필요성:
평생교육의 시대와 새로운 의의

과거에는 생애 초기에 배운 정규교육만으로 평생을 살아갈 수 있었지만, 100세 시대인 현대사회는 인생의 1막 이후 2막, 3막이 기다리고 있으니, 끝은 또 다른 시작이며 그에 대한 준비로써 평생 배우는 것이 필수불가결한 시대다. 이러한 추세와 더불어 평생교육은 불과 반세기 동안 '평생 동안 교육받을 권리'라는 법의 제도적 장치를 마련하는 등 발전을 이룩하였고 특히 적재적소에 교육 기회를 얻지 못했던 취약계층의 교육위에 괄목할 만한 성장과 변화를 허락했지만, 유네스코에서 상정한 '모든 이를 위한 교육(Education for All)' 취지에 부합하는지에 의문이 든다. 정규교육을 거쳐 조직에 속하여 직장 생활을 하는 관리직과 전문직 화이트칼라가 속한 중산층의 비율이 70%대까지 육박하던 것에서 지난 5년간 지속적인 하락세를 보이며 50%대까지 떨어지는 몰락의 궤도 안에 있다. 이러한 상황과 더불어 우리는 경제, 정치, 문화적으로 사회에서 입지를 가지거나 성공한 자들이 물의를 일으키고 위기를 극복하지 못하는 상황을 빈번히 목격해 왔다.

왜 때때로 그들은 개인의 삶을 윤택하게 가꾸는 것을 포기했을까? 이들의 사회적 개인적 몰락을 위한 방안은 무엇인가? 소위 부르주아로 불리는 이들은 이미 수혜자이기에 더 이상의 교육이 필요 없는 것인가? 이를 통해 흡사 수면 위로는 고고히 떠 있지만 물속에서는 가라앉지 않기 위해 끊임없이 발을 구르는 한 마리 백조의 형상이 떠오르며 이 시대를 살아가는 우리네의 모습이 투영된다. 한 분야의 상당한 대가가 된다 한들 인생의 대가는 아니다. 오히려 이들의 부지기수는 꼭대기만 보며 올라오느라 정작 지평선이 끝없이 펼쳐진 삶의 광야 길에서 방향을 잃어버린 채 고립되었을지 모를 정신적 취약계층일 수 있기 때문이다. 모든 이를 위한 평생교육이 어쩌면 이들을 등한시하고 있는 것은 아닐지. 그들 자신이 지어 놓은 벽에 갇히지 않도록 기능적인 목적 이상의 역할을 감당할 평생교육의 필요성을 절감한다. 인생의 가치는 높은 건물을 쌓는 것이 아닌 정원을 일구는 것과 같다. 먼저 자신을 잘 알고 그로 인해 만족도 행복도 쉽게 찾아서 그렇게 가장 자신다운 자신이 긍정적으로 발현된 이로운 씨앗을 세상에 뿌려 필요한 곳곳에 선한 열매를 맺게 해야 할 것이다.

지난 21세기 동안 국가의 경쟁력은 인적자원개발에 있다 해도 과언이 아니었다. 하지만 급변하는 디지털 시대의 불안정한 흐름 속에 인간을 고귀한 자산으로 보기보다는 목적 완수를 위한 도구로써 취급함으로 사회적인 부, 명예, 성공 혹은 학력의 척도와는 상관없이 삶의 균형을 잃고 극단적으로는 자아를 잃는 개인이 비일비재하다. 그러므로 인적자원개발의 핵심은 '가치 전환'을 통한 '성장'에 중심을 둔 전환학습을 통한 평생교육에 뿌리를 두고 나아가야 하며 그로부터 바람직한 삶의 의미와 새로운 목표 설정이 이루어져야 한다. 사회, 조직, 개인 간에 가교가 되어 다양한 현상의 이해와 포섭을 통해 고정된 관념을 해체하고 재통합하는 역할은 융합적인 평생교육만이 감당할 수 있을 것이다. 산업뿐 아니라 조직 내 구성원들의 교육을 위해 평생교육연구가 필요한 시점이다.

어떤 유명 인사가 "직장은 나의 노동력과 시간을 제공하는 곳이지 인격을 제공하는 곳은 아니다."라며 현세대의 조직문화 실태를 함고하며 공감을 얻었다. 이 발언은 몰상식하고 무자비한 경영선에 대해서 적합한 말이지만 스스로 의사결정과 생애와 일에 대한 개인의 접근 방법을 성숙시키는 것을 제한하기도 한다. 유기적인 생태계란 일방적인 것이 아니라 무수한 요소들이 결합된 것이다. 자신 스스로가 정체성을 가지고 주도적으로 자신의 삶을 창조할 수 있는 능력을 연마해야 한다. '존재를 위한 학습'이 개인을 지탱하는 궁극적인 재산이 될 것이다. '타성에 젖어 있는 가치와 인식을 더 이로운 방향으로 전환하는 것'이라는 내가 정의한 교육의 목적처럼, 평생교육 연구와 확충은 가지각색의 종자들이 발아될 수 있도록 존속되어야 한다. 열매 맺기가 더딘 나무일지라도 계절을 지나 언젠가는 풍성한 열매를 맺듯이, 평생교육이 당장에 즉각적이고 가시적인 성과를 내지 못한다고 할지라도, 각각의 개체 안에 스며들어 꽃 피울 수 있도록 진정한 의미의 인재 배출을 위한 터전이자 매개체가 되어야 한다.

평생학습 이론 중 전환학습 연구 동향을 보면, 여전히 성인기 발달 차원에서 수행되는 전환학습의 연구는 아직 미흡하므로 성인기 발달 차원에서의 전환학습 연구가 필요할 것이다. '왜?'라는 질문을 통해 답을 찾아가며 학습의 다양성을 복원하는 가운데 성인학습에 대한 연구는 우리가 미처 생각하지 못했던 평생교육의 새로운 지평을 열어 줄 것이다.

현실 vs. 사명

많은 사람이 대학원 생활은 글 쓰는 생활이라고 말한다. 한 사람의 연구물은 마치 매일의 글쓰기 조각이 쌓이고 뭉쳐지고 불순물이 걸러진 결정체와 같다. 이 결정체는 마치 사랑하는 사람에게 썼던 진심 어린 문자를 고쳐 쓰듯 타자기를 수십 번 지웠다 쳤다가를 반복하기도 하며 어떤 때는 골방에 앉아 아무도 알아주지 않는 밤을 지냈던 흔적이다.

때때로 혹자는 그것이 한 사람을, 이 세상을 변화시키는 데 어떤 일조를 하겠느냐며 냉소를 비추기도 한다. 그렇다. 변변한 돈벌이가 될 글도 아니고 나 혼자 뜻있는 연구가 될 수도 있다.

어느 늦은 밤. 5평 남짓한 기숙사 방에서 나는 "내가 무엇을 위해 이 공부를 하고 있나." "이것이 진정 무언가에 변화를 일으킬 수 있을까." 하고 잠 못 이루고 뒤척이던 때가 있었다. 아마 포부를 가진 대학원생이라면 한 번쯤 해 본 고민이지 않을까 싶다. 누군가의 변화를 위해 시작된 나의 대학원 생활의 이상과 현실이 괴리감이 들 때가 있지만 그럴 때마다 본교에 지원했을 때 그렸던 포부와 청사진을 상기한다.

"좋은 연구란 무엇인가?"라고 나에게 연구철학을 묻는다면 나는 진실성과 고유성이 있는 연구라고 말하고 싶다. 현재 나는 의도치 않게 나의 연구 분야의 종사자들의 삶을 가까이에서 경험하게 되면서 박사과정생으로서 현재진행형의 삶을 살고 있다. 쉽지 않지만 이 경험이 훗날 단 한 사람의 인생을 꽃피우게 하는 연구에 기여를 할 수 있다면 그것이 나의 성공이 될 것이다. 타인을 성장시키는 것은 단연코 자신 스스로의 성장 없이는 수반될 수 없는 일이니 나에게도 좋은 일이지 않나.

> 숲을 걸었다. 길이 두 갈래로 갈라졌다.
> 나는 인적이 드문 길을 택했다.
> 그리고 모든 것이 달라졌다.

대학원 진학을 고민할 즈음 우연히 보게 된 로버트 프로스트(Robert Frost, 1874~1963)의 시 「가지 않은 길」이다.

사람들은 말한다. 네 나이를 생각해. 현실을 봐야지. 사람은 안 변해. 그래 봤자 별거 없어. 소심한 난 잠시 온갖 생각의 갈래를 트지만, 결국 내 생각의 종착점은 항상 같다. 세상의 기준과 판단으로 살아왔다면, 타인이 정해 놓은 정의를 따랐다면, 그 자리에 머물렀다면, 소원하지 않았다면, 그만두었다면, 기적을 바라지 않았다면 지금의 나도 없었다. 이것이 나 홀로 한국행이라는 흔들거리는 항해(도전)를 다시 시작한 이유다.

대학원생이 되기를 꿈꾸고 결정하려는 이들이라면 두려움을 뛰어넘어 도약을 위한 결단을 하길 바란다. 현실의 한계를 넘어선 가치관을 따르는 용기의 연구를 완성하길 바란다.

> The biggest risk is not taking any risk.
>
> 가장 큰 위험은 어떠한 위험도 감수하지 않는 것이다.
>
> –마크 주커버그(Mark Zuckerberg, 1984~)

참고문헌

한국국제문화교류진흥원(2021). 2020 한류 파급효과 연구.

12
연구자의 일과 나의 쓸모

신중휘 (측정평가전공)

어떤 상상

중 · 고등학생 즈음 (주로 미국의) 진보적인 지식인들, 그러니까 하워드 진이나 노암 촘스키 같은 학자들의 책들이 유행했다. 정확한 계기는 기억나지 않지만, 어쨌거나 지적 허영이 넘치는 십 대였던 나도 그런 책을 두어 권 읽었던 것 같다. 이제는 책의 내용도 거의 잊었지만, 적어도 그때의 나에게 지식은 세상과 긴밀히 맞닿아 있는 것이었다(이 시기는 한국에서도 소위 '진보 논객'들이 다양한 지면에서 활약하던 때이기도 했다). 반드시 직업 연구자가 되어야겠다고 결심했던 것은 아니었음에도, 적어도 어느 정도의 전문성을 통해 세계에 '참여'하는 일에 대한 선망은 그때부터 자연스럽게 내 안에 자리하게 됐다.

고백하자면 반드시 교육학을 공부하고 싶었던 것은 아니었다. 그렇지만 어쨌든 학부에서 교육학을 공부하게 됐다. 배우는 걸 좋아했고, 학교라는 공간에 애착도 컸기 때문인지 전공만족도는 높았다. 전공 수업도 대체로 재미있었고, 좋은 동료를 많이 만나기도 했다. 선후배들과 자발적으로 조직했던 학회활동(그리고 뒤풀이를 빙자한 술자리)에서 배운 것도 많았다. 그래서 대학원 진학 결정도 비교적 가볍게 내렸다. 처음에는 질적 연구방법에 관심이 많았는데, 점점 양적 연구방법에 흥미를 느끼게 됐다. 이 불확실한 세계에서 양적 연구방법은 어떤 '객관적인' 결론을 제공해 줄 수 있거나, 적어도 그 결론의 불확실성까지도 수량화할 수 있다고 믿었다. 요즘 '통계기법'에 대한 수요가 많다는 얘기를 듣기도 했으니 미래에 대한 걱정도 어느 정도 덜 수 있었다(이제 와 생각해 보면 나는 통계에 대해 잘못된 기대를 하고 있었다. 게다가 전공 밖에서 평가하는 전공의 전망에 대해서도 조금은 걸러 들을 필요가 있었다). 어떤 세부전공을 택하건, 교육학을 연구하는 것은 교육을 바꾸는 일이라고 막연히 생각했다.

내가 뭘 하고 있는지 모르겠을 때

어쨌거나 고민 끝에 측정평가전공에 입학하여, 계량연구 방법론을 주요 연구 분야로 택하게 됐다. 계량연구 방법론을 주요 방법론으로 삼는 것과, 계량연구 방법론을 전공하는 것은 큰 차이가 있었다. 계량연구 방법론을 전공한다는 것은 관심이 되는 수량(quantity of interest)을 정확하게, 그리고 안정적으로 추정하는 방법에 몰두하게 되는 것을 의미한다. 이때 관심이 되는 수량은 어떤 변인 간 관계의 크기를 나타내는 것일 수도 있고, (특히 심리측정 전통에서는) 개인들의 눈에 보이지 않는 인지적 혹은 정서적 특성을 의미하는 것일 수도 있다. 기존의 수리적 모형이 관심 대상을 적절히 포착하는 데 있어 한계가 있다면, 새로운 수리적 모형을 제안할 수도 있다. 계량연구 방법론 전공자는 새로운 모형을 개발하거나 기존의 모형을 개선·보완하고, 자신이 가진 모형을 실제 자료에 적용하여 그 모형의 장점과 타당성을 선보이는 연구를 수행하는 것이 일반적이다.

'어떻게든' 숫자가 산출되면, 사람들은 그 숫자를 맹신하거나 불신한다. 숫자를 맹신하거나 불신하는 사람들은 항상 일정 정도 존재하는 것 같지만, 최근 강조되는 '데이터 기반 정책결정'과 같은 표현을 떠올려 보면 아마 전자의 부류가 더 힘이 센 것 같다. 숫자가 곧 지식이 되고, 이 지식을 통해 사람들의 삶에 영향을 미치는 의사결정이 이루어진다. 그래서 그 숫자가 '어떻게' 산출된 것인지 질문하는 일은 굉장히 중요하다. 나는 계량연구 방법론 전공자로서 내가 하는 공부의 가치와 효용을 이 지점에서 찾는다.

나는 전공 공부가 재미있고, 나름의 가치와 효용도 느끼고 있다. 그럼에도 여전히 나는 '교육(학)적 시사점'이라는 말을 마주할 때마다 곤혹스럽다. 내 연구가 한국 교육에 어떤 시사점을 줄 수 있을까? 아직 그런 '좋은' 연구를 해 보지 못했지만, 만약 내가 교육학 연구에서 아주 유용한 새 모형을 제안했고, 향후 2년간 10명의 교육학 분야 연구자가 내가 제안한 모형을 활용해 좋은 연구를 했다면, 그리고 그 연구들이 학교 현장의 문제를 이해하고 개선하는 데에 저마다 약간의 도움을 줄 수 있다면, 내 연구는 딱 그만큼의 교육학적 시사점을 가질 수 있는 게 아닐까? 가능성이 희박한 여러 번의 상상을 연달아 가정하고 나서야 간신히 도달할 수 있는 효용이 너무나 연약하게 느껴질 때가 많았다. 나름대로 열심히 작성한 연구계획서에서도, 교육(학)적 시사점을 작성해야 하는 부분에서만큼은 뻔하고 궁색한 일반론을 늘어놓게 될 때가 종종 있었다("이 연구는 교육 분야에서 흔히 활용되는 A 방법론의 적용에 있어 연구자가 따라야 할 지침을 제공했다고 볼 수 있으며……").

물론 반드시 교육문제 해결에 실질적으로 기여해야만 교육학적 시사점이 있는 연구가 될 수 있는 것은 아니라는 것을 알고 있다. 교육학 분야의 지식을 생산하고 공유하는 것은 그 자체로 교육현상에 대한 이해의 지평을 넓히는 일이다. 그러니 교육학 분야의 지식은 모두 일정 부분 교육학적 시사점이 있다고 볼 수도 있겠다. 다만 가끔은 내가 하는 일의 효용에 대해 좀 더 확실한 감각을 갖고 싶어질 때가 있다. 인터넷에서 BK21 사업의 재원이 실업 대책 기금으로 사용될 예산이 학술 보조 예산으로 편성되어 마련된 것이라는 글을 보게 됐었다. 사실 여부 확인은 쉽지 않았지만, 어쨌거나 내가 받는 장학금이 사회의 다른 곳을 위해 쓰일 수 있었던 자원이라는 것은 분명하다. 세금의 일부가 내가 받는 장학금이나 연구비에 쓰이는데, 학문 탐구의 가치에 대한 고차원적인 진술 없이도 그 사실에 떳떳할 수 있기를 바라게 된다. 그러다 보니 나의 연구가 교육 현장에 어떻게 닿을 수 있을지에 대해 헛된 상상을 하게 되는 것이다.

또 다른 문제는 내가 공부하는 내용 자체는 대체로 교육과 아무 관련이 없는 경우가 잦다는 점이다. 나는 아직 마땅한 전문성도 없지만, 전문성을 가지게 된다고 해도 그건 '교육'에 대한 전문성보다는 '원하는 숫자를 잘 찾기 위한 방법'에 대한 전문성이 될 가능성도 크다. 숫자가 어떻게 생산되었는지 정확하게 이해하는 일은 학문적으로도 사회적으로도 중요한 일이지만, 그 중요성이 반드시 교육학에만 적용되는 것은 아니다. 사회과학분야에서 특수하게 쓰이는 계량연구방법은 있을 수 있어도 교육학에서'만' 쓰이는 계량연구방법론 같은 것은 찾기 힘들다. 다층분석은 학생이 학교에 내재되어 표집되는 교육학 자료의 특성에 부합하기 때문에 교육학에서 매우 유용한 기법이지만, 개인이 조직에 내재된 대부분의 사회과학 분야에서도 널리 활용된다. 개인의 보이지 않는 잠재구인간 관계를 분석하기 위한 구조방정식 계통의 모형 역시 다양한 사회과학 분야에서 자주 활용된다. 심지어 교육학 분야에서 발전한 문항반응이론 역시 검사문항을 활용하는 대부분의 영역에 적용할 수 있다. 내가 공부하는 모형이 범용성을 갖는다는 것은 물론 좋은 일이겠지만, 내가 교육학에 기여하는 연구를 하고 있다는 확신을 갖는 일에는 전혀 도움이 되지 않는다.

그나마 통계방법을 교육 분야 데이터에 적용하는 연구를 할 때는 덜 불안하다. 어쨌거나 교육과 관련된 내용을 주제로 하고, 분석 결과에 따라 구체적인 함의를 도출하기 때문이다. 종종 정책연구에 참여하게 되어 최근 한국 교육 현장의 실제 데이터를 다루게 되는 일도 있다. 특정 교육정책의 성과를 구체적으로 평가하는 일이니 교육 분야와 직결된 일은 맞다. 그 과정에서 내가 훈련받은 계량연구 방법론은 분명 도움이 된다. 하지만 그런 경우에도 교육학에 대한 나의 지식이 빈곤하다는 사실을 마주하면 괴로워지는 것은 마찬가지다. 차라리 내가 아니라 해당 주제에 대한 내용에 전문성이 있는 연구자가

이 주제로 연구했다면 훨씬 더 실질적이고 구체적인 결론을 도출할 수 있었을지도 모른다는 생각이 들어 덜컥 겁이 나기도 한다.

어쩌면 연구자가 아니라 다른 직업을 택해야 했던 것은 아닐까? 교사의 삶이 녹록지 않은 것은 알지만, 그래도 학생이 어제 모르던 것을 오늘 알게 되었을 때는 나의 일에 대해 어느 정도의 보람은 느낄지도 모른다. 아니면 적어도 연구방법론이 아닌 다른 연구분야를 택해야 했을까? 익명의 누군가에 대한 여러 단계의 상상을 하지 않고도 내가 하는 연구의 효용을 체감할 수 있는 분야가 존재할 것이다. 당연한 말이지만, 연구방법론을 주요 연구 분야로 삼으면서도 좋은 교육학 연구를 수행하시는 훌륭한 연구자들은 많다. 내가 부족해서 느끼는 불안감을 분야 특성에 귀인하는 것은 창피한 일이라는 걸 안다.

이런 생각은 이 학계에서 나의 역할과 쓸모를 어떻게 인정받을 것인지에 대한 현실적인 고민과 관련되어 있기도 하다. 졸업을 하고 직업시장에 나가기 위해선 우선 박사학위 논문이라는 큰 산을 넘어야 하고, 그 과정은 이 글을 쓰는 시점부터 적어도 1년은 걸릴 예정이다. 그렇지만 언제까지고 미뤄 둘 수 있는 고민은 아닐 것이다. 먼저 직업시장에 나간 선배들로부터 많은 조언을 들었다. 요는 연구자들 역시 '자기 PR'에 대해 고민해 둘 필요가 있다는 것이다. 스스로 나의 역할과 쓸모에 대한 확신이 없는데, 그걸 타인에게 설득하는 일은 어떻게 가능한 걸까.

그래도 나는 논문을 읽고 쓴다

한탄과 자조를 하는 동안에도 대학원생으로서의 일상은 계속된다. 나는 읽고 쓰고, 발표자료를 만든다. 물론 그것보다는 자주 데이터를 가공하고, 행정업무를 처리하고, 공동연구과제 연구진분들과 일정을 조율하고, 회의록을 정리한다. 연구와 관련되어 있더라도 연구 그 자체라고는 부르기 힘든 업무에서 무언가를 배우기도 하지만, 대부분은 그냥 해야 하는 일이라서 한다. 그런 일상을 버티다 문득 깨닫게 된 것은, 논문을 읽은 날보다 논문을 읽지 않은 날 스스로에 대한 고민을 더 많이 하게 된다는 사실이다. 한동안은 그 이유가 '논문을 읽었다는 사실에서 오는 성취감'에 있다고 생각했다. 스스로에 대한 의심과 불안은 항상 곁에 있는 벗이고, 그나마 성취감을 줄 만한 일로 시간을 보내는 동안은 그를 잊을 수 있게 된다고 믿었다. 요즘은 어쩌면 다른 이유가 있을지도 모른다는 생각에 도달하게 됐다.

어떤 날에는 영감을 주는 논문을 만나기도 한다. 몰랐던 사실을 알게 되기도 하고, 익숙한 현상에 대한 새로운 해석을 접할 때도 있다. 어떤 연구는 연구 설계의 논리가 빈틈없이 치밀하고, 어떤 연구는 기발한 접근을 통해 어려운 연구 질문에 성공적으로 답한다. 이런 좋은 연구들을 보면 그 연구자가 너무나 부럽기도 하고, 어떻게 하면 나도 이런 연구를 할 수 있게 될까 생각하게 되기도 한다. 영감을 주는 논문을 만났다는 것은, 누군가의 질문과 그 질문에 대한 치열한 해답이 어쨌거나 나에게 닿았다는 것을 의미한다. 나에게 닿음으로써 이 세계에 어떤 영향을 미칠지는 알 수 없지만, 적어도 일단 나에게는 닿았다. 나는 그 논문을 읽기 전과 후에 조금이라도 달라졌다. 누군가가 논문을 발표하면, 다른 누군가는 그걸 읽을 수 있다. 그렇다면 내가 발표하는 논문도 누군가에게 읽힐지도 모른다. 이런 단순한 사실조차 내가 무얼 하고 있는지 모르겠다는 불안에 지배당할 때는 잊어버리고 만다.

대학원에 입학하기 직전 떠났던 남미 여행에서, 마추픽추로 향하는 트래킹 프로그램에 참여했었다. 가깝게 지낸 일행 중에는 에베레스트를 두 번이나 등정한 이력이 있는 말레이시아 출신 산악인 라비도 있었다. 그는 내게 등산과 관련된 이런저런 조언을 해 주었는데, 그중 특히 '등산을 할 때 가장 큰 실수는 멀리 있는 정상을 바라보며 걷는 것'이라는 말이 기억에 남는다. 그는 정상과의 거리에 압도되면 오히려 의지가 꺾이기 마련이라고 했다. 멀리 있는 목표보다는 지금 눈앞의 한 발 한 발에 집중하는 게 더 중요하다는 말이었다(인생을 등산에 비유하는 것은 높은 확률로 진부하고 반드시 아저씨같다고 생각했지만, 끝내 해 버리고 말았다). 대학원을 다니는 동안 라비와의 대화를 종종 떠올렸다. 내가 지금 집중해야 할 '눈앞의 한 발'은 무엇일까.

결국 내가 할 수 있고 해야 하는 것은 '어떤 연구가 좋은 교육학 연구인지' 고민하는 것이 아니라, 당장 진행 중인 연구를 어떻게 하면 더 잘할 수 있는지 열심히 고민하는 것이다. 내 연구를 아무도 읽지 않고 그 누구도 인용하지 않을지도 모른다. 그렇지만 내가 충분히 노력했다면, 누군가는 읽고 도움을 받을 수도 있다. 누군가에게 닿을 것이라는 확신이 아니라, 누군가에게 닿을지도 모르니 나는 내 자리에서 최선을 다하겠다는 다짐이 필요하다. 내가 하고 있는 일에 대한 고민이 없을 수야 없겠지만, 고민을 해야 한다면 구체적이고

라비와 처음 대화를 나눈 곳

실질적인 고민을 하는 것이 더 좋겠다. 열심히 살다 보면 언젠가는 '좋은 교육학 연구'에 대한 거시적이고 통합적인 안목을 갖추게 될지도 모르겠다. 적어도 지금의 나는 그럴 깜냥이 되지 않는다. 아직은 '신진 연구자'라는 말도 어울리지 않는, 고작해야 코스워크를 갓 마친 학생에게는 사치스러운 생각이다. 그렇지만 어떻게 하면 '이' 연구의 완성도를 더 높일 수 있을지는 누구나, 언제든지 할 수 있는 고민이다.

물론 연구자에게 연구는 실적이기도 하다. 내가 수행할 연구는 참여율과 역할에 따라 지표로 환산되어, 나의 생산성과 경쟁력을 증빙할 숫자로 요약될 것이다. 빨리, 그리고 자주 더 많은 논문을 써 내는 것에 대한 압력이 내게도 올 것이다. 그런 압력 아래에서도, 연구하나하나에 더 진심을 담을 수 있다면 좋겠다. 사실 피어리뷰를 통해야만 실적이 발생하는 학계에서는, '진심없이 실적을 찍어 내는' 일이 어쩌면 애초부터 불가능한 것일지도 모르겠다(감사하게도 최근에 투고한 논문도 심사의견을 통해 큰 도움을 받았다). 논문에 투입하는 노력이 나를 증명하는 일에만 놓이지 않고, 그보다 더 큰 무언가를 향할 수 있게 되기를 바란다.

생각을 이렇게 정리해 본다면, 오롯이 나 혼자 무언가를 해낼 수 있어야 한다는 생각도 어쩌면 오만일지도 모르겠다. 이 학계에는 나의 부족한 면을 채워 줄 수 있는 좋은 동료들이 많이 있다. 그들과의 협업을 통해 나름의 연구성과를 제시할 수 있고, 그 과정에서 내가 어느 정도 기여할 수 있다면 지금의 내 공부가 결코 헛되다고 말할 수는 없을 것이다. 얼마 전에는 시민교육을 전공하는 친구와 우연히 협업을 하게 됐다. 마침 그 친구가 가진 연구질문이 내가 박사학위 논문 주제로 연구하고 있는 연구방법론과 맞았다. 새로 제안된 연구방법론은 기존의 연구방법론의 한계를 기술적으로 보완하기도 하지만, 어떤 경우에는 기존의 연구방법론이 포착하지 못하던 대상을 발견하게 해 주기도 한다. 친구와 나는 함께 서로의 연구주제를 공부했고, 결과적으로는 더 확장 · 심화된 연구질문으로 분석을 진행하게 되었다. 물론 우연이 호의적으로 작용한 사례였고, 매번 이번과 같은 좋은 상호작용과 시너지를 기대하기는 어려울지도 모르겠다. 그렇지만 연구방법론 연구자로서 협업 과정에서 반드시 분석'만' 기계적으로 수행하는 주변적인 역할에 머무를 필요는 없다는 것을 실감했다. 함께 연구를 진행하며 나 역시 시민교육 분야에 대해 조금이나마 배우기도 했다.

요즘에는 어쩌면 나의 연구 관심이 조금 옮겨 갈 수도 있다는 생각도 하게 된다. 최소한 나의 전문성을 인정받아야 한다는 불안이 시야를 좁히기도 한다. 지금은 연구방법론 분야에서도 부족한 것이 많으니 아마 한동안은 연구방법론에 대한 전문성을 더 쌓아야 할 것이다. 그렇지만 내가 연구방법론에 전문성이 있다는 것이 내가 평생 연구방법론만을 연구해야 한다는 것을 의미하지는 않을 것이다. 때문에 틈틈이 교육학 분야의 다른 주제에도 관심을 가지려고 한다. 아직 많이 공부하지는 못했지만, 키워드 수준에서나마 공부해 보고 싶은 주제는 있다. 나만 더 부지런해진다면 조금씩 공부할 수 있을 것 같다. 아직 막연한 아이디어 상태라 소개할 수는 없지만, 얼마 전부터 교육평가 분야에서 연구해 보고 싶은 주제들을 두어 개 찾기도 했다. 이런 주제들에 대해서도 전문성을 차근차근 쌓아 간다면 내가 기여할 수 있는 부분이 조금이나마 더 커질지도 모르겠다.

어쩌면 글의 주제와 조금은 동떨어져 있지만, 사실 내가 공부한 내용으로 누군가를 돕는다는 느낌을 직접적으로 실감하는 순간도 종종 있기는 했다. 전공 특성상 (학부 또는 대학원) 통계방법론 수업에서 실습조교 역할을 수행할 때가 많았다. 모두가 그런 것은 아니지만 일부 수강생은 무척 열정적이고, 감사하게도 그들은 내게 최대한 많은 것을 '뽑아' 간다. 연구자의 일에는 연구뿐만 아니라 교육도 포함될 수 있지만, 특히 교육 연구자에게 가르치는 일의 의미는 더 특별한 것 같다. 운이 좋게도 이번 학기에는 '교육평가 및 측정' 강의를 맡게 되었다. 수강생들은 교육대학교 4학년 학생들이니 교사가 될 가능성이 높다. 처음 맡는 과목이다 보니, 이번 학기에는 교재의 내용을 충실하게 잘 전달하는 것만으로도 내게는 충분히 벅찬 일이 될 것 같다.

그렇지만 앞으로는 소개하고 싶은 세부내용도 조금씩 추가하려고 한다. 어떤 교과목을 맡게 되건, 수업을 최대한 잘 준비하고자 노력하는 것 역시 내가 할 수 있고 해야 하는 일일 것이다.

다시, 어떤 상상

기획의 목적상, 이 글은 '서울대학교 대학원에 진학하고자 하는 학생들에게 전하고 싶은 말'로서 가치가 있어야 한다. 그렇다면 이 글이 교육학과 대학원생으로서의 정체성을 단단히 만들어 줄 수 있는 조언을 담고 있다면 더 좋았을 것이다. 애석하게도 이 글은 그러지 못한 것 같다. 나 역시 교육학 연구자로서 나의 일에 대한 통합적이고 완결적인 비전을 갖고 있지 못한 상태니, 누군가에게 조언을 줄 처지는 못 된다. 다만 앞으로 함께 교육학을 공부하고 연구할, 그리하여 서로 도움을 주고받을 동료 연구자로서 응원을 보내고 싶다. 나 역시 그 과정에서 나의 몫을 다하겠다는 다짐을 남겨 둔다.

나는 여전히 학교라는 공간에 애착이 크다. 생각해 보면 내가 교육학을 공부하려 했던 이유는, 나에게 그랬듯, 학교가 더 많은 사람들에게 의미 있는 공간이기를 바랐기 때문이다. 여전히 요즘 내가 공부하는 주제들은 내가 애초에 가졌던 질문, 그러니까 교육학이 어떻게 해야 학교가 더 많은 사람에게 의미 있는 공간이 될 수 있도록 만들 수 있을 것인지와는 다소 거리가 있다. 큰 이변이 없다면 박사학위논문 주제도 그럴 것이다. 그렇지만 적어도 부분적으로는 닿아 있을지도 모른다고 믿는다. 어쩌면 닿아 있도록 만드는 것이 스스로를 교육학 연구자라고 믿는 사람으로서 나의 역할일지도 모르겠다. 나의 쓸모만큼이나 내 연구의 쓸모를 더 치열하게 고민해야 할 것 같다.

석사학위논문을 부모님께 선물하며 "공부하여 남 주는 사람이 되기 위해 노력하겠다."는 편지를 남겼었다. 어쩌면 그때의 나는 지금보다 더 거창한 포부를 가졌을지도 모르겠다. 내가 기대했던 방식은 아닐지언정, 지금의 나 역시 연구를 통해 세계에 참여하고 있다고 믿는다. 열심히 논문을 읽고, 조금 더 많이 고민해서 논문을 써야겠다. 누군가에게 닿을지도 모른다. 다시, 상상이다.

13
외국인 학생의 서울대학교 대학원 생존일지

안지아(Anggia Utami Dewi, 교육행정전공)

한국은 아시아에서 유학생들에게 가장 매력적인 유학지 중 하나가 되었다. 해외에서 유학을 한다는 것 자체가 이미 쉽지 않은 일이지만, 대학원 수준의 학업, 특히 서울대학교 대학원을 선택한다는 것은 고유의 특별함과 어려움이 따른다.

한국에 유학생으로 처음 온 것은 2012년 늦은 여름이었다. 그날의 매우 습한 날씨를 생생하게 기억하지만, 나의 흥분한 마음은 그 습함도 이겨 낼 수 있었다. 나는 서울대학교 국제대학원에서 석사과정을 시작했고, 마침내 2014년에 학위를 받았다. 고국으로 돌아가 약 5년 동안 일한 후, 마침내 나는 박사과정을 시작하기 위해 다시 서울대학교로 돌아오기로 결심했다.

2019년 2월 관악캠퍼스 한복판에 발을 다시 디뎠다. 주변 환경은 거의 비슷하지만 날씨는 전혀 달랐다. 매우 쌀쌀했지만, 나는 2012년과 비슷한 설렘으로 가득 차 있었다. 박사과정에 대한 열정을 품고 나는 사범대 교육학과 교육행정 전공에 입학했다.

이 에세이에서 나는 석사학위를 위해 서울대학교 대학원에 다녔고 현재 박사과정을 밟고 있는 유학생으로서 나의 관점을 공유하고자 한다. 에세이는 크게 두 부분으로 구성되어 있다. 첫 번째는 다음 단계의 학업을 계속하기로 결정하기 전에 우리 스스로에게 진정으로 물어봐야 할 질문들을 다룬다. 두 번째는 대학원 공부의 여정을 시작하기 위해 준비해야 할 것들에 대해 논의한다. 비록 여기서 공유되는 내용들이 주로 유학생들을 위한 것이지만, 서울대학교에서 대학원 진학을 희망하는 누구에게나 도움이 될 수 있을 것이다.

스스로에게 물어봐야 할 중요한 질문

대학원 공부는 우리의 미래 목표를 달성하기 위한 도구다 그렇다면 우리의 목표는 무엇인가

한국에서 대학원 교육은 1990년대 후반 지식 사회를 향한 한국의 경제 발전에 힘입어 실질적인 관심을 받아 왔다. 따라서 1970년대 중반에 고등교육 등록이 상당히 증가했을 뿐만 아니라 대학원생과 대학원에 국가적 투자 또한 한국의 첨단기술 산업의 발전을 위해 매우 증가하였다. 많은 학생들이 대학원 프로그램에 등록했고, 국제화 흐름에 따라 대학원 학생의 적지 않은 수가 국제 학생들로 구성되었다. 이제 대학원에 재학한다는 것은 노동 시장에서 개인의 자격과 경쟁력 가치를 강화하는 도구가 된 것으로 보인다.

세계 경제의 고도로 경쟁적인 노동 시장에서 대학원 교육을 선택하는 결정은 개인적인 것으로 귀결된다. 우리 각자는 다른 포부와 미래의 목표를 가지고 있다. 그것들을 성취하기 위해 대학원에서 학위를 취득하는 것은 도구가 될 수 있다. 여기서 던질 근본적인 질문은 '우리의 목표는 무엇인가?'라는 것이다. 먼저 우리의 목표가 무엇인지 앎으로써 우리는 대학원 공부가 정말 우리가 필요로 하는 것인지 결정하는 데 도움을 받을 수 있다. 물론 인생은 우리가 누구인지 발견하는 길고 긴 여정이다. 그러나 현재 세계의 불확실성으로 인해 우리가 선택하는 모든 길은 시간과 에너지를 들일 가치가 있다고 생각하는 것이 현명한 방법일지도 모른다. 게다가 박사학위 취득까지 3~5년의 기간을 고려한다면 시작하기에 짧은 여정은 분명 아니다.

내 경우에는 박사과정에 입학하는 결정의 근거는 나의 선택과 의무적인 요소가 결합된 것이었다. 석사학위를 취득한 후 나는 인도네시아에서 학자가 되기로 결심했다. 나는 2015년부터 인도네시아 공립 대학에서 근무했다. 대학 규정상 박사학위 자격을 갖추어야 했기 때문에 박사과정에 진학하는 것은 의무였다. 직업적인 요구 외에도 대학 안팎에서 충분한 교육을 받는 것은 언제나 나의 꿈이었다.

국제 학생들의 경우 해외 대학원에 진학하는 이유는 보다 다양한 변수로 구성될 수 있다. 예를 들어, 우리가 계속 일을 할 계획이 있는지, 아니면 장기 체류할 계획이 있는지 등의 여부다. 만약 그렇다면 다음으로 살펴봐야 할 것은 노동 시장에서 우리에게 많은 기회가 있는지의 여부다. 대학원 진학의 장점과 단점을 모두 고려한 후, 다음 단계는 해외 유학의 목적지를 결정하는 것이다.

왜 한국인가, 왜 서울대학교인가 ▬▬ 국제 학생들에게 학업을 계속하고 싶은 장소를 선택하는 것은 전체 유학 여정의 가장 중요한 요소 중 하나다. 한국에서 유학하는 국제 학생의 경우, 왜 한국에서 특별히 서울대학교에서 공부하기 원하는가라는 질문에 대답할 수 있는 것은 중요하다고 생각한다.

앞서 언급했듯이, 한국은 특히 2000년대 후반부터 아시아에서 인기 있는 유학 선택지가 되기 시작했다. 한국에서 증가하는 국제 학생의 수는 Study Korea와 Brain Korea 21 Projects와 같은 대규모 학생 리쿠르팅 정책의 주요 결과다. 게다가 한국의 소프트 파워는 한류가 전 세계에 확산되면서 크게 성장해 왔다. 또한 유학지로써 한국의 매력은 최고 고등 교육기관의 세계적인 명성이 증가하는 것과 관련이 있다.

이러한 일반적인 논의를 넘어, 대학원 공부는 나름대로의 특징이 있다. 학부 교육과 비교하여, 대학원 수준의 교육은 연구에 더 중점을 두는데 이는 한국의 맥락에서 더 강조된다. 박사과정 수준의 경우, 주요 목표 중 하나는 전문 분야의 지식 생산에 기여할 수 있는 유능한 연구자를 양성하는 것이다. 따라서 우리 자신의 연구 관심사를 알고, 박사과정의 여정을 가이드할 수 있는 적절한 지도교수를 찾는 일은 매우 중요하다고 하겠다.

내 개인적인 경험에 비추어 볼 때, 앞서 공유했던 점들 외에도 내가 서울대학교 박사과정을 지원하기로 결정하기 전에 고려한 몇 가지 변수들이 있다.

첫째, 재정적 지원의 가용성이다. 서울대학교는 유학생들을 위해 꽤 다양한 범위의 장학금을 제공하고 있는데, 이러한 점은 4년 전 나의 결정에 큰 영향을 끼쳤다. 나는 경제적 부담에 대한 걱정 없이 공부하고 싶었고, 전체 장학금을 제공하는 국가와 대학들 위주로 나의 선택지를 좁혔다.

둘째, 건강보험과 자녀교육을 포함한 충당 가능한 생활비다. 가족을 데려올 때, 나는 주어진 재정적 지원이 최소한의 인간다운 한 달 생활비를 커버할 수 있는지 확인해야 했다. 한국은 좋은 국가 보험 제도를 가지고 있는데, 이것은 가족과 함께 있는 학생들에게 저렴할 뿐만 아니라, 매우 포괄적이고 효과적이다. 통합 보육 및 유아 교육 시스템도 고려할 가치가 있는 또 다른 요인이다. 이곳에서 공부하는 동안 서울대학교 어린이집이 나에게 가장 큰 힘이 되는 지원 시스템이었다고 말할 수 있다.

셋째, 한국 문화 전반에 대한 친숙함, 구체적으로 서울대학교 학술 문화에 대한 친근감이다. 나는 석사과정을 서울대학교에서 공부했기 때문에 다시 서울대학교 진학을 선택하는 것이 내가 과정 초기에 직면해야 하는 적응 과정을 수월하게 할 것이라고 생각했다. 물론 각 학과나 전공마다 독특한 문화가 있지만, 이전의 석사과정 경험은 정말 도움이 되었다. 나는 한국의 빠른 노동 윤리의 속도나 많은 학습량으로 되돌아가는 것에 대해 큰 무리가 없었다. 내가 2012년 처음 한국에 왔을 때와 비교하면 이번에는 훨씬 준비가 된 상태로 시작했다고 말할 수 있다. 에세이의 다음 부분은 우리 자신을 대학원 공부와 잘 연결하기 위해 무엇이 필요한지 자세히 설명할 것이다.

중요한 준비 사항

우리가 직면하게 될 것들을 알라

나의 이전 백그라운드와 연장선상에 있지 않은 분야의 박사과정에 들어가는 것은 나에게 꽤 도전이 되는 일이었다. 가장 명백한 도전 중 하나는 그 분야의 다른 초점과 위치였다. 이것은 비록 관심의 대상이 여전히 비슷한 사회적 현상에 있지만, 그것들을 다루는 렌즈는 다르다는 것을 의미한다. 하지만 공부를 시작하기 전에 나는 이러한 도전을 충분히 인지하고 있었고, 관심사에 대한 많은 글들과 책을 읽으며 나 자신을 해당 분야에 친숙하게 만들기 위해 준비하려고 노력했다.

보다 일반적인 맥락에서, 만약 우리가 어떤 전공이나 연구 그룹이나 실험실의 새로운 구성원으로 박사과정에 들어가기로 결정했다면 그곳의 학문적 요구 사항과 함께 학문적 · 비학문적 문화에 모두 익숙해지는 것이 현명할 것이다. 특히 국제 학생들에게 언어 장벽은 원활한 적응 과정을 방해할 수 있는 매우 어려운 문제가 될 수 있다. 학문적인 맥락에서 우리가 국제 프로그램에 등록하지 않는 한 우리는 대부분의 경우 영어로 제공되지 않는 학문적 요구 사항을 이해하는 데 더 많은 노력을 기울여야 한다. 특정 규정을 잘못 이해하거나 중요한 기한을 지키지 못할 경우 우리에게 불이익으로 돌아올 수 있다. 연구를 수행함에 있어서 우리가 따라야 할 윤리적인 절차들이 있는데, 그것은 우리의 출신국에서의 절차와 다를 수 있기 때문에 그 부분에 대해서도 익숙해져야 한다. 또한 한국어로 진행되는 수업과 연구 그룹 회의에서 내용을 이해하고 후속 과제나 책임 영역 등에 대한 추가적인 노력이 더 필요할 수 있다.

한편 비학문적인 맥락에서 특히 구성원들 간의 대인관계와 사회적 관계, 그리고 학생과 교수 간의 문화를 이해하는 것도 중요하다. 이것은 절대 쉬운 일이 아니다. 왜냐하면 사회 문화적 적응은 국적에 상관없이 새로운 구성원들에게 도전적이기 때문이다. 이러한 도전은 특히 한국어에 능통하지 못한 유학생들에게 더 어려울 수 있다.

각각의 상황에 따라, 도전의 경험도 매우 다를 수 있다. 따라서 그에 대한 대처 메커니즘도 다를 것이다. 나는 멋진 동료들을 만날 수 있었고, 깊고 의미 있는 우정을 쌓을 수 있었기 때문에 매우 행운이라고 생각한다. 비록 학업과 씨름하기 위해 고군분투했지만, 그들로부터 엄청난 정신적 지원을 받을 수 있었기 때문에 너무 감사하게 생각한다. 언어는 나에게 도전이었고 지금도 여전히 도전이지만, 언어 수업을 수강하거나 뉴스를 보거나 또는 드라마를 보는 등 다양한 방법으로 한국어를 배우려고 노력했다. 나는 부족한 한국어로 소통하기 위해 가능한 한 최선을 다해 왔다. 나는 학계의 다양한 구성원들 사이에 상호문화적 이해를 형성하기 위한 끊임없는 노력이 필요하다고 생각한다.

한국에 휴가를 오는 것이 아니다

유학생들에게, 해외에서 공부하는 것은 새로운 환경에 적응하는 방법, 어울리는 법 그리고 고국에서 가지고 있는 것과 매우 다를 수 있는 많은 경험을 얻는 방법을 배우는 인생의 중요한 기회다. 하지만 서울대학교의 강한 학술 문화로 인해, 우리의 삶의 균형을 맞추는 일은 매우 어려운 일이다.

나는 친구로부터 개인적인 이야기를 많이 들었는데, 그중 일부는 즐거운 이야기였고, 다른 일부는 안타깝게도 그렇지 않았다. 유연한 근무 환경에 있는 사람들은 여가 시간을 갖는 것이 어렵지 않지만, 그렇지 않은 환경에 있는 사람들은 적절한 휴식 시간을 찾는 것조차 어렵다. 이렇듯 다른 상황에서 나는 여기서 공부를 시작할 때 한국으로 휴가를 오는 것이 아니라는 점을 염두에 두는 것이 현명할 것이라고 생각한다. 물론 이는 우리가 자유 시간을 즐기거나 휴가를 갈 수 없다는 것을 의미하지는 않는다. 여기서 가장 중요한 것은 마음가짐이다. '나는 여기 공부하러 왔다.'라는 마음가짐은 우리가 도전적인 여행을 시작하도록 우리 자신을 일깨워 주는 데 도움이 된다.

조언이 아니라 '지혜'다

2년간의 석사과정과 거의 4년간의 박사과정을 서울대학교에서 보낸 후, 나는 서울대학교 대학원의 유학생으로 가졌던 나의 경험들에 대해 몇 가지 생각을 가졌다.

첫째는, 서울대학교와 같이 매우 경쟁적인 학습 환경에서 공부하는 것은 정말로 매우 어렵다는 것이다. 나는 내가 실패하는 것 같아서 갑자기 울부짖으며 쓰러졌던 많은 밤과 낮들을 기억한다. 나는 '내가 왜 이걸 하고 있지?'라고 스스로에게 물었다. 내가 충분히 준비가 되었다고 생각해도 '준비' 자체는 우울하고 무력한 기분으로 빠져드는 것을 막지 못했다. 나는 '열공' 모드로 긴 시간 일했지만, 그래도 더 열심히 해야겠다는 생각이 들 뿐이다. 하지만 이제야 나는 우리가 느끼는 어려움은 결국 지나갈 것이라고 말할 수 있다. 진부한 말 같지만, 터널의 끝에 항상 빛이 있다고 믿는 것은 우리가 낙담할 때 힘의 원천이 될 수 있다.

둘째, 공부만이 우리 삶에서 중요한 것이 아니라는 것을 알고 있음에도 불구하고, 내 자신의 정신적 · 육체적 안녕을 지키는 데 상당한 시간이 걸렸다. 코로나19 대유행 이후, 나의 건강 상태는 악화되기 시작했고, 2021년 발병한 허리 디스크는 학업과 업무 성과에 어려움을 주었다. 나는 치료를 위해 많은 시간을 보냈는데, 이는 내가 몸을 더 잘 돌봤다면 피할 수 있는 것들이었다. 정신적으로도 내가 직면한 두려움 때문에 불안했다. 나는 훌륭하고 생산적이며 능력 있는 박사과정 학생의 기대를 충족시키지 못할까 봐 두려웠다.

두 번째 성찰에 이어, 나는 진심으로 다른 대학원생들이 그들의 신체적 · 정신적 건강을 돌보기를 바란다. 우리 스스로 감당하기 어려울 것 같을 때, 친구나 전문가들로부터 도움을 구하는 것은 괜찮은 일이다. 서울대학교는 학생들을 위해 정신 건강 지원 프로그램을 운영해 왔고, 이는 대학이 취할 수 있는 매우 훌륭한 행동이라고 생각한다. 나는 국제 학생인 내 친구 몇 명이 전문 상담사로부터 상담을 받는 것을 본 적이 있다. 비록 상담 자체가 학생들의 고민을 직접적으로 해결하는 것을 보장하지는 않지만, 우리의 고민을 들어 줄 누군가가 있다는 것은 우리의 심리적 안녕에 큰 도움이 될 수 있다.

마지막으로 이야기하고 싶은 것은 박사과정은 모험이자 외로운 마라톤이다. 석사과정을 밟았을 때는 어느 정도 예측가능하다고 느꼈다. 석사과정은 2년이었고, 그 2년 안에 공부를 마치기 위해 최선을 다하는 것이 당연해 보였다. 하지만 박사과정은 다르다. 나는 박사과정 학생이 '언제 졸업할 예정입니까?'라는 질문에 대답하기 어렵다고 생각한다. 그 간단한 질문에 대한 변수가 너무 많다. 특히 나의 연구가 해당 연구 분야에 상당한 기여를 할 것으로 기대되기 때문에 요구 사항 자체를 충족시키는 것은 어렵다. 또한 일반적으로 박사과정 학생들이 동료평가 학술지에 논문을 게재하는 것이 요구된다. 미래의 연구자로서, 우리는 더 독립적으로 연구를 수행하도록 기대된다.

앞에서 내가 공유하는 것들은 박사과정을 매우 외로운 마라톤 여정으로 만들 수 있는 몇 가지 측면이다. 물론 우리는 자신의 연구가 무엇인지 가장 잘 알고 있기 때문에, 때때로 우리의 어려움을 다른 사람들과 나누는 것은 어렵다. 하지만 나는 우리가 모험에서 살아남을 수 있다는 것을 상기시켜 주고 용기를 줄 수 있는 지원 시스템이 있다면 매우 좋을 것이라고 믿는다. 다른 박사과정 학생들도 같은 감정을 가지고 있을 수 있기 때문에, 나는 우리가 실제로 이 문제에 있어서 혼자가 아니라고 말하고 싶다.

마지막으로 나는 대학원에 다니는 것, 특히 박사과정 공부를 하는 것이 단순히 학문적 탐구 이상의 더 큰 무엇이라고 생각한다. 그것은 또한 한 사람으로서 우리 자신을 더 잘 이해하기 위한 길고 의미 있는 여행이다.

14 함께하는 연구

우정민 (교육심리전공)

함께하는 연구의 중요성

대학원에 진학하고자 하는 이유가 무엇인가. 모두가 조금씩은 다른 이유를 가지고 있을 것이라 생각된다. 다만 대학원생으로서 누릴 수 있는 가장 큰 혜택은 관심사를 공유하는 선배 혹은 동료들과 함께 다양한 연구를 진행할 수 있는 기회가 주어진다는 것이라 감히 말할 수 있다.

여느 집단에서와 마찬가지로 대학원 역시 함께 연구를 진행하는 등 다양한 사람들과 협업해야 하는 상황들에 끊임없이 직면하게 된다. 대학원생이라면 필연적으로 공동 연구의 기회를 가지게 되는데, 이러한 공동 연구의 기회는 연구자로서의 개인적 능력을 성장시킬 수 있는 중요한 발판이 된다. 구체적으로 대학원 재학 중 선배 혹은 동료들과 함께 연구를 진행하면서 대학원생은 연구자로서의 문제 해결 능력, 비판적 사고, 발산적 사고, 수렴적 사고, 책임감, 리더십 등을 배울 수 있다. 함께하는 연구는 타 연구자들과의 적극적인 상호작용을 통해 긍정적이고 생산적인 협력 방법을 배울 수 있는 좋은 기회라는 점에서 더욱 중요하다. 논문을 읽고 과제를 하는 등 혼자 공부하고 연구하는 시간이 절대적으로 보장되어야 하는 것이 사실이나, 그만큼 혹은 그것보다 더 어렵고 중요하다고 생각되는 것이 선배 및 동료들과 함께 공부하고 연구하는 것이라 할 수 있다.

함께하는 연구의 어려움

대학원 생활(적어도 적극적인 태도로 대학원 생활에 임하고 있다면)과 공동 연구는 떼려야 뗄 수 없는 관계임이 틀림없다. 이와 같은 중요성에도 불구하고 실제 공동 연구 수행 과정에서 겪을 수 있는 여러 문제점들 때문에 시작도 전에 지레 겁을 먹는 경우나, 진행 과정 중에는 불만을 가지는 경우도 많다. 직업에서의 팀 프로젝트나 대학 생활의 조별 과제를 떠올려 보았을 때 마냥 좋은 기억만 가지고 있는 사람은 드물 것이라 생각된다. 대표적으로 균등하지 않은 참여 기회, 연구진들 간의 작고 큰 갈등, 사회적 태만 효과, 무임승차 등과 같은 문제들이 발생할 수 있다. 공동 연구의 특성상 하나의 완결성이 갖춰진 연구물을 산출해 내야 하기 때문에 구성 연구원들 간 적극적이고 지속적인 협력이 필수적이다. 이에 앞서 언급된 여러 문제들 때문에 이러한 과정이 수반되지 않는다면 바람직한 공동 연구라고 보기 어려우며 성공적인 산출물도 기대하기 어렵다.

그렇다면 좋은 공동 연구는 어떤 것이고, 나쁜 공동 연구는 어떤 것일까. 이 질문에 대해 한마디로 답을 내리기는 어렵지만, 분명한 것은 순탄한 공동 연구가 이루어지기 위해서 '집단효능감'이 필요하다는 것이다. 사실 이러한 집단효능감의 중요성은 협업이 필요한 모든 집단의 구성원들에게 해당되는 이야기다. 고등교육 현장뿐만 아니라 여러 직업 현장에서도 협업, 팀워크, 그룹 프로젝트와 같은 이름으로 다양한 형태의 협업이 강조되고 있다. 이러한 협업이 개인의 사회인지적 자질과 집단의 결과물에 모두 긍정적인 영향을 줄 수 있기 때문이다. 대학원에서 경험할 수 있는 공동 연구 역시 협동 학습의 연장선상에 있다고 할 수 있다. 다만 대학원은 다수의 연구원과 함께 하나의 논리로 촘촘하게 짜여진 연구물을 산출해 내는 데 보다 많은 노력을 기울이게 되는 시기이기에, 집단효능감의 중요성이 더욱 강조된다고 할 수 있다.

공동 연구 과정에서 갖춰야 할 소양: 집단효능감

집단효능감이란 집단의 목표로 설정된 결과를 성취하기 위해 필요한 과정 및 능력에 대한 집단 구성원들 간의 공유된 믿음이다 (Bandura, 1977: 191)

집단효능감은 집단의 구성원들이 정해진 목표(예: 연구의 완성, 논문 게재 등)를 보다 효과적이고 창의적으로 성취하게 하는 근본적인 힘으로 작용한다. 공동 연구 상황에서 집단효능감은 연구진들이 스스로 어떠한 방식을 가지고 어느 정도의 노력을 투입할 것인지에 대한 개인의 판단에 영향을 미칠 뿐만 아니라, 협업 과정에서 필연적으로 겪게 되는 어려움을 극복하게 하는 힘으로 작용하게 된다.

자기효능감과 집단효능감은 어떻게 구분되는 것일까. 자기효능감은 개인이 성취하고자 하는 결과를 위해 필요한 과정들을 계획하고 수행할 수 있는 능력에 대한 개인의 신념이다(Bandura, 1982: 122). 반면, 집단효능감은 집단에서 성취하고자 하는 결과를 위해 필요한 과정들을 계획하고 수행할 수 있는 능력에 대한 해당 '집단'의 공유된 신념이라는 점에서 차이가 있다. 공동 연구와 같은 협업의 성공적인 진행 및 성취의 경우 집단효능감이 자기효능감보다 예측력이 높다는 경험적 연구를 비추어 보았을 때(Gibson, 2023: 2153-2186), 협업에 있어 집단효능감 증진이 필요하다는 점을 알 수 있다.

한편, 같은 집단에 속해 있더라도 '우리 연구진이 목표하고 있는 것을 얼마나 잘 수행할 수 있을지'에 대한 믿음, 즉 집단효능감에는 구성원들 간 간극이 있을 수 있다. 그렇기 때문에 각각이 가지고 있는 집단효능감에 대해 살펴보고 이를 증진시킬 수 있는 방안이 필요한 것이다. 그렇다면 집단효능감은 어떻게 형성될 수 있을까. 반두라(Bandura, 1997)를 바탕으로 설정된 집단효능감 형성 및 경험에 영향을 미치는 요인들 중 공동 연구를 진행 중인 대학원생에게 가장 필요하다고 생각되는 요인들은 다음과 같다.

- 개인의 책무성: 공동 연구에 참여하는 연구진들이 모두 성실하고 책임감 있는 태도로 연구에 참여하고, 이에 근거하여 역할이 분배될 때 집단효능감이 형성될 수 있다.

• 긍정적이고 적극적인 상호작용: 연구를 계획, 진행 및 투고하는 모든 과정에서 경험할 수 있는 어려움 혹은 특이점과 관련하여 참여 연구진들과 활발하게 토의하고 상호작용할 필요가 있다. 특히 연구 아이디어를 내고 이를 구체화하여 최종적인 논문을 작성하는 과정은 순차적으로 일어나지 않는 경우가 허다하다. 이처럼 공동 연구는 끊임없이 협력이 요구되는 과정이기에 구성 연구원들이 모두 적극적으로 상호작용하고자 할 때 보다 높은 집단효능감을 경험할 수 있다.
• 생산적인 피드백: 각자 맡은 부분을 교차 검증하고 때로는 비판적인 피드백 역시 줄 수 있는 분위기가 형성되어야만 구성원들이 집단효능감을 경험할 수 있다.

대학원생의 효과적인 공동 연구를 위한 실질적인 방안: 선배들의 실제 경험을 들어 보자

앞서 효과적으로 공동 연구를 진행하기 위해 필요한 이론적인 측면들을 살펴보았다. 그렇다면 이러한 이론적 측면들은 실제 대학원 과정에서 어떻게 적용할 수 있을까. 또한 대학원생으로서 보다 효과적으로 공동 연구를 진행하려면 어떻게 해야 할까. 이에 대한 답을 구하기 위해 서울대학교 사범대학 교육학과 박사과정생 및 졸업생 5명을 대상으로 인터뷰를 진행하여 실제 공동 연구 과정에 대한 여러 경험을 들어 보았다. 대학원생들의 인터뷰를 통해 실제 대학원 과정 중 경험하게 되는 공동 연구가 어떤 것인지 그리고 보다 효과적인 공동 연구를 위해 어떤 방법들을 실제 대학원생들이 사용하고 있는지 속속들이 파악할 수 있으리라 생각된다.

인터뷰에 참가자들은 대학원 재학 중 다수의 공동 연구 진행 경험이 있는 대학원 박사과정생 및 졸업생으로 구성되었다. 인터뷰 참가자들이 참여한 대부분의 공동 연구는 참여 연구진이 5인이 넘지 않는 규모의 교육학 배경의 연구였다. 더불어 인터뷰 참가자들은 공동 연구와 관련된 긍정적인 경험과 어려움을 모두 경험해 본 적이 있다고 답변하였다. 본 인터뷰는 반구조화 형식으로 진행하였으며 시간에 제한을 두지 않았다. 다음은 인터뷰에서 기틀로 사용된 구체적인 질문들이다.

- 어떤 공동 연구를 진행하였나요?
- 누구와 함께 공동 연구를 하였나요?
- 공동 연구를 몇 번 정도 진행하였나요?
- 공동 연구를 어떻게 시작하게 되었나요?
- 공동 연구의 장점은 어떤 것이라고 생각하나요?
- 공동 연구를 진행하면서 어떤 어려움이 있었나요? 또한 어려움이 있었다면 어떻게 해결하였나요?
- 공동 연구를 성공적으로 마치기 위해 어떠한 점이 가장 중요하다고 생각하나요?

이외에 대학원에 진학하길 희망하는 사람들에게 공동 연구와 관련하여 해 주고 싶은 말들에 대한 응답을 자유롭게 받았다. 사전에 준비한 질문을 바탕으로 인터뷰 대상자들의 응답을 받았고, 필요한 경우 추가적인 질문을 하는 방식으로 구체적인 답변을 탐색하였다. 인터뷰 응답에 시간제한을 두지는 않았지만, 평균적으로 30분가량 소요되었다. 그럼 이제 대학원생들이 경험한 공동 연구 과정 중 주제와 부합하는 일화를 소개해 보겠다.

첫째: 공동 연구를 시작한 계기

인터뷰 대상자들은 대학원 과정 중 공동 연구를 시작하게 된 계기로 크게 '지도교수님의 권유' '유사한 관심 주제' '친밀도' 세 가지를 꼽았다. 공동 연구를 시작하는 계기가 외부에 있는 경우 지도교수님의 제안인 경우가 많았고, 학생들끼리 보다 주도적으로 공동 연구를 시작하게 된 경우에는 공통된 관심 연구 주제가 있고 개인적으로 라포가 이미 형성된 경우가 많았다. 이러한 응답은 공동 연구를 시작하는 데 있어 공통된 연구 주제나 연구실의 과제뿐만 아니라 여러 요인들이 통합적으로 영향을 미친다는 것을 알 수 있다.

> "대부분은 이제 교수님 제안이었죠. 이런 기회가 있으니까 저런 기회가 있으니까 한번 해 봐라 혹은 이번에 같이 논문을 내 보는 게 어떻겠냐 이렇게 말씀을 주셔서, 거기에서 출발했던 것들이고." (박사과정생 D)

> "교수님의 권유도 있고 선배들이 이제 끌고 들어가는 것들도 있죠." (박사졸업생 A)

"먼저 이런 의견이 이런 아이디어가 있는데 (내 관심사와 비슷하니) 같이 해 보면 어떨까라고 제안을 주기도 하고…… 주제를 잡는 과정은 같이 연구하는 대학원 선생님이랑 했던 것 같아요." (박사과정생 B)

"아무래도 좀 마음 편히 작업할 수 있는 마음 맞는 사람들이랑 많이 했던 것 같고 그 와중에 또 이제 공통된 관심사가 있으면 가장 좋은 시나리오이긴 했어요." (박사과정생 E)

둘째: 공동 연구의 장점

인터뷰 대상자들은 공동 연구의 장점으로 '연구 결과물에 양적·질적으로 도움이 된다는 점' '동기 부여가 된다는 점' '연구자로서 성장하는 데 도움이 된다는 점'을 꼽았다. 공동으로 연구를 진행함으로써 보다 수월하게 연구가 진행될 수 있고, 연구 결과물적인 측면에서도 각자의 장점을 살려 다양한 의견을 낼 수 있다는 점에서 공동 연구가 가지는 장점은 분명해 보인다. 뿐만 아니라, 인터뷰 대상자들은 공통적으로 공동 연구가 연구를 시작하는 대학원생들에게 연구를 구성하고 진행하는 연습이 되고 연구자로서 효능감도 증진시킬 수 있는 가능성을 가지고 있다고도 설명하였다.

"초안을 완성해 가지고 보냈을 때 나는 이게 문제가 된다고 생각하진 않았는데, (다른 연구진의) 피드백을 받고 수정된 거를 보면 그게 훨씬 나은 경우들이 굉장히 많아요. 훨씬 더 내

글이나 작업물을 상대적으로 볼 수 있고.” (박사과정생 C)

“문제점이 있을 때 다양한 관점으로 해결해 볼 수 있었죠.” (박사졸업생 A)

“논문 한 편 쓰는 게 간단한 일인 것 같기도 하지만 생각보다 되게 어려운 일이에요. 근데 그걸 누군가와 나눠서 한다고 했을 때 훨씬 도움이 되죠. 대학원생은 연구를 해야 된다는 압박감은 있지만, 해내는 게 쉽지 않은데, (공동 연구는) 그 문턱을 좀 낮춰 주는 역할을 해요.” (박사과정생 D)

“혼자 했다면 시간도 많이 들고 에너지도 많이 들고 스트레스도 더 받았을 텐데 그게 뭐든지 다 n분의 1로 나뉜다는 게 가장 큰 장점이에요. 또 공동 연구를 진행한다고 해서 모두 다 투고나 게재로 이어지는 거는 아닌데 그래도 논문 쓰는 연습 같은 거를 할 수 있다는 점이.” (박사과정생 B)

“(공동 연구진이 있으면) 나를 계속해서 이렇게 움직여 주는 그런 동기 역할을 하니까. 그런 점이 가장 큰 장점이에요.” (박사과정생 E)

“학술지 논문을 내는 건 연구자로서의 효능감을 찾는 점에서도 되게 중요한데 단독 연구로는 아무래도 현실적으로 좀 어려운 측면들이 있으니까. 혼자 연구를 하게 되면 내가 지

금 하고 있는 게 맞는지 아닌지 이런 거에 대한 확신을 갖기 도 어렵기도 하고……." (박사과정생 D)

셋째: 공동 연구의 어려움

인터뷰 대상자들은 대학원생 과정 중 공동 연구에서 과정에서 겪었던 어려움들에 대해 솔직하게 털어놓았다. 인터뷰 대상자들이 이야기 한 공동 연구의 어려움은 크게 '연구원들과의 관계의 어려움' '분업과 합의의 어려움' '현실적인 어려움'으로 구분될 수 있다. 하나의 연구를 완성하기 위해서 긴밀하게 협업이 진행되어야 하는 만큼 공동 연구진들과의 관계가 중요하다는 것을 알 수 있었다. 다만 조금 더 구체적으로 들어가 보면, 연구원들과의 관계에서 어려움을 겪는 이유가 연구 외적인 것이라기보다 연구를 진행하는 과정에서 보이는 개개인의 책무성인 경우가 많았다. 더불어 특정 연구자에게 과도한 책임감을 부여해 효과적으로 연구를 리딩하거나 분업하는 것에 어려움을 겪은 것으로도 나타났다. 현실적으로 여러 가지 일을 동시에 진행해야 하는 경우가 많은 대학원생의 경우 물리적인 시간을 맞추는 것 역시 어려운 것으로 보인다. 이러한 문제점들은 공동 연구 과정이 보다 효과적일 필요가 있다는 점을 보여 준다.

"마음 안 맞는 사람들이랑 연구를 하게 되면 되게 심적으로 힘들고…… 다른 연구원의 의지를 돋구고 뭔가 동기 부여를 해 주는 과정이 힘들었어요. 특히 수업이랑 다른 프로젝트가 많을 때에는 할 일이 너무 많고 힘든데, (상대 연구원이) 의지가

너무 없으면…….” (박사졸업생 A)

“글쓰기를 같이 협업해서 하는 경험 자체가 많지가 않으니까…… 논문은 어쨌거나 완결성이 갖춰져야 되는데 그걸 나눠서 작업을 한다라고 했을 때 분업하는 방식이 어떻게 돼야 되는지. 전반적인 문제의식이나 결과를 도출하는 방향에 대해서 서로 잘 합의가 돼야 되는 것 같아요.” (박사과정생 D)

“아직 연구 작업에 익숙하지 않은 분들하고 공동 연구를 하게 되면 상당 부분을 내가 다 알려줘 가면서 해야 된다라고 하는 게…… 나도 뭐가 맞는지 잘 모르겠는데 그런 상황에서 이끌어 가면서 내가 맞게 하는 건가라는 생각이 들었던 경우들도 있었어요.” (박사과정생 E)

“나 혼자 할 때는 어쨌거나 그 진행 속도를 내가 공유할 필요가 없으니까 그런 문제가 없는데, 같이 할 때는 그게 완결된 형태든 아니든 진행 상황을 잘 공유하면서 봐야 되니까…….” (박사과정생 D)

“따라 가는 사람 입장에서도 최종 결과물이 뭐고 상대가 원하는 게 뭔지를 파악을 해야 거기에 맞춰서 작업을 하는데 그런 소통이 잘 안 되면…….” (박사과정생 C)

“과정 중에는 각자 다 일이 많으니까 현실적으로 시간을 맞추

기가 어려운 점이 있더라고요.” (박사과정생 B)

넷째: 성공적인 공동 연구를 위해 가장 중요한 것

인터뷰 대상자들은 여러 어려움에도 불구하고 대학원 시기에 성공적으로 공동 연구를 하기 위해서 가장 중요한 요인으로 ‘연구원 간의 라포’ ‘적극적인 상호작용 및 소통’ ‘책임감’ ‘구체적인 목표’를 이야기하고 있다. 즉, 연구원 개개인의 책임감 있는 태도와 상호작용이 바탕이 되어 연구자들 간 신뢰적인 관계가 형성되어야 하고, 더불어 성취하고자 하는 구체적인 목표 · 타임라인을 설정해야 한다는 것이다. 인터뷰 대상자들이 언급한 대표 요인들을 독립적으로 이해하기보다 서로 영향을 미치는 요인들로써 이해하는 것이 필요해 보인다(예를 들어, 적극적인 상호작용을 통해서 라포가 쌓이고, 책임감 있는 태도를 가지고 구체적인 목표 이행을 할 수 있음). 협업을 위해서 연구원 개개인의 개인적 자질 및 태도 그리고 이를 바탕으로 보다 적극적이고 실천적인 방안이 있을 때 보다 성공적으로 공동 연구를 이행할 수 있으리라 생각된다.

“어쨌거나 공동 연구를 같이 하는 사람하고 개인적인 라포가 훨씬 중요했던 것 같아요. 서로를 얼마나 잘 믿고 이해하느냐가 훨씬 중요했던 것 같고.” (박사과정생 D)

“연구 주제도 주제이지만, 목표를 정했을 때 마음 맞는 사람들이랑 하는 게 편한 것 같아요. 근데 일단 내가 주인의식을 가지고 먼저 연구에 적극적인 태도로 나서는 게 좋아요. 모범을 보여 준다는 식으로…… 데드라인을 정하고 계속해서 구체적인 공동 목표를 세우는 것도 중요해 보여요.” (박사졸업생 A)

“결론적으로 분업이 잘 이루어지려면 서로가 잘하는 게 뭔지 서로 잘 이해를 하고 있어야 되고 상대에 대한 신뢰가 있어야 될 것 같아요.” (박사과정생 E)

“개개인의 자질이 여러모로 중요한 것 같아요. 주인의식을 갖고 비슷한 관심사 있는 사람들끼리 적극적으로 해서 뭔가 해내는 게. 능력이나 관심과 열정이 있는 사람들이 끼리끼리 모였을 때 제일 시너지가 많이 난다고 생각해요.” (박사과정생 C)

“같이 참여하는 사람들이 한마음 한뜻으로 이걸 언제까지 추구하는 게 중요하죠. 같은 타임라인 안에서 움직일 수 있는 게 가장 중요하고. 아무래도 하나의 목표를 가지고 한 팀으로 움직이는 게…….” (박사과정생 B)

“그 과제가 나한테 얼마나 가치가 있는가를 따져 보고 가치가 있으면 싫어도 열심히 해야 되는 거라고 생각해요.” (박사과정생 C)

다섯째: 예비 대학원생들에게 주고 싶은 공동 연구 팁

마지막으로 인터뷰 참가자들과 공동 연구를 하게 될 예비 대학원생들에게 꼭 해 주고 싶은 이야기에 대해 자유롭게 답변을 받아 보았다.

> "대학원에서 내가 혼자서 공부한다는 생각을 1차적으로 할 수 있지만, 그것보다도 내가 대학원생 커뮤니티에 들어온다고 생각을 하는 것이 훨씬 더 도움이 될 것 같아요. 공동 연구가 어쨌거나 필수적으로 이루어질 수밖에 없기 때문에⋯⋯ 대학원에 진학하는 것이 내가 공부하고 싶은 것만 공부하러 오는 게 아니라 이상의 무언가가 있다는 걸 이야기 해 주고 싶어요." (박사과정생 D)

> "선배들한테 도움을 청하는 게 좋아요. 어떤 식으로 해 나가야 되는 건지 구체적으로 물어보면 흔쾌히 도와주거나 가르쳐 줄 사람들이 많을 거예요!" (박사과정생 B)

> "개개인으로 논문을 많이 읽고 연구를 할 수 있는 역량을 기르는 게 중요해요. 스터디를 병행하면 더 좋고요." (박사과정생 E)

> "마음 맞는 사람들이랑 스터디를 많이 하면 좋을 것 같아요. 몇 개는 산으로 가고 다 연구로 이어지지 않더라도(웃음) 그

과정에서 정말 많이 배우게 됐어요." (박사졸업생 A)

공동 연구와 관련하여 대학원 과정생 및 졸업생 5인의 인터뷰를 마친 후 전사된 자료를 간결하게 요약하고 키워드를 찾아 분류하는 과정을 거쳤다. 이를 바탕으로 생성한 워드 클라우드는 다음과 같다.

워드 클라우드

앞서 구체적으로 살펴본 공동 연구에 대한 인터뷰에서 공통적으로 등장하는 키워드는 스터디, 라포, 책임, 선배, 소통, 분업이다. 이러한 키워드들은 집단효능감 형성 및 경험에 영향을 미치는 여러 요인들과 상당히 부합한다. 구체적으로 책임감을 가지고 연구에 참여하고, 효과적으로 분업을 수행하는 것은 집단효능감에 영향을 주는 요인들 중 개인의 책무성에 해당한다. 적극적인 태도로 소통하며 공동 연구 구성원들과 라포를 쌓는 것은 집단효능감에 영향을 주는 요인들 중 적극적인 상호작용에 해당한다. 마지막으로, 주기적인 스터디를 통해 함께 공부하는 것과 선배에게 조언을 구하는 것은 자기효능감에 영향을 주는 요인들 중 생산적인 피드백에 해당한다. 현장에 있는 대학원생들의 인터뷰를 통해 실제 대학원의 공동 연구에서도 집단효능감의 중요성에 대해 경험하고 있는 것을 확인할 수 있었다.

연구자로서 타 연구자와의 협업은 필수적이라고 할 수 있으며, 이러한 협업은 개인이 학문적으로 그리고 연구자로서 성장할 수 있는 중요한 기반이 된다. 대학원에서 필연적으로 경험하는 공동 연구에 대해 예비 연구자들은 다양한 준비가 필요할 것이다. 본 에세이가 대학원에서 경험하게 되는 '협업'에 대해 이해하고 준비하는 데 미약하나마 도움이 되었기를 바란다.

참고문헌

Bandura, A. (1982). Self-efficacy mechanism in human agency. *American psychologist, 37*(2).

Bandura, A. (1977). Self-efficacy: toward a unifying theory of behavioral change. *Psychological review, 84*(2).

Gibson, C. B. (2003). The Efficacy Advantage: Factors Related to the Formation of Group Efficacy 1. *Journal of Applied Social Psychology, 33*(10).

15
대학원 진학에 대해 고민을 하고 있다면

이다경 (측정평가전공)

최근 몇 년간 SNS를 통해 '대학원생 유머'라고 소개되는 해학적인 표현이 널리 확산되는 추세다. 대학원생 유머는 이제 하나의 유머 장르로 정착하였는데, 그중에서도 유명한 것들은 '대학원생 밈(meme)'이라고 불리며 선풍적인 인기를 끌고 있다. 그러한 상황에서 최근에는 대학원 생활을 다룬 〈대학원 탈출일지〉[1]라는 제목의 웹툰이 제작되어 주목을 끌기도 했다.

1) 이 웹툰은 실제 이공계열 대학원의 경험이 있는 작가가 자신의 경험과 공모받은 다른 대학원생의 에피소드를 그리고 있다. 기존의 '대학원생 밈'보다는 현실적으로 와닿고 쉽게 접근할 수 있어 많은 이들에게 공감받고 있다. 이 웹툰 역시 만화적 과장이 가미된 것이라고 작가가 인정한 바 있고, 어디까지나 주관적인 표현이라고 생각한다. 다른 '대학원생 밈'이 궁금하다면 '대학원생 짤방' '대학원생 밈' 등으로 검색하면 찾아볼 수 있다.

- 대학원 입학을 고민 중인 B에게 대학원생 A가 대학원을 묘사하는 장면[2)]

A: 대학교가 감옥이고 회사가 전쟁터고 사회가 지옥이라면… 대학원은……
B: 대학원은…?
A: 전쟁이 일어난 지옥 같은 감옥?
B: 이게 뭐람
A: 다 합친 거……

앞의 웹툰에서는 대학원이 마치 대학, 회사, 사회의 단점을 모아 놓은 지옥이자 감옥과 같은 곳으로서 풍자의 대상이 된다. 이처럼 대학원이 풍자의 대상으로서 사람들의 입에 오르내리는 상황에서 대학원생 본인은 사람들의 창의적인 표현 방법에 깔깔 웃으면서도 한편으로 씁쓸한 뒷맛을 숨기기 어렵다.

실제로 대학원에 다니는 지인이 없거나 대학원의 실상이 모르는 사람들에게 대학원은 '희화화'의 대상으로 소비되거나 '우상화'의 대상으로 신비화되고는 한다. 전자는 SNS로 접한 대학원 관련 '밈'을 근거로 대학원 생활을 특수한 것이라고 여기면서 소비하는 경향이 있다. 반면, 후자처럼 반응하는 사람 중에는 대학원 진학을 고민하는 경우가 많으며, 다른 직업과 다르게 대학원 과정을 '나를 위해

2) 네이버 웹툰 〈대학원 탈출일지〉 1화 (2022. 8. 23) https://comic.naver.com/webtoon/list?titleId=790713.

투자하는 시간'이라고 생각하거나 학위를 지나치게 고평가하는 측면이 있다.

그런데 대학원은 진짜 힘들기만 한 곳일까? 대학원은 학부과정을 마친 학사가 전공지식과 학문을 심화하기 위해 진학하는 과정이고, 전공이나 연구실에 따라 각각의 환경과 상황이 다르기 때문에 한마디로 정리할 수 없다고 생각한다. 또한 대학원 진학을 고민하는 사람들 가운데에서도 여러 가지 다양한 이유가 있으리라고 생각한다. 따라서 이 글에서는 대학원 진학시 유의점과 대학원생은 무엇을 하는지에 관해 경험을 토대로 풀어 보려고 한다.

대학원 진학의 계기가 무엇인가요

우리나라는 세계 어느 나라와 비교해 봐도 교육열이 강하고 대학 진학률이 현저하게 높다. 이러한 현상은 베이비붐 세대가 부모가 된 이후 자녀들의 대학 진학을 강조하면서 강화되었으며 아직까지도 지속되고 있다. 학벌은 우리 사회에서 중요하게 평가되는 항목 중 하나다. 최근 코로나 시대에 접어들면서 대학에 대한 인식 또한 서서히 바뀌는 추세이지만, 그렇다고 하더라도 대학 진학에 대한 우리 사회의 요구가 하루아침에 줄어들 것으로 전망하기에는 이르다. 그런가 하면 대학을 졸업하고도 대학원까지 진학하려는 동기와 목적은 무엇일까?

여기에는 다양한 이유가 있을 것이다. 앞서 언급했듯 대학원에 대한 '환상'을 가진 경우라면 대학원의 학술적인 측면에 집중하여 학부

과정에서 미처 다 배우지 부분을 보완하거나 전공에 관한 심화한 지식을 습득하고 싶다는 이유로 대학원의 문을 두드릴 것이다. 한편, 요즘같이 취업이 어려운 때에는 흔히 얘기하는 '도피성' 진학 또한 늘어난다. 취업 후에 대학원에 진학한 경우라면 취업 후에도 여전한 공부를 향한 갈망, 직장생활에 대한 회의감, 직장생활 내 어려움 등이 대학원 진학의 원인으로 작용하는 경우를 생각해 볼 수 있다.

앞서 언급한 '도피성'과 같은 이유로 대학원에 진학할 경우에는 박사과정 졸업까지 견디지 못할 가능성이 높다. 그러나 사실 대학원 생활이 맞지 않는다고 하더라도 대학원을 중도 하차하는 것은 큰 용기가 필요하다. 그렇기 때문에 만약 대학원 생활이 맞지 않는다고 느낀다면 그 계기가 무엇인지 곰곰이 생각해 볼 필요가 있다. 이에 대해 대학원에 진학한 계기가 회사 또는 취업으로부터 도피하기 위해서였다면 정작 대학원 생활에 대한 사전지식을 수집하는 데 소홀했을 가능성도 고려해 봐야 한다.

한편, 대학원에 진학하는 가장 주된 이유 중 하나라고 할 수 있는 '공부를 더 하고 싶어서' 진학하는 경우에는 '공부'와 '연구'가 서로 비슷하면서도 분명 다르다는 점을 심도 있게 고민할 필요가 있다고 생각한다. 후술하겠지만 대학원생은 단순히 공부만 하는 것이 아니라 연구에 임하게 되는데 대학원에 진학하려는 이유가 그저 공부하기 위해서라면 대학원 진학 후 펼쳐질 연구자로서의 삶에 당황할지도 모른다.

대학원의 학위 과정은 일반적으로 석사과정과 박사과정으로 나뉘는데, 둘 사이의 차이가 큰 것처럼 보이지만 사실상 공부 내용을 살펴보면 석사과정과 박사과정 간에 큰 차이가 있는 것은 아니다. 대학원에서 강의는 큰 의미를 갖지 않는다. 대학원 수업은 '발제' 위주로 진행되며 이론과 개념을 배운다기보다 연구라는 일종의 학문 생산 방식에 익숙해지는 과정이다. 따라서 연구 경험이 없는 석사과정 중에는 많은 논문을 읽고 정리하면서 기본기를 다지고, 박사과정 중에는 여태까지 요약 정리한 논문을 토대로 '나만의 언어'를 사용해 학술적인 생산물을 만들어 내는 것을 실습하는 것이라고 이해해 볼 수 있다. 물론 석사과정 중에도 공동 연구 등에 참여하여 논문을 쓰거나 학위논문을 집필하는 과정에서 연구자로서 주도적으로 연구를 하기도 한다. 하지만 이상의 과정에서 논문의 결론 부분에 나타나는 '나만의 생각'이 크게 강요되는 것은 아니다. 반면, 박사과정 이상 되면 똑같이 논문을 읽고 새로운 논문을 작성한다고 하더라도 신선한 문제의식을 도출하고 연구 과정에서 비판점과 시사점을 찾아낼 수 있어야 한다. 앞서 말했듯이 학점 취득이라는 면에서 본다면 석사과정과 박사과정 사이에 큰 차이는 없다. 다만 연구를 수행함에 있어 요구되는 역량이 상이하고, 주변으로부터 받는 압박감 또한 석사과정보다 박사과정이 크다. 따라서 단순히 '공부를 더 하고 싶어서'라는 이유로 대학원 진학을 고민하는 것이라면 숙고할 필요가 있다. 석사 졸업 후 박사학위를 취득하기까지 전 과정을 버티려면 애초에 분명한 목적을 갖고 대학원에 진학해야 한다고 생각한다.

대학원생은 (예비)연구자

대학원생은 대학에 소속되어 공부하고 있으므로 학생으로서의 정체성이 강하다. 하지만 학생이라고 하기에는 연구에 따른 인건비를 받는 경우가 있으므로 애매한 측면이 있다. 대학원생은 공부만 해서는 안 되고 일정한 연구 성과를 남겨야 하며 동시에 연구 과정 중의 실무까지 담당해야 한다. 후술하겠지만 대학원생은 학생, 연구원, 수업 조교 등 대학 내 다양한 역할과 업무를 담당한다. 하지만 사회인이라고 하기에는 대부분 미취업 상태이기 때문에 그렇게 보기는 어렵다. 요컨대 대학원생은 취업한 것은 아니지만 일은 하고 있고, 공부하고 있지만 그것만으로는 충분하지 않고 공부를 통해 결과물인 연구 성과를 내야 하는 신분이다. 따라서 대학원생은 SNS에 떠도는 밈처럼 '반학생-반직장인'과 같은 말로는 설명하기 충분치 않으며, 그저 대학원생이라고 밖에 표현할 수 없다.[3)]

그렇다면 대학원의 진짜 정체는 무엇일까? 학과마다 분위기가 다르겠지만 대학원은 연구자, 즉 학문 후속세대를 양성하기 위한 과정이다.

일반적으로 외부에서 대학원을 바라보는 관점은 '학부에서 배운 것을 심도 있게 배우는 과정'이나 '학자가 되기 위해 공부하는 과정'

3) 물론 이런 인식은 문과 대학원에 소속하였기 때문에 발생하는 것일 수 있다. 이공계열 대학원생의 대부분은 '연구실'에 출 · 퇴근하면서 실험과 연구에 임하기 때문에 문과보다 훨씬 직장에 가까운 환경이다. 다만 문 · 이과 불문하고 대학원생에서 학생과 직장인을 완벽하게 구분하기는 어렵다는 것에는 차이가 없을 것이다.

으로 인식하는 경향이 크다. 이러한 인식은 어느 정도 타당한 면이 있는데, 실제로 대학원에 진학하는 대다수는 학사과정까지 '공부'를 좋아했던 사람들이다. 하지만 대학원과 대학은 본질적으로 다른데, 그 이유는 대학원이 연구자를 키워 내는 과정이기 때문이다. 대학원생의 경우 졸업하기 위해서는 반드시 학위논문을 작성함으로써 자신만의 연구를 전개해야 한다.

칼 야스퍼스(Karl Jaspers, 1883~1969)가 간파했듯이 우리에게 필요한 것은 지식 그 자체가 아니라 우리의 주관적 판단으로 필요한 지식을 재창조해내는 능력이며, 사실의 핵심을 파악하고 질문할 수 있는 능력이다(Jaspers, 1923). 학문의 길에 들어선 대학원생은 자기 나름의 독자적 사고를 기르고, 남이 가지 않는 길을 찾아가며, 그리고 무엇보다 끈기 있게 한 분야에 정진하겠다는 열정을 품어야만 한다. 따라서 연구를 즐기지 못하는 사람은 대학원과 맞지 않는다고 볼 수 있다. 그런가 하면 최근에는 학부생도 학부생 인턴, 졸업논문 등 다양한 경로를 통해 연구에 참여하는 경우가 많다. 하지만 학부생이 접하는 이러한 활동들은 실제 연구 과정이라기보다는 체험판에 가까우며, 대학원생이 되어 실제로 경험하게 되는 연구의 세계는 더 심오하고 난해한 경향이 있다. 연구 프로젝트에 참여하거나 공동저자로 논문을 작성할 때 동료 연구자끼리 가장 많이 하는 말 중의 하나가 "아무것도 안 했는데 하루가 벌써 끝났네." "오늘 아무 진전이 없었어." 등 일과를 돌아보며 무력함을 토로하는 말이라는 사실은 시사하는 바가 크다. 이상과 같이 말하는 연구자는 그날 진짜 아무것도 안 해서 그렇게 말한 것일까? 답은 '아니'다. 저렇게 말하는 사람 중 어떤 사람은 온종일 연구와 관련된 선행연구들을 찾아보고 정리하였을 것이고, 또 어떤 사람은 같은 시간 동안 연구방법론으로 활용할 이론 공부에 매진했을 것이다. 그러나 표면적으로만 본다면 이 사람들은 지금 당장 가시적으로 내세울 만한 실질적인 '연구 결과'를 내지 못한 것처럼 보일 수 있다. 제시할 성과물이 없고 연구에 따른 보상 또한 기대할 수 없어 허탈한 심정으로 내뱉는 말이 "오늘 아무 진전이 없었어."인 것이다. 이처럼 연구는 마치 길고 캄캄한 터널을 지나는 것과 같다. 분명 꾸준히 연구를 진행하고 있는데 오랜 시간 동안 그에 따른 성과가 없어 실속 없는 투자를 계속하고 있는 것처럼 보이기 때문이다. 하지만 캄캄하고 긴 터널은 시간이 지남에 따라 벗어날 수 있다. 마찬가지로 연구도 결국에는 소중한 결실을 맺어 뿌듯함이 차오르는 순간이 분명 있다. 대학원 재학 동안의 매 학기, 매년을 회고해 보면 연구에 진척이 없거나 마땅한 연구 주제가 떠오르지 않아 괴로워하고 고통받았던 기억이 생생하지만, 그 과정을 지나고 나면 논문 혹은 보고서라는 결과물이 남았던 기억이 있다.

대학원에 진학하면 앞서 예시로 언급했던 다른 논문을 읽고 공부하는 과정, 학습한 이론적 배경을 나만의 글로 풀어내는 과정, 양적 혹은 질적 연구를 통해 연구 문제를 해결하고 탐구하는 과정 등을 배우고 실천하게 된다. 연구자마다 다르겠지만 선행연구를 읽고 공부하는 과정만 해도 많은 시간을 투자해야 한다. 또한 공부한 연구방법론을 본인의 연구에 적용하는 과정에서 수많은 시행착오를 겪으며 어떤 연구방법론을 자유자재로 다루기까지 생각보다 많은 시간이 걸린다. 양적 연구방법론을 다루는 연구실의 경우에는 다양한 통계방법론 및 프로그램에 숙달되는 과정이 필수적이며, 이러한 지식 및 기술은 대학원 강의뿐 아니라 특강이나 워크숍 등의 다양한 경로를 통해 배우게 된다. 하지만 이론을 배웠다고 하더라도 이론을 실제 분석에 적용해 보면 예상치 못한 결괏값이 도출되는 경우가 많아 어려움을 겪는 경우가 많다. 이처럼 대학원 공부는 이론을 학습하는 단계에서 끝나지 않기 때문에 공부를 좋아한다고 하더라도 연구 과정에서 이론과 실제 연구내용의 괴리 때문에 어려움을 겪을 수 있다.

한편, 논문을 집필하는 것은 '학술적 글쓰기'라는 전혀 다른 장르의 글쓰기이기 때문에 이에 익숙해지는 것에는 큰 노력과 시간이 필요하다. 예컨대, 논문의 토대를 이루는 이론적 배경을 도출하기 위해서는 선행연구 분석이 필수적이고, 선행연구를 집필 중인 논문에 적용하기 위해서는 인용을 해야 한다. 그런데 이처럼 참고문헌을 인용할 때에는 정해진 방식이 있어 형식을 충족하지 않으면 문제가 될 수 있기 때문에 형식 면의 완성도를 고려할 필요가 있다. 이렇듯 기술적인 측면과 더불어 선행연구를 읽고 나만의 언어로 풀어내는 것에 익숙해지기까지 상당한 노력이 따른다.

대학원에 들어오자마자 논문을 읽고 소화하라는 요구를 받는 것은 아니다. 어떠한 전공이든지 선행연구를 습득하기 위한 연습은 강의 중에 실시된다. 대학원 강의는 '발제'를 중심으로 짜여 있으며 이러한 발제는 논문을 요약 정리하여 발표하는 형식을 취한다. 물론 전공에 따라 연구방법론이나 전공지식에 대한 강의가 중점인 곳도 있다. 하지만 대부분의 전공 세미나는 '발제'를 중심으로 운영된다. 또한 관심사가 비슷한 사람들이 모여 진행하는 '스터디' 의 경우에도 논문 혹은 전공 서적에 대한 요약정리를 공유하고 이에 관해 토론을 하는 방식이 대부분이다. 주의할 점은 여기서 요약정리란 단순히 논문 내용을 요약하여 정리하는 것에서 그치지 않고 논문의 내용을 충분히 숙지한 후에 정확한 이해를 바탕으로 비판점이나 시사점을 찾아내고 그것을 나의 언어로 풀어내는 일련의 과정을 모두 포함한다.

어떤 논문을 읽고 다른 사람들이 쉽게 이해할 수 있을 정도로 내용을 정리하면서 동시에 비판점 및 시사점까지 제시하는 것은 생각보다 많은 에너지를 필요로 한다. 발제를 맡은 논문이 주요하게 다루는 선행연구가 있을 경우에는 그것을 찾아볼 필요가 있다. 또한 선행연구가 차용하고 있는 연구방법론을 잘 알지 못하는 경우라면 찾아서 공부할 필요가 있다. 그뿐만 아니라 해당 선행연구가 어떠한 연구 맥락에서 생산된 것인지 파악하기 위해 관련 논문들을 찾아보는 과정도 필요하다.

앞선 과정을 잘 수행한 후에도 '발제' 중심의 강의는 기말과제를 통해 한 학기 동안 내가 요약 · 정리한 논문이나 동료의 발제에서 배운 점을 보고서로 작성하는 과정을 거쳐야 한다. 그런 의미에서 대학원 수업의 본질은 여러 논문 및 전공 관련 서적을 읽고 이를 토대로 학술적 글쓰기를 연습하는 데 있다고 할 수 있다. 어떤 세미나에서는 세미나의 성격에 따라 보고서가 아닌 소논문을 기말과제로 작성하게끔 하기도 한다. 앞서 언급한 연구방법론 수업도 결과적으로 기말과제를 통해 강의 중 배운 연구방법론을 연구에 적용하여 분석 결과를 나의 언어로 풀어내도록 한다는 점에서 연구자를 양성하는 과정의 일부라고 볼 수 있다.

논문을 하나하나 정확하게 요약 · 정리하는 것은 학술 활동의 기초이다. 그러한 까닭에 앞서 언급했듯 단순히 '심화 공부를 하고 싶어서' 대학원에 진학한다고 말하는 사람들은 연구의 기초가 여러 논문을 읽고 나의 언어로 그것들을 풀어내는 것에 있다는 사실에 좀 더 주의를 기울일 필요가 있을 것이다. 연구란 결국 어떤 한 분야를 파고들어 공부한 내용을 논문이라는 결과로 남기는 것이라는 사실은 전공을 불문하고 동일하다고 생각한다.

대학원생은 N-Jober

앞서 대학원생의 연구는 선행연구를 읽고 연구의 흐름을 파악하여 나의 언어로 풀어냄으로써 시사점을 제시하는 것이라고 언급한 바 있다. 그렇다면 연구자는 그저 논문을 잘 쓰기만 하면 되는 것일까? '연구에 종사하는' 연구자 혹은 연구원이 되기 위해서는 여러 가지 복합적인 역량을 갖출 필요가 있다.

일전에 SNS에 떠도는 말 중 "대학원생은 본인이 공부하고 싶은 것을 본인이 선택해서 진학했으면서 징징거린다."라는 취지의 글을 본 적이 있다. 그러나 최근 들어 여러 '대학원생 밈'을 통해 '대학원생은 연구만이 아니라 다른 업무도 많이 한다.'는 이미지가 확산되면서 대학원생에게 공부 말고도 다른 업무가 많다는 것이 널리 알려지게 되었다. 이와 관련하여 여기에서는 대학원생 업무에 관해 다뤄보고자 한다.

후술하겠지만 대학원생의 업무는 연구자가 되는 과정의 연장으로 파악할 필요가 있다. 구체적으로 대학원생은 학생인 동시에 연구실의 연구원으로서 역할을 수행하기도 한다. 또한 연구 프로젝트의 팀원이나 실무자일 수도 있다. 필요에 따라 행정조교 혹은 수업 조교 등 조교업무를 담당할 수도 있고 학회 간사나 학술지 편집 간사, 연구실 간사, 워크숍 간사 등의 다양한 간사 업무를 맡을 수도 있다.

대학원생이 되면 학회에 참가할 기회가 생기고 학회 발표를 목적으로 연구를 하기도 한다. 이와 같은 학회 및 학술대회 참여는 학술 활동의 일환으로서 대학원생이 해야 하는 일 중 하나라고 할 수 있다. 그런데 이상과 같은 연구를 연구지원금을 받으면서 진행하고자 할 때 학술 활동 이외에 부가적인 업무가 추가된다. 먼저 하고자 하는 연구의 목적이나 기여점 등을 담은 연구계획서를 작성하여 연구사업에 지원한다. 이후 지원금을 받으면 연구와 함께 본격적인 행정 실무가 시작된다. 예를 들어, 연구지원금 1천만 원을 받았다고 한다면 인건비, 회의비, 전문가 활용비 등으로 예산을 나누고 각각의 항목에 맞게 지원금을 활용해야 한다. 이에 따른 각종 서류 및 영수증 처리는 당연히 연구자의 몫이다. 이후 연구를 진행하는 과정 중에는 필요에 따라 중간보고서 등을 작성해야 하며, 연구를 마친 후에는 기한 안에 연구 결과를 정리한 연구보고서를 제출해야 한다.

앞서 살펴본 일련의 업무들이 대학원생을 연구자로 육성하기 위해 꼭 필요한 과정인지 의문이 들 수 있다. 사실 연구원은 좁은 의미에서 학술적인 과제를 수행하는 사람이지만, 그밖에도 기획관리, 경영, 행정업무를 모두 맡아서 할 수 있는 사람을 통칭한다. 아래는 연구원에 관한 사전적 정의를 옮겨 적은 것이다.

연구개발 활동부서에서 행정·경영·관리 등의 업무를 수행하고 있으나 연구원 경력이 있는 사람을 포함한다. 대학의 경우에는 전임강사 이상의 교직원, 박사과정 대학원생과 부속연구소 등 연구개발 활동부서에서 종사하는 학사 이상의 학위소유자 또는 동등 이상의 전문지식을 갖고 있는 자로서 연구개발과제를 직접 수행하는 사람을 말한다. (통계청, 2020)

이상의 사전적 정의에 따르면 대학원생이 학위 과정 동안 여러 업무를 담당하는 것은 연구자로서의 역할과 기능을 익히는 과정이라고 생각해 볼 수 있는 것이다. 앞서 여러 번 언급한 바와 같이 단순히 학문을 파고 들어간다고 해서 그것이 곧 연구인 것은 아니다. 연구는 선행연구를 읽고 과거와 현재를 관통하는 연구의 흐름 속에서 참신한 주제를 찾아서 나만의 언어로 풀어내는 과정이다. 그리고 이러한 과정 중간에 자금이 필요한 경우가 발생하고는 한다. 이때의 자금은 좁게 보면 연구자 개인이 연구에 집중할 수 있게끔 하기 위한 생활비일 수도 있고, 넓게는 연구를 수행하는 과정에서 발생하는 비용 전반에 사용되는 연구비일 수도 있다. 보통 연구비는 학교나 연구재단 등에서 지원하는 연구지원금의 형태로 받는 것이 일반적이다. 만약 연구지원금을 받게 되었다면 언제, 어떤 용도로, 얼마만큼 연구비를 지출할지 고민하고 철저하게 연구비 활용 계획을 세워야 한다. 그리고 이처럼 주어진 예산을 적절하게 편성하여 적재적소에 활용하는 일련의 행위를 '행정'이라고 하는데, 이러한 행정은 연구를 수행함에 있어 반드시 필요한 부분이다. 또한 연구의 규모가 클 경우 연구 과제라고 표현하는 것이 적절한데, 그 까닭은 연구의 규모가 클수록 참여 인원이 많아지고 활용해야 할 자본의 규모 또한 커지며 연구 진행 과정이 복잡해지기 때문이다. 따라서 대학원 과정에서 연구지원금을 운영해 보는 경험은 훗날 연구원으로서 경험하게 될 실무를 미리 접하는 것이라는 점에서 의미가 있다. 대학원 과정 중에는 의사결정의 권한이 크지 않기 때문에 어떤 사안에 대하여 주도적으로 결정을 내릴 일이 많지 않지만, 박사학위 취득 후에는 일반적으로 하나의 연구 과제를 책임질 수 있는 역량이 있다고 여겨지는 까닭에 대학원 과정 중 다양한 연구행정 경험을 쌓아 두는 것이 이후의 진로 선택에 도움을 줄 수 있다.

대학원 진학을 고민하는 사람들은 흔히 '대학원 진학을 고민하고 있는데 어떻게 하면 좋을까요?'라고 질문한다. 이러한 질문에 대하여 나는 어떤 결정을 하라고 권하거나 확정적인 답을 주기 어렵다. 왜냐하면 선택은 전적으로 자기 자신의 몫이기 때문이다. 어떤 선택이 좋은 선택인지 사전에 알 수 있는 사람은 없다. 그렇기 때문에 어떤 선택을 할 때는 가능한 한 마음의 소리에 귀 기울여야 한다. 또한 자신이 공부를 할 수 있는 상황인지 현실적인 여건도 생각해 봐야 하고, 최종적으로 내가 진정으로 원하는 삶의 모습이 무엇인지 스스로 질문해 본 후에 대학원 진학을 결정하는 것이 좋다고 생각한다. 무엇보다 대학원 진학을 진지하게 고민하고 있다면 일단 대학원에 관련된 다양한 정보를 찾아보면서 대학원 생활 전반에 관한 지식과 정보를 습득할 필요가 있다. 그런 다음에는 입시 계획을 세워 원하는 대학원에 진학할 수 있도록 해야 할 것이다. 대학원에 진학한 후에는 공부와 연구에 힘쓰며 좋은 연구자가 되기 위해 노력해야 할 것이다. 대학원 진학을 선택했다면 그것은 다른 누구도 아닌 나의 결정을 따른 것이기에 후회하지 않도록 최선을 다하여 노력해야만 한다고 생각한다. 마지막으로 대학원 진학을 두고 고민하고 있는 모든 사람들이 모쪼록 각자의 꿈을 실현했으면 하는 바람이다.

참고문헌

통계청. 2020 통계용어. (2022. 8. 23.)https://kostat.go.kr/statTerm.es?act=view&mid=a10503000000.

네이버 웹툰 〈대학원 탈출일지〉 1화 (2022. 8. 23.) https://comic.naver.com/webtoon/list?titleId=790713.

Karl Jaspers(1923). *Die Idee der Universitat*. 이수동 역(1997). 대학의 이념. 학지사.

16
서울대학교 대학원에 진학하고자 하는 학생들에게 전하고 싶은 말

이병윤 (교육심리전공)

이 글은 서울대학교 대학원의 여러 전공 중 '교육학과'에 진학하고 싶은 학생들에게 도움이 되고자 적어 본 글이다. 이 글은 본교에서 본인이 석사과정을 마치고 박사과정에 다시 입학하여 개인적으로 경험한 내용으로 구성하였다. 특히 입학 전 혹은 입학 후에도 '누군가가 나에게 미리 알려 주었더라면 얼마나 좋았을까?' 하는 내용을 담고자 하였다. 또한 이 글은 학부 생활과 비슷하지만 다른 수업 분위기, 논문에 대한 고민, 전반적인 대학원 생활, 교수님과의 관계 형성 등 미리 알고 입학하면 조금이라도 도움이 될 만한 자료를 담고자 하였다.

우선 서울대학교 대학원 중 교육학과는 교사 경력이 있는 학생들이 많이 진학하는 과 중 하나다. 서울대학교 대학원은 주로 학문 중심적인 연구를 하고 그에 맞는 커리큘럼으로 운영되므로, 교사 경력이 있는 학생들은 교육대학원과는 다소 다르다는 점을 미리 인지하고 입학을 준비하면 좋을 듯하다. 또한 교육학과를 다니면서 따로 교직 이수를 하지 않는 한, 본교에 입학한 후에도 교사자격증도 부여되지 않는다는 점도 미리 알고 준비하면 좋을 것 같다(이는 교사 경력의 유무와는 별개로 모든 학생들이 참고할 사항이라고 생각한다).

다음은 석사과정 진학과 박사과정 진학을 구분하여 작성해 보았다. 수업 듣고, 논문 쓰는 전체적인 과정은 비슷하지만, 두 과정의 수학 기간도 다르고 석사과정생과 박사과정생의 역할 및 업무 등에 차이가 있는 전공들이 있어 나누어 작성하였다. 또한 진학 전과 진학 후로 나누어 각 시기에 필요한 내용으로 글을 구성하였다.

석사 진학 예정인 학생들에게

진학 전

서울대학교 대학원 교육학과에 입학을 위한 절차로는 크게 ① 연구계획서 등의 입학 서류 준비 및 제출 ② 입학시험(논술형 시험) ③ 구술시험(면접)이 있다. 입학 서류를 제외하고 나머지 두 종류의 시험은 같은 날 진행된다. 이에 따라 각각을 준비하는 과정 및 도움이 될 내용을 다음과 같이 나열해 보았다. 서울대학교 대학원은 전기 모집(3월 입학)과 후기 모집(9월 입학)으로 나뉜다. 따라서 자신이 언제 준비하여 언제 입학할 것인지를 미리 계획해 두어야 한다. 후기 모집은 전기 모집에 비해 적은 인원을 뽑을 가능성이 있기 때문에,

미리 교육학과 사무실을 통해 확인하여 진행하는 것을 제안한다.

그러나 무엇보다도 가장 중요한 것은 자신이 '교육학' 내 여러 전공 중에서 어떤 전공을 더 공부하고 연구하고 싶은지 미리 명확히 알고 진학 준비에 임하는 것이다. 따라서 본격적인 입학 준비 전, 전공 선택 및 선택 방법에 대해 짧게 작성해 보았다.

나는 무엇에 관심이 있는가

나는 정말로 대학원 진학을 원하는가 ___ 본인은 학부에서 심리학을 전공하였다. 학부에서 심리학 안에서도 다양한 심리 전공이 존재하고, 여러 수업을 들으며 관심 분야를 찾고자 노력하였다. 그러던 동시에, 우연히 교육심리 전공 관련 도서와 논문을 읽으며, "교육심리학은 교육학일까? 심리학일까?" 하는 고민을 하였다. 학부 졸업 후, 석사 진학을 마음에 두고 있었지만, 어떤 전공을 해야 하는지는 여전한 고민거리였다. 이를 해결하고자 가장 먼저 한 것은, 서울대학교 교육학과 홈페이지에 들어가 해당 전공을 가르치시는 교수님의 논문을 가장 먼저 찾아보는 것이었다. 이 전공에서 진행된 연구가 나에게 흥미로운지, 나도 배우고 싶고 하고 싶은 연구인지를 가장 많이 고민했던 것 같다.

자신이 평소에 대학원에 진학하고 싶었던 전공이 확실한 학생들은, 이 부분에 대한 고민은 필요하지 않을 것이다. 그러나 본인처럼 진학하고 싶은 전공에 대해 여전히 고민 중이거나, 교육학 자체가 낯선 학생들에게는 이 과정조차도 다소 시간이 걸릴 수 있다. 개인적인 경험으로 남겨 보는 팁은 다음과 같다.

① 관심 전공, 학교, 교수님에 대한 탐색

관심이 있는 전공, 대학교와 교수님의 성함을 구글링해 보는 것이 가장 중요하다(꼭 서울대학교가 아니더라도, 이 부분은 필수다. 같은 전공이지만 학교마다, 교수님마다 중점을 두시는 연구 분야와 연구 스타일 방법 등이 천차만별이기 때문이다). 해당 전공이 정확히 어떤 내용을 다루는지, 전공 시(졸업 시) 진로는 어떠한지, 교수님의 전공에 대한 지론 등 전반적인 정보를 가지고 있는 것이 도움이 될 것이다.

② 진학하고자 하는 전공이 정해졌다면

전반적으로 그 전공의 연구 동향은 어떠한지, 서울대학교에 있는 해당 전공 교수님과 랩에서는 최근 어떤 연구를 진행해 왔는지를 미리 논문 검색을 통해 알아보는 것이 필요하다. 그리고 전공마다 다르지만, 각 전공에서 운영하는 홈페이지가 있으므로 어떤 프로젝트(연구)가 진행되고 있는지, 최근 졸업한 학생들은 어떤 주제로 논문을 썼는지, 어떤 연구방법론을 사용하는지에 대해 미리 확인해 볼 수 있다.

또한 자신이 진학하고자 하는 전공의 지도교수님에게 사전 연락을 드려 찾아뵙는 경우도 간혹 있다. 이는 교수님에 따라 사전 연락을 받아 주시는 분들도 있고 아닌 분들도 있기 때문에 필수는 아니다. 혹시 지원하는 전공의 교수님이 사전 연락을 받아 주지 않는 분이라면, 학과 사무실에 연락하여 해당 전공 조교를 통해 전공에 대한 전반적인 설명은 들을 수는 있다. 다만 입학 시험에 대한 구체적인 질문, 합격 · 불합격 여부 등에는 답해 줄 수 없다.

입학 서류 준비-연구보고서, 자기소개서 및 수학(연구)계획서 ▬ 서울대학교 대학원(교육학과)에서 입학 시 준비해야 할 서류는 성적증명서, 자기소개서 및 수학계획서, 교수추천서, 이력서, 연구보고서(혹은 학사학위 논문)다. 우선, 이 서류들은 정해진 기간 안에 제출해야 하므로 시간적인 여유를 가지고 준비해야 하고, 제출 일자 안에 학교에서 받아 볼 수 있도록 주의해야 한다. 또한 본 입학 서류들은 입학 심사 시 참고자료로만 활용되며 평가에 활용되지 않는다. 그러나 위의 입학 서류 중 학생 스스로가 작성해야 하고, 가장 자신을 어필할 수 있는 서류는 연구보고서, 자기소개서 및 수학계획서라고 생각하기에 아래 간단히 작성 방법에 대해 서술하였다.

① 연구보고서

학부과정에서 학사학위 논문을 작성한 학생들은 연구보고서를 따로 작성할 필요가 없다. 다만 학사학위 논문이 없는 학생들은 이에 준하는 연구보고서를 작성해야 한다.

② 자기소개서 및 수학(연구)계획서

자기소개서 및 수학(연구)계획서는 하나의 파일로 되어 있으며, 정해진 양식(교육학과 홈페이지에서 다운로드 가능)에 맞춰 작성해야 한다. 간단한 학력과 개인정보를 기입한 후, 그동안의 경력 사항을 적는다. 졸업 후 미래에 대한 계획과 자신의 성격(장단점) 등 말 그대로 지원자를 소개할 수 있는 자기소개 문항들에 대해 작성한다. 또한 석사 진학 시 희망하는 연구 분야와 연구 계획에 대해 작성한다. 이 부분은 특히, 자신이 왜 이 대학원에, 그리고 왜 이 전공에 진학하고 싶은지를 담을 수 있는 부분이다. 따라서 아직 구체화되어 있지 않더라도, 자신이 가지고 있는 연구에 대한 방향성과 그 이유에 대해 명확히 적는 것이 중요하다고 생각한다.

③ 그 밖에

위에서 소개한 두 개의 주요 서류 외에도 공인된 영어시험(TEPS나 TOEFL) 점수와 교수추천서 등이 있다. 공식 영어시험 점수는 외국에서 대학을 졸업한 자는 면제되지만, 최종 합격 후 외국 대학 졸업증명서를 제출하여 증빙하여야 한다. 서울대학교 교육학과는 TEPS 601점(개정 327점), TOEFL IBT 96점 이상을 취득해야 하며, 2년 이내 응시하여 제출일에 맞춰 제출해야 한다. 영어시험 점수를 미리 가지고 있다면, 기간과 점수를 확인하여 불이익이 없도록 해야 할 것이다. 또한 영어시험을 치러야 하는 상황이라면, 미리 계획하여 해당 점수에 도달할 수 있도록 준비해야 한다.

교수추천서는 자신이 졸업한 대학교의 교수님께 연락드려 받는 것이 대부분이다. 우선 추천서를 부탁드릴 교수님이 계신다면, 그 분의 스케줄을 고려하여 미리 시간적인 여유를 두고 연락을 드리는 것이 중요하다고 생각한다. 또한 교수추천서를 부탁드리고자 연락하는 이메일에는 다음의 내용이 들어가면, 추천서를 작성해 주시는 교수님께서도 수월하게 작성하실 수 있고, 흔쾌히 추천서를 작성해 주실 것이라고 생각한다.

• 학생이 수강했던 교수님 수업(언제 수강했고, 무엇을 배웠고, 수업과 대학원 진학 전공과의 관련성에 대한 언급)
• (학부가 서울대학교가 아닌 경우) 본교 대학원 입학 이유
• (학부 전공이 교육학 관련 전공이 아닌 경우) 전공에 진학하게 된 이유
• 대학원 진학 시 무엇을 공부하고 싶은지, 대학원 졸업 후 대략적인 계획은 어떻게 되는지 등

입학시험(논술형 시험) 서울대학교 대학원(교육학과)에 입학하기 위해 실시되는 두 가지 형태의 시험 중 하나가 논술형 필답고사다. 이는 교육학 세부 전공에 따라 차이가 있으므로 자신이 입학하고자 하는 전공의 전형방법을 꼭 확인하여야 한다.

• 교육학전공(교육과정, 교육사회학, 교육인류학, 교육심리학, 교육사, 교육철학, 교육측정 및 평가), 교육공학전공, 교육상담전공
  – 위의 전공 9과목 중에서 3문제를 선택하여 답안 작성함.
  – 교육공학전공과 교육상담전공은 각 지원전공의 문제를 필수적으로 선택해야 함.
• 교육행정전공
  – 교육행정전공 2문제에 대한 답안 작성함.
• 평생교육전공
  – 본 전공은 필답고사 없음.

자신이 지원하는 전공의 필답고사 진행 형식을 확인한 후에는, 내

가 중점적으로 공부할 전공 4개를 선택하는 것이 필요하다. 시험은 세 개의 문제에 답안을 작성하지만, 각 전공에서 어떤 시험 문제를 낼지 알 수 없고, 내가 준비한 전공의 문제에 응답할 수 없는 문제가 제출될 수 있기 때문에, 안전하게 3+1개의 전공에 대한 준비를 하는 것이 필요하다. 필답고사를 준비하는 방식은 지원자마다 다르겠지만, 서울대학교 대학원을 준비하는 학생들이 모이는 온라인 카페도 존재한다. 최근에는 이런 카페에서 만난 학생들끼리 활동하는 그룹 스터디를 통해 준비하는 지원자도 많아졌다.

공부하는 방식은 학생들마다 다르겠지만, 본인은 학부에서 교육학을 전공하지 않았기 때문에 상당한 부담을 가지고 준비하였고, 당시에는 앞서 말한 카페나 그룹 스터디의 존재를 몰랐기 때문에 독학으로 시험 준비를 하였다. 우선 공부를 시작한 초기에는 각 전공의 개론서를 통해서 기본적인 이론을 익히는 것을 목표로 하였다. 그러나 어떤 교재로 공부해야 할지 몰랐기 때문에 서울대학교 수강신청 사이트에 접속하여 내가 준비하는 과목의 교수님 성함이나 과목명을 검색하여 가장 기초가 되는 학부 수업에서 어떤 교재로 수업하는지를 확인하였다. 수강신청 사이트에서 서울대학교 포털 아이디가 없어도 강좌 검색은 되는 것으로 알고 있기 때문에 도움을 받을 수 있다. 또한 부가적으로 검색사이트에서 해당 과목을 검색하여 가장 많이 팔린 도서를 구매하여 두 책의 목차를 비교하여 중복으로 언급되는 주제를 위주로 먼저 공부하였다. 이후 교육학과 홈페이지에 올라와 있는 기출문제를 참고로 어떤 유형의 문제가 출제되는지 확인하였다. 이를 토대로 답안을 작성하는 연습을 많이 하는 것이 가장 도움이 되었던 것 같다.

교과서나 교재를 통한 준비뿐만 아니라, 최근 사회 이슈 등에서 교육과 관련한 뉴스 기사나 정책 변화에 대해 살펴보았다. 적어도 내가 풀었던 필답고사에서는 당시 이슈가 되었던 교육 패러다임 변화와 관련한 문제가 나왔었다. 따라서 교육학 이론뿐만 아니라 현재 우리나라 교육에서 문제가 되는 영역에 대한 공부도 도움이 될 수 있다.

구술시험(면접) ▬▬ 서울대학교 대학원(교육학과)은 필답고사를 본 후 같은 날 오후에 구술시험(면접)을 실시한다. 전공마다 다를 수 있지만, 지원자가 많은 전공들은 대부분 다대다 면접 형태로 진행된다. 해당 전공 교수님들께서 면접관으로 들어오시며, 공통 질문과 지원자별 개별 질문을 물어보신다. 또한 전공에 따라 두 전공이 함께 면접을 실시하는 경우도 있다(예: 교육심리와 교육측정 및 평가는 같이 실시함).

구체적인 면접 질문은 면접관과 면접자별로 다르겠지만, 공통적으로는 자기소개, 대학원 진학 동기에 대한 질문이다. 또한 간혹 영어로 응답하는 것을 요구받기 때문에 영어로 구술시험 대비를 하는 것도 필요하다. 개별 질문의 경우, 면접관은 지원자가 작성한 자기소개서 및 연구계획서 내용을 토대로 질문하는 경우가 많기 때문에 자신이 무엇을 작성하였는지 한 번 더 확인하고 면접에서 더 자세히 설명할 수 있다면 좋을 것으로 생각된다. 뿐만 아니라, 앞으로 어떤 연구를 하고 싶은지에 대한 질문도 자주 묻는 면접 질문이므로 자신이 해당 전공에서 하고 싶은 연구에 대해 간결하지만 명확하게 말할 수 있도록 준비하는 것도 필요하다.

진학 후

진학 후 과정은 전공마다 매우 상이하므로, 아래 내용 중 일부는 몇몇 전공에서는 해당되지 않을 수 있다. 따라서 입학 전 전공 오리엔테이션이나 전공 행사에 참여하여 전공 분위기를 익히는 것도 중요할 것이다.

스터디 참여하기 ▬▬ 전공 내에서는 입학 동기, 선·후배, 전공 전체, 혹은 연구 주제가 비슷한 학생들끼리 다양한 스터디에 참여하여 논문을 읽는 방법을 터득할 수 있다. 단순한 글자의 해석이 아니라, 어떠한 연구의 필요성과 목적을 가지고 이 연구를 실시하였는지, 이를 뒷받침하는 이론적 근거는 어떻게 작성하는지, 이를 토대로 어떠한 연구 문제가 도출되어, 어떤 식의 연구방법론이 쓰였는지, 데이터 분석은 어떻게 하였는지, 결과 해석은 어떻게 하고 있는지, 이에 따른 논의는 어떻게 풀어내고 있는지 등 일련의 과정을 파악하는 것 자체가 입학 초기에는 어려울 수도 있다.

또한 처음 대학원에 입학해서는 논문을 읽는 속도가 생각보다 빠르지 않을 수도 있다. 스터디에 참여하게 되면, 여러 명이 다양한 논문을 읽어 오기 때문에 한 주에 한 개가 아니라 여러 개의 논문을 읽게 되는 경험을 할 수 있다. 따라서 수업 수강 외에도 자유 시간이 남는다면, 스터디에 참여하거나 관심 분야가 비슷한 사람들끼리 스터디를 만들어 함께 공부하는 것이 큰 도움이 될 것이라고 생각한다.

같은 전공생들끼리 하는 스터디 외에도 전공이 다른 사람들끼리 함께 하는 스터디도 있다. 특히 '클러스터'로 묶여 있는 2~3개 전공 과목의 수업을 수강해야 하는 경우가 있는데, 이러한 수업에서는 타 전공 학생들과 함께 수업을 듣게 되며 수업 내에서도 여러 그룹 활동을 하게 되는 경우가 생긴다. 이때 같은 교육학 내에서 관심주제로 스터디를 하면서 공부도 할 수 있고, 때때로 학술지 논문으로 발전시킬 수 있는 기회가 될 수도 있다.

학회 참여하기 ▬▬ 자신의 전공 관련 학회에 가입하고 관련 소식을 이메일로 받아 볼 수 있도록 하여, 학회에 참석하는 것도 내가 전공에 대한 지식을 쌓고 전공에 익숙해지는 데에 도움이 될 수 있다. 석사과정에 입학한 처음에는 낯설 수 있지만, 학회에 참여하는 것만으로도 학회 발표는 어떻게 하는지, 다른 학교에서는, 다른 교수님들은, 다른 대학원생들은 어떤 주제로 연구하는지 등을 파악할 수 있어, 좋은 배움의 장이 된다. 참고로 교육학과와 관련한 학회로는, 한국교육학회가 있고 그 외 세부 전공별로 학회가 따로 있다(예를 들어, 한국교육심리학회). 또한 서울대학교 교육학과는 국제학술대회인 ICER를 매년 개최해 오고 있다. 매년 가을 서울대학교에서 개최되는 이 국제학술대회는 지리적으로 이점이 있어, 발표자로서 혹은 관객으로 참여하여 국제학술대회 참여의 경험도 쌓을 수 있다.

자신의 전공 학회 외에도 외부 교육 관련 기관에서 개최하는 학회들이 존재한다. 대표적으로 한국교육개발원에서 매년 개최하는 한국교육종단연구 학술대회, 한국청소년정책연구원에서 매년 개최하는 아동 · 청소년패널 학술대회가 있다. 이러한 학술대회에서는 각 기관에서 제공하는 패널데이터를 활용하여 연구계획서를 제출하고, 합격이 되면 이를 학술대회에서 구두 발표 혹은 포스터 발표를 하게 된다. 데이터를 쉽게 구하기 힘든 대학원생들이 패널데이터를 통해, 연구하는 방법을 연습하고, 합격이 되면 발표하는 기회까지 얻을 수 있어 중요한 경험이라고 생각한다. 물론 석사과정의 경우, 개별적으로 데이터 활용이나 발표 준비 등이 다소 어려울 수 있으므로 박사과정의 학생들과 함께 준비하는 것을 추천한다.

교육학 외에 다양한 과목 수강해 보기 ▬ 교육학 내 다른 전공 수업뿐만 아니라 다른 학과의 수업을 통해 연구 주제를 발전시키는 데에 도움이 될 수 있다고 생각한다. 교육학과 커리큘럼에 내에서 수강해야 할 필수 과목을 다 채웠다면, 관련하여 타과 수업을 수강하면서 학문의 견문을 더 넓혀 갈 수 있다(예를 들어, 교육심리 전공의 경우, 아동학과나 심리학과 과목인 사회심리, 인지심리의 수업을 함께 수강할 경우 도움이 될 수 있음).

다양한 연구방법론 수업 수강하기 ▬ 연구에서 중요한 부분 중 하나는 연구방법론에 대한 지식이라고 생각한다. 연구 주제에 맞는 혹은 연구자가 처한 환경에 맞는 연구방법을 골라낼 수 있는 것 또한 매우 중요하다. 따라서 다양한 연구방법론 수업을 수강하는 것이 개인적으로 학술논문을 쓸 때나 학위논문을 쓸 때 큰 도움이 될 것이다. 교육학과에서 열리는 수업 외에도 타 과에서 열리는 연구방법론 수업을 수강하는 것도 도움이 되고, 수업으로 부족하다면 방학 중 열리는 세미나 등을 활용할 수 있다.

학기마다 꼭 해야 할 과업 미리 확인하고 빠뜨리지 않기 —— 석사과정의 경우, (전공마다 상이하지만) 주로 4~5학기면 졸업을 하게 된다. 특히 박사와는 다르게 코스워크와 학위 논문에 대한 준비 및 작성이 동시에 이루어지기 때문에, 전공이나 학과에서 매 학기 해야 할 과업에 대해 확인하는 것이 필요하다. 주로 1~2학기는 수업 수강에 매진하며, 필수로 수강해야 할 클러스터 과목이나 전공에서 내규로 지정한 필수 과목 수강이 빠지지 않았는지 확인하며 수강해야 할 것이다. 3학기에는 논문제출자격시험과 연구계획서 발표(프로포절)가 있다. 이 두 가지 과정이 통과(합격)가 되면, 4학기에 논문 작성 및 논문 심사를 받게 된다. 이 모든 과정이 생각보다 빠르게 진행되기 때문에, 놓치지 않고 잘 챙기는 것이 매우 중요하다.

박사 진학 예정인 학생들에게

서울대학교 대학원(교육학과) 박사과정 입학 시에는 입학시험(필답고사)이 없고, 구술시험(면접)만 존재한다. 물론 석사학위가 있어야 지원 가능하며, 전공에 따라 혹은 교수님에 따라 교육대학원에서 석사 취득을 한 학생들은 바로 박사과정 지원이 어려울 때가 있으므로 미리 확인이 필요하다. 박사과정은 석사과정보다는 지원자의 신중한 선택으로 준비해야 한다. 따라서 아래의 글은 본인이 박사과정 입학을 준비하면서 도움이 되었던 몇 가지 방법으로 작성해 보았다.

진학 전

본인은 개인적으로 이 박사학위가 정말 '내가 원하는 것인지, 나는 궁극적으로 어떤 목표를 가지고 박사과정에 입학하려는지'를 곰곰이 생각해 보았던 것 같다. 그 이유는 많은 사람들에게 박사학위는 마지막 학위가 될 수 있으므로, 정말 내가 이 분야(학문)를 전공하여, 이 분야 안에서 직업을 가지고 싶은지 확실히 마음먹은 후에 입학하고 싶었기 때문이다. 그 마음가짐이 확실하다면, 그다음에는 내가 이 전공 안에서 무엇을 공부 및 연구하고 싶은지 확실히 하는 것이 필요했다.

박사과정 입학을 마음먹은 뒤, 가장 도움이 되었던 것은 먼저 박사학위에 진학한 선배들로부터 박사과정의 생활에 대한 조언 구하기였다(물론 석사를 마친 후 같은 전공에 바로 다음 학기에 박사로 입학한다면 이 부분은 필요하지 않다). 석사과정과 박사과정은 교수님께서 학생들에게 기대하는 바도 다르고, 수업에서도 약간의 차이가 있기 때문에 석사과정과 어떤 부분이 어떻게 다른지 알고 들어오는 것이 도움이 된다. 서울대학교 대학원(교육학과)은 전일제로 운영되기 때문에 전공별로 출·퇴근 시간은 어떠한지, 어떤 프로젝트가 진행 중인지, 장학금을 받을 수 있는지 등 지원자의 대학원 생활에 밀접한 정보들을 알고 들어오는 것도 큰 도움이 되었다고 생각한다. 석사학위를 다른 학교에서 취득한 경우라면, 교육학과 사무실 통해 자신이 지원하는 전공의 조교(대학원생)와 연락을 취할 수 있다. 그런 방법으로 미리 전공의 분위기를 파악하고 들어오는 것도 도움이 많이 된다.

석사학위 전공과 지원하고자 하는 박사학위 전공이 다를 경우도 종종 있다. 그런 경우 전공 홈페이지를 통해 최신 출간 논문이나, 최근 졸업한 박사학위자들의 학위 논문을 통해 현재 이 전공이 어떤 연구를 어떻게 진행하고 있는지 파악할 수 있다. 이는 또한 입학 후의 논문 주제를 구체화하는 데에도 도움이 될 수 있다.

진학 후

진학 후, 석사과정과 마찬가지로 2년 동안의 코스워크를 통해 정해진 커리큘럼을 이수해야만 한다. 그러나 석사과정과는 달랐던 한 가지는 내가 무슨 연구를 하고 싶은지(연구 주제)에 대한 부담감을 항상 느꼈다는 것이다. 본인은 개인적으로 논문만 읽는다고, 연구실에 들어가서 하루 종일 고민한다고 연구주제가 딱 하고 떠오르진 않았던 것 같다. 오히려 다양한 경험(아르바이트, 프로젝트 참여 등)을 하면서 우연한 기회에 여러 주제에 대해 고민할 시간이 도움이 많이 되었던 것 같다. 그리고 가장 도움이 되었던 것은 교수님과의 미팅이었다. 내가 관심 있는 주제가 있을 때 교수님께 말씀드려서 함께 고민해 주시고, 미팅을 통해 점점 더 발전시킬 수 있었던 것 같다.

박사과정의 궁극적인 목표는 박사학위논문을 작성하여 박사학위를 취득하는 일일 것이다. 그러나 그 외에도 여러 개인 연구를 진행하는 것 또한 무척이나 중요하다. 국내 기관에서 제공하는 패널 데이터를 활용하여 논문 발표나 투고를 하거나 논문을 작성하는 연습을 해 두는 것도 도움이 된다. 그리고 이때는 개인적으로 수행하기보다는 관심 주제가 비슷한 동기, 선 · 후배들과 협업하여 논문 작업하는 것이 더 도움이 되었던 것 같다. 또한 기회가 된다면 해외 저널에도 투고하여 영어로 논문 작성하는 연습을 해 보는 것도 추천한다(전공마다 다르지만, 각 전공의 졸업 내규에 해외 저널 투고, 해외 학회 발표 등이 포함될 수 있으므로, 미리 확인하여 계획하는 것도 필요하다.).

박사과정 4년 차인 본인이 가장 중요하게 생각하는 것은 멘탈 관리다. 박사과정이 (본인에게는) 결코 쉬운 과정이 아니었기 때문에 스트레스 관리가 중요했다. 나도 스트레스 관리에 탁월하진 않았지만, 결과물이 나올 때 작은 보상을 준다거나, 같이 공부하는 선 · 후배, 동기들과 대화로 푸는 방법들이 도움이 많이 되었던 것 같다. 특히 같은 전공 내에 사람들은 비슷한 시기를 겪고 비슷한 스트레스도 가지고 있기 때문에, 학문적으로도, 정신적으로도 대화를 많이 하면서 박사과정을 버틸 수 있는 것 같다. 그 밖에도 학생 상담과 같은 교내 · 외 인프라가 다양하기 때문에 적극적으로 활용하는 것도 방법이다.

석사과정과 마찬가지로, 박사과정에서도 진로에 대한 고민으로 많이 힘들 수 있다. 이럴 때는 졸업한 선배들과 네트워킹을 활용해서 조언을 구하는 것이 가장 직접적이고 도움이 된다고 생각한다. 또한 진로를 고민하면서 박사과정 학기마다 '이것만은 꼭 해야 한다'라는 것이 있다면, 계획적으로 실행하는 것도 도움이 될 것 같다. 예를 들어, 박사학위자가 직업을 구할 때, 투고한 논문의 양과 질이 중요한 역할을 하므로, 매 학기 논문 한 개씩 투고해 보기 등의 계획이 있을 수 있겠다.

17
대학원 진학의 이유와 목적

이수지 (교육행정전공)

2020년대, 우리는 4년제 대학 졸업생들의 풍년 속에 기간제 알바, 자가도 아닌 전셋집마저 구하기 어려운, 소위 먹고살기 어려운 시대에 살아가고 있다. 이런 시대를 살아가는 우리에게 대학원 진학은 과연 필요할까? 고등학교 혹은 대학 졸업 직후 취직하면 젊은 나이에 해당 분야의 현장 경험과 자산을 축적할 수 있다. 반면, 대학원 진학은 석사과정과 박사과정에서 각각 최소 2년 및 4년 이상의 긴 시간이 소요되어 대부분 학생에게 금전적 · 시간적으로 부담될 수밖에 없다. 문과 계열의 경우 장학금 수여의 기회가 드물고, 이 드문 기회마저 소수의 학생에게 집중되어 있으며, 또한 긴 기간의 수학 이후에도 국내외로 쏟아져 나오는 석사 · 박사 졸업생들과 경쟁하는 취업 과정이 기다리고 있기 때문이다. 이러한 기회비용을 따져 볼 때 대학원 진학은 결코 가벼운 마음으로 결정할 수 있는 선택지가 아니다. 이러한 현실적인 고민을 마주한 예비 학자들을 위해 그러한 고민을 앞서 경험한 나의 이야기를 나누어 보고자 한다.

대학원으로 이끈 나의 동기

나는 미국에서 수학을 전공하고 교사 자격증 프로그램과 석사과정을 병행하며 수학교육학 석사학위를 취득하였다. 석사과정 1년 차에는 세 군데의 국공립학교에서 약 1년간의 교생(student teaching) 실습을 거쳤고, 2년 차에는 대학원 수업 이수와 함께 차터스쿨(charter school, 미국의 자율형 공립학교)에서 1년 동안 교사로 근무하였다.

학부 시절, 순수 수학을 전공하며 학년이 올라갈수록 한국식(주입식) 수학 교육의 한계를 경험하였다. 유연한 사고로 응용문제에 대해 창의적인 접근이 가능한 미국 친구들과의 경쟁에서 위축되기 시작했고, 문득 미국 친구들이 학교에서 어떤 교육을 받았을까 하는 궁금증이 생기게 되어 미네소타주 교사 자격증 취득 및 석사과정에 진학하게 되었다.

석사 과정 첫 1년은 이론 수업과 현장 실습이 함께 진행되었다. 이른 아침, 실습 고등학교의 수업 시작 한 시간 전에 해당 고등학교에 모여 교수님과의 수업이 진행되었고, 실습 학교의 시작부터 끝까지 배정받은 교실에 직접 들어가 교수님께 배운 내용을 학생들과의 수업에 적용하고 반응을 살펴보는 등의 실습을 진행하였다. 실습 학교의 모든 일과 종료 후, 대학원에 모여 당일 실습 내용을 바탕으로 동료들과 반성 및 성찰하는 토론으로 하루가 마무리되었다. 처음으로 수업을 담당하던 날에는 언어의 장벽 앞에 무너져 멘토 교사 앞에서 울기도 했고, 키 작은 아시안 여자 교사로서 인종 차별과 성차별을 경험하기도 했다. 그러나 다양한 인종의 학생들과 교사들을 만나 함께 생활하고, 대화하며 다양성과 다름의 공존의 미학을 경험할 수 있는 아주 귀한 시간이었다. 이후 석사 과정 2년 차에는 차터스쿨에서 파트타임 고등학교 교사로 근무하며 오전에는 교사로, 오후에는 대학으로 돌아와 학생으로서의 삶을 병행하였다. 고등학교에서 좋은 동료 교사와 멘토 교사를 만나 수업에 관한 건강한 피드백을 주고받으며 교사로서의 전문성을 한층 성장시킬 수 있었다. 또한, 학생들의 수학능력을 담당하고 책임지는 교수(teaching) 업무를 바탕으로 수업 중에 학생들과 상호작용하며 관계를 형성하는 노하우를 만들어 갈 수 있었다.

이후 귀국하여 대안학교에서 중 · 고등 수학을 가르치게 되었다. 나와 같은 얼굴을 한 동료 교사들과 학생들과의 만남은 마음에 안정감을 주어 편안하고 즐거웠다. 근무한 학교 특성상 미국 교육과정의 수학을 가르쳤지만, 교과목 내용 및 학생 지도적인 면에서 더욱 자유로운 언어 사용은 소통에 편리함을 가져다주었다. 그러나 시간이 갈수록 미국에서 경험한 교사 생활과 다른 점들이 눈에 들어오기 시작하였다. 수업 중에 일어난 문제상황에 대해 함께 토의하며 개선방안을 찾곤 했던 미국의 학교문화와 달리, 한국의 학교문화는 교사의 역량 부족을 탓하는 경향을 보였다. 교과목 수업 준비와 교수에 집중할 수 있었던 미국 학교의 구조와 달리, 한국 학교는 등 · 하굣길 지도, 급식실 지도, 체육대회 종목 관리, 동아리 관리 등 교과목 수업 이외에 부가적인 행정 업무들이 따랐다. 더불어 학생들의 창의적 사고를 위해 노력했던 미국의 수학 수업의 모습과 달리 한국은 고학년으로 갈수록 교사와 학생 모두 대학 입시에 치중된 수학 수업을 선호하고 있는 경향을 볼 수 있었다.

이렇게 다른 두 나라의 학교 시스템 속에서 교사 생활을 하며, 나는 학교 조직 문화와 풍토에 관심을 갖게 되었다. 미국은 상대적으로 교사라는 직업군을 꺼리는 현상이 있어 인재가 몰리는 한국의 교대 특성과는 대비되는 현상을 보인다. 이는 특정 과목에 한해 교사 부족 현상을 일으키고 있기도 하다. 그러나 교사 임용 후 계속해서 성장하고 발전하려는 분위기가 학교 내에 조성되어 있고, 전문적 학습공동체나 멘토교사의 지원을 통해 전문성을 발전시킬 수 있는 기회가 자유롭게 주어져 있다. 한편, 한국은 교·사대 입시를 통해 똑똑하고 성실한 학생들을 예비교사로 선별하고, 선별된 인재들은 교·사대에서 교사가 되기 위해 열심히 수학한다. 그러나 열심히 공부하고 졸업하여 발령받은 학교 현장에서는 교사로서의 전문성을 향상시키기보다는 부가적인 행정업무 등으로 전문성 향상에 집중하기 어려운 학교조직 문화와 학교 풍토에 휩싸여 있는 모습을 보인다.

교사로서 바라본 미국과 한국 학교의 모습은 달랐고, 한국에서 근무하는 기간이 늘어날수록 미국 학교와 다른 모습들을 비교하기 시작했다. 당시 양국 학교를 비교하고 불평하는 것에 머무르지 않고, 어떤 이유에서 생겨난 차이인지 교육행정 분야에 대해 깊이 있게 공부해 보고 싶었다. 이러한 경험들은 '한국의 학교조직 문화는 어떤 양상을 띠고 있을까?' '훌륭한 인적 자원의 투입(input)은 일어나지만 학교 현장을 경험한 교사 대부분이 현실에 안주하며 무기력해지고, 이 무기력감이 지속되거나 팽창되었을 때 결국 교직을 이탈하게 만드는 결과(output)의 원인은 무엇일까?' '교사가 행복하고, 교사다울 수 있는 학교조직 문화는 어떤 모습일까?'와 같은 질문을 유발했고, 나를 박사과정 진학으로 이끌었다. 이러한 고민은 현재 대학원 생활을 하며 힘든 일을 마주해 포기하고 싶을 때도 나를 이끄는 원동력으로 작용하고 있다.

이 글을 읽고 있는 독자에게 묻는다. 당신은 왜 대학원 입학을 고민하고 있는가? 막연히 같은 과 동기가 대학원을 진학하니 따라온 것은 아닌가? 한국 사회에서 소위 말하는 학벌 세탁을 위해 지원한 것은 아닌가? 이 책을 들고 읽고 있는 지금, 당신이 대학원에 진학한 이유와 목적에 대해 다시 한번 고민해 보고, 앞으로의 대학원 생활 중 힘든 일을 마주할 때마다 이겨 낼 수 있는 당신만의 동기(motivation)가 무엇인지 꼭 찾길 바란다.

연구실 내 인간관계 그리고 그 안에서 나의 멘탈 관리

다양성과 다름을 존중하며 학문공동체에 녹아들기

미국에서 대학생으로서, 대학원생으로서, 그리고 교사로서 경험한 것을 단어로 표현하자면 '다양성'과 '존중'일 것이다. 미국에서는 다양한 인종, 언어, 문화, 환경을 지닌 각기 다른 사람들이 개인의 목적을 달성하고자 한곳에 모여 함께 공부하고, 소통하며 집단의 구성원으로서 책임과 의무를 다하며 살아가고 있다. 이것은 비단 미국이기 때문에 가능한 현상이라기보다 그 상황 속에서 생활하고 있는 구성원들의 마음가짐의 차이라고 감히 표현하고 싶다. 한 개인이 태어나 생활하며 살아온 상황과 환경은 고유(unique)하기 때문에 지구를 샅샅이 뒤지며 찾아보아도 똑같은 상황과 환경에서 자라 모든 것에 대해 나와 같은 생각을 하는 사람을 찾는 것은 불가능하다. 즉, 산속에 들어가 혼자 생활하지 않는 이상 인간은 계속해서 상호작용하며 다양성을 존중하고, 다름을 인정하는 과정을 반복해야 한다.

입학 후 경험한 박사과정의 전공 분위기는 내가 이전에 미국에서 경험한 학부, 석사과정의 것과는 조금 달랐다. 미국에서는 입학 시 매칭된 학교 어드바이저(advisor)를 통해 어떤 수업을 듣고, 졸업을 위한 학점은 무엇인지 등 교육과정에 관해 함께 논의하고, 이외에 학교 생활적인 부분은 개인적인 친분이 있는 친구들과 이야기하곤 했었다. 한편, 한국의 대학원 생활은 학문공동체적 문화와 전통을 중시하며 입학 전부터 신입생 스터디, 학기 시작 전 전공 MT, 학기 말 종강 파티 등 단체로 움직이곤 한다. 학부와 석사과정 때 경험하지 못한 집단 문화였기 때문에 처음에는 적응하기가 쉽지 않아 힘들었다. 하지만 나의 이런 고충을 알고 따로 연락을 주며 챙겨 주는 선배와 동료들을 통해 한국 대학원 생활에 잘 적응할 수 있었다.

'쟤는 우리랑 달라.'라고 생각하며 나에 대해 섣불리 판단하지 않고, 먼저 연락해 주고 챙겨 준 선배와 동료들에게 아직도 고마운 마음이 크다. 나 또한 '여기는 내가 적응할 수 있는 곳이 아니야.'라고 단정 짓고 무리에서 동떨어져 홀로 학교생활을 했다면 지금까지 버텨 내지 못했을 것이다. 학문공동체적인 전공 문화는 선후배 간에 관계를 돈독하게 하였고, 힘든 일이 있을 때 마음을 나눌 수 있게 하였다. 모두와 잘 지낼 수는 없을지라도 나와 다름을 인정해 준다면 상대방도 나를 있는 그대로 받아 주고 존중해 줄 것이다. 학문을 탐구하는 학자는 개인 사무실에 틀어박혀 노트북하고만 씨름하는 직업이 아니라고 생각한다. 다양한 학자들을 만나고 서로 교류하며 진행 중인 연구에 관해 공유하고, 논의하고, 때론 자신의 실수를 인정해서 한 걸음 더 성장하는 삶을 살아야 할 것이다. 그러려면 지금 우리에게 주어진 대학원 생활 속에서 고정관념을 가지고 동료를 바라보기보다는 합리적인 범주 안에서 서로 밀어 주고, 끌어 주며 함께 수학하는 것이 중요하다고 생각한다. 나와 다름을 인정하는 것, 다양성이 우리 안에 공존할 수 있게 하는 것을 먼저 고민하는 학자들이 되길 바란다.

나의 정신 건강 챙기기

교육개발원에 따르면 2021년도 국내 박사학위 취득자 현황은 16,420명이라고 한다. 다음 그림에서 보는 바와 같이 국내 박사학위 취득자는 매년 증가하고 있고, 자연스레 취업의 문은 좁아지고 있다. 나 또한 박사과정 3년 차이지만, 불확실한 미래에 대한 불안감으로 초조한 마음으로 하루하루를 보냈던 적이 있었다. 20대의 대부분을 미국에서 보내며 한국어로 논문과 같은 형식의 글을 써 본 적도 없고, 주변 선후배들이 출판하는 속도에 맞춰 내 논문을 투고할 자신도 없었다. 이런 생각에 매몰되다 보니 지속해서 부정적인 생각이 나를 사로잡았다. '나의 역량이 부족하구나.' '어쩌면 이 길이 나랑 맞지 않을 수 있겠다.' '남들은 이만큼 해내는데 나는 지금 뭐 하고 있는 걸까?' '지금이라도 그만둘까?' 등 자책에 더불어 남과 비교하기 시작했다. 이런 부정적인 생각들은 자리에 오래 앉아 있어도 업무 효율성을 저하시켰고, 스트레스로 인해 집중력도 약해졌으며, 몇 주가 지속되자 건강에도 이상 신호가 나타나기 시작했다. 병원에 갔다가 집으로 돌아가던 길, 하늘을 문득 바라봤는데 순간 정신이 번쩍 들었다. '내가 지금 왜 이러고 있지?'라는 생각과 함께 대학원에 왜 입학했는지를 상기하기 시작했다.

나는 많은 부분에서 부족하고, 연약한 사람이 맞았다. 다른 사람보다 조금 더 알고 있고, 조금 더 똑똑해서 대학원에 진학한 것이 아니다. 내가 경험한 바를 통해 조금 더 나은 세상에서 교사가 근무할 수 있도록 환경을 조성해 보고자, 이것과 관련하여 더 깊이 있게 공부해 보고자 박사과정에 진학한 것이다. 남들보다 조금 뒤처질 수도 있고, 남들보다 속도가 조금 느릴 수도 있다. 다만 똑같이 주어진 상

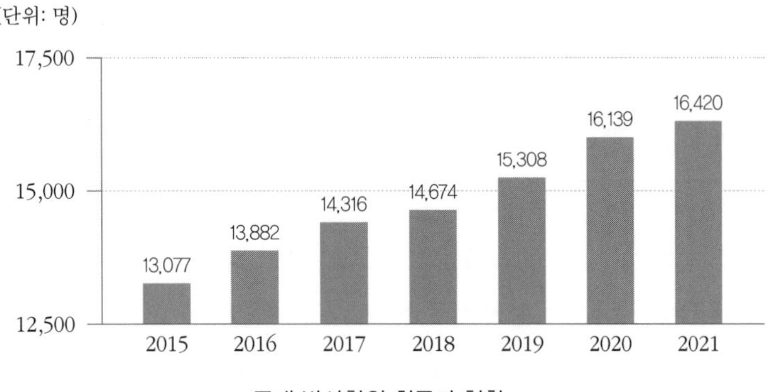

국내 박사학위 취득자 현황

출처: 교육통계연보(교육개발원). (2022). 국/내외 박사학위 취득자 현황. (https://www.index.go.kr/potal/main/EachDtlPageDetail.do?idx_cd=1550).

황과 환경에서 불평하고, 남과 나를 비교하고, 누군가를 시기하며 시간을 흘려보낼 것인지, 아니면 공부할 수 있는 기회에 감사하며 오늘 하루 내게 주어진 일을 묵묵히 하며 조금씩 성장해 나갈 것인지는 나의 선택에 달려 있던 것이었다. 이런 생각의 전환을 한 이후 매일 책상에 앉아 있던 나의 일상에 변화를 주고자 운동을 하기 시작했고, 눈앞에 보이는 성과에 매몰되어 전전긍긍하기보다는 졸업 후 넓은 세상을 무대로 역량을 발휘할 미래의 내 모습을 꿈꾸며 깊이 있는 공부를 시작할 수 있게 되었다.

대학원에 진학해 공부하다 보면 학부 때 혹은 사회에서 경험하지 못한 색다른 경험을 하게 될 것이다. 그리고 그 새로운 경험을 마주하는 나 자신의 낯선 모습이 어색할 수도 있다. 우리는 괴물이 아닌 학자가 되기 위해 대학원에 진학한 것을 잊지 말아야 한다. 부디 공부를 시작하게 된 초심을 붙잡아 학업에 열중하고, 다른 것에 힘쓰며 시간을 낭비하지 않길 바란다. 남과 나를 비교하며 스스로를 갉아먹지 않길 바란다. 건강한 정신이 건강한 몸을 좌우하므로 매일 최소 한 시간씩이라도 운동하기를 바란다.

남과 비교하지 않고 자신의 동기에 집중하기

마지막으로, 대학원을 다니며 한 번쯤 생각해 볼 법한 것 중의 하나는 대학원 밖 친구들과의 인생 속도가 다르다는 점이다. 예상치 못하게 인생에서 수학하는 기간이 길어진 대학원생에게는 고향 친구들, 학부 친구들을 만나고 나면 종종 머리를 복잡하게 만드는 생각들이 있을 것이다. 재정적으로 힘든 상황이라면 "누구는 취업해서 연봉이 얼마더라." 자가 마련에 관심이 많은 상황이라면 "누구는 결혼해서 서울에 얼마짜리 집을 사 놓았더라." 결혼 및 출산 적령기에 놓인 사람이라면 "누구는 벌써 애가 몇이더라."와 같은 현실적인 생각에 사로잡히게 된다. 이외에도 각자가 처한 상황과 환경에 꼬리에 꼬리를 무는 여러 고민이 존재할 것이다. 하지만 인생을 수직선과 같이 늘어뜨려 놓고 본다면 지금 대학원에서 공부하고 있는 이 시기는 잠시 잠깐이다. 통계청 e-나라지표에 따르면 한국 인구의 기대수명은 2020년 기준 83.5세다(통계청, 2022). 그렇다면 대학원에서 우리가 보낼 시간은 짧게는 2년에서 길게는 7~8년으로, 대학원에서 보내게 될 인생의 시간은 전체의 약 십분의 일에 해당한다고 볼 수 있다. 때로는 빛이 보이지 않는 긴 터널 속에서 헤매고 있다는 생각이 들 때도 있겠지만, 한 상황에 매몰되지 않고 주변을 둘러보는 여유를 가지길 바란다. 특히 캠퍼스 안을 거닐다 보면 푸른 하늘, 녹색 나무, 지저귀는 새들, 그리고 오늘도 나와 함께 수학하고 있는 동료들이 보일 것이다. 대학원생이 아니었다면 알 수 없었을 내 안의 수많은 감정들, 만날 수 없었을 동료들, 경험하지 못했을 연구의 세계 등 조금만 고개를 들어 주변을 둘러보면 감사한 것들을 쉽게 찾아볼 수 있을 것이다.

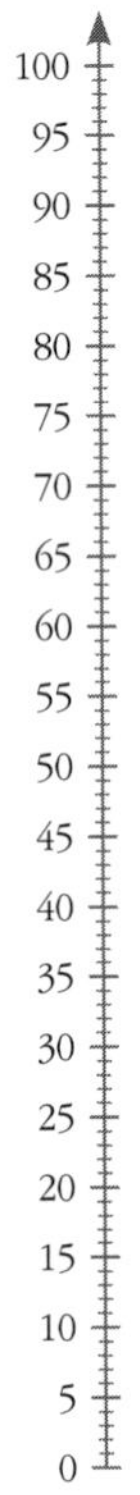

100 95 90 85 80 75 70 65 60 55 50 45 40 35 30 25 20 15 10 5 0

수직선

대학원에 진학하게 된 이유와 목적이 분명하길 바란다. 그것은 긴 긴 대학원이라는 터널을 걸어가는 중에 마주할 어려움과 고난을 극복할 원동력이 될 것이다. 정신과 육신의 건강을 잘 챙기길 바란다. 건강해야 오래 앉아

양껏 공부하고, 마음껏 성과도 올릴 수 있다. 서로 다름을 인정하며 다른 이의 생각을 존중할 줄 아는 연구자가 되길 바란다. 좁고 편협한 생각에서 벗어나 다양성을 수용할 때 세계를 무대로 날개를 펼칠 수 있을 것이다. 부디 학술적 소양과 함께 인격적인 소양도 열심히 갈고 닦아 가길 바란다. 서울대학교 대학원 교육학과 입학을 진심으로 축하하며, 향후 지(智)·덕(德)·체(體)의 삼박자를 갖춘 연구자로 학계에서 만나길 소망한다.

참고문헌

교육개발원(2022). 국/내외 박사학위 취득자 현황. 교육통계연보. https://www.index.go.kr/unity/potal/main/EachDtlPageDetail.do?idx_cd=1550

통계청(2022). 생명표. https://www.index.go.kr/unity/potal/indicator/IndexInfo.do?cdNo=2&clasCd=10&idxCd=F0049.

18
'슬기로운' 해외학술지 투고,
-절망과 분투 사이를 오가며

이수한 (교육과정전공)

이 글은 대략 2년 전부터 시작되어 아직도 진행 중인 나의 첫 해외학술지 논문 투고 과정에 대한 회고를 담고 있다. 논문의 기획 · 작성부터 투고 및 (재)심사, 재투고에 이르는 지난한 과정 동안 내가 겪은 것이며, 지금도 유효한 나의 고민거리다. 이 글에 담긴 우여곡절의 지점들이 모종의 압박감 속에서 해외학술지 투고를 준비하는 다른 대학원생들에게, 그 어떤 '뻔한 성공후기'보다 더 큰 감응을 불러일으킬 수 있길 기대한다. 무엇보다 나는 이 글을 통해, 나처럼 첫 해외학술지 투고를 준비하는 대학원생들이 자기의심의 굴레에 빠질 필요가 없음을 알려 주고 싶다. 해외학술지를 투고하는 과정에는 수많은 우연성의 요소들(예를 들어, 논문 심사를 주관하게 될 편집진 및 편집위원의 상황, 내 논문을 평가하게 될 익명의 심사자들의 성향 등)이 개입되며, 그렇기에 내가 투고한 논문에 대해 내려진 평가(게재불가 판정 등)가 논문에 담겨 있는 아이디어 자체의 학술적 가치 혹은 논문을 작성한 연구자로서의 나 자신의 자질 · 역량을 부정하는 것은 아니다. 결국 중요한 것은 내가 한 명의 연구자로서 논문을 발표하기에 어떤 학술지가 적절할지, 그 학술지에 논문을 게재하기 위해 어떤 방식으로 일련의 아이디어와 자료(이론적 · 경험적 텍스트)를 조직할 수 있을지의 문제다. 나는 이 글을 통해 그 고단함과 복잡함에도 불구하고 우리 대학원생들이 포기하지 않고 투고준비 및 진행 과정을 이어 가기 위해 어떤 고민을 염두에 두고 어떤 노력을 더 해 볼 수 있을지를 나의 미약한 경험에 비추어나마 이야기해 보고자 한다. 다만 이 글을 읽는 독자들에게 사회과학 분야, 교육학 영역 내에서도 세부 전공 분야 및 주제에 따라 해외학술지 투고를 준비하는 과정에서 고려하고 검토해 보아야 할 사항들이 서로 다를 수 있다고 먼저 밝히고 싶다. 나는, 특히 학생들의 '차이'를 민주적으로 포용하기 위한 학교 교육과정 및 교육개혁 정책의 비판적 이해에 관심을 두는 박사과정생이자 초보 연구자의 위치에서 첫 해외학술지 투고 과정을 통해 경험하고 성찰한 바를 공유하고자 한다.

어떤 학술지에 투고할 것인가

논문을 본격적으로 설계 · 작성하는 과정에 앞서, 모든 대학원생들 혹은 연구자들이 가장 먼저 천착하게 되는 질문은 "과연 내가 쓸 논문을 어느 학술지에 투고할 것인가?"일 것이다. 이 질문은 내 논문을 어떤 독자층, 어떤 성격의 연구자 공동체(scholarly community)에 노출시킬 것인지의 문제, 즉 (교육과정) 연구자로서의 나의 위치와 정체성을 세우는 일과 관련될 뿐만 아니라, 실질적으로 내 논문이 심사를 거쳐 게재될 가능성과도 직결되기에 매우 중요하다. 그렇다면 내가 투고를 목표로 하는 학술지, 소위 '타깃 저널(target journal)'은 무엇을 기준으로 결정해야 할까? 아직도 진행 중인 첫 해외학술지 투고 과정에서 가장 먼저 학습하게 된 바는 학술지의 영향력 지수(impact factor)에 현혹될 필요가 없다는 것이다. 누군가는 이왕 해외학술지 투고를 준비하는 것이라면 내 연구 분야 내에서 매우 높은 영향력 지수를 갖는 '탑-티어 저널(top-tier journal)' 게재를 목표로 하는 것이 좋지 않겠느냐고 조언할 수 있다. 하지만 '탑-티어'의 기준이 내가 투고할 해외학술지를 결정하는 데 얼마나 유의미한지에 대해 고민하게 된 순간이 있었다. 과연 누가 '탑-티어'를 결정하여 나에게 강제할 수 있는가? 결국 내가 쓴 논문의 '게재'를 목표로 분투하고 있는 것이라면, 나는 다른 익명의 연구자들이 가장 많이 참고 · 인용하는 논문이 담긴 저널이 아니라, 내가 쓸 논문의 성격(연구 주제, 연구 문제, 이론적 · 방법론적 접근 등)에 가장 적합한 최상의, 최적의 저널을 골라내야 하는 것이 아닐까?

나의 첫 해외학술지 투고는 '문화적으로 다양한 학생을 포용하는 평등하고 정의로운 학교교육'의 추구라는 측면에 초점을 두고 한국의 다문화교육 정책의 의제를 비판적으로 분석하고자 했던 석사논문을 보완 · 발전시키는 작업으로부터 출발하였다. 지금까지 박사과정을 지도해 주고 계신 교수님과의 협의하에 투고를 목표로 할 해외학술지를 선정하는 과정에서, 나는 우선 몇 가지의 준거를 토대로 후보군에 포함시킬 만한 것들을 조사하였다. 우선 나는 내 석사논문이 다루고 있는 '다문화교육' '학교교육에 대한 다문화주의적 접근' 혹은 '(비판적) 교육정책 연구'라는 대 영역 · 분야와 관련된 학술지의 목록을 조사하였다. 이 단계에서 『Multicultural Education Review』 『Multicultural Perspectives』 『Race Ethnicity and Education』 『Discourse: Studies in the Cultural Politics of Education』 『Educational Policy』와 같이 내가 투고할 논문이 위치할 수 있는 영역 · 분야에 초점을 두는 몇몇의 국제저널을 알게 되었다. 하지만 동시에 나는 이러한 영역 · 분야를 타깃 저널 선정을 위한 '유일한' 기준으로 삼는 것은 어려울 수 있겠다는 생각을 하게 되었다. 누군가는 '다문화교육'이라는 용어가 마치 하나의 통일성 있는 개념, 현상, 실천을 가리킨다고 생각할 수 있지만 사실 '다문화교육'의 외연은 그것이 어떤 관점에서, 즉 어떤의 이론적 · 방법론적 도구들을 통해 조명 · 분석되는지에 따라 전혀 다른 방식으로 이해될 수 있다('교육정책'이라는 용어에 대해서도 마찬가지일 것이다). 따라서 나는 내가 투고할 논문의 기반이 될 개념적[예를 들어, 자크 데리다(Jacques Derrida, 1930~2004)가 제안한 '이방인' '환대' '아포리아' 개념 등(Derrida, 1997)], 방법론적 접근들(예를 들어, '비판적 정책담론 분석' 등)을 다시 살피며, 그것들을 수용할 수 있는 성격의 저널을 재탐색하였다. 이에 따라 반드시 다문화교육을 전문 분야로 삼지 않더라도, 다문화교육을 포함한 다양한 교육정책(실천)의 장면을 비판적 · 해체적 관점 및 그와 관련된 분석 도구들을 기반으로 들여다보는 연구물을 지속적으로 게재해 오고 있는 해외학술지들을 찾아내었고, 후보군을 늘려 나갔다. 이러한 과정 자체도 나에게 결코 쉬운 작업은 아니었다. 내가 쓸 논문의 이론적 · 개념적 도구 및 방법론의 특성과 관련된 다양한 주요 키워드들(예를 들어, 데리다, 차이, 포용, 타자—이방인, 포스트구조주의, 해체, 정책담론 분석, 푸코와 담론 분석 등)을 기반으로 구글 스칼라 검색을 시도해 본 후, 여러 교육정책(실천) 관련 현상들에 대해 내 논문과 유사한 접근을 취하는 논문이 포함된 각 학술지의 홈페이지 내부 검색을 다시 진행하는 방식으로, 후보군이 될 만한 국제저널들을 추려 나갔다.

위와 같은 기준을 토대로 탐색한다 하더라도 '(재)투고를 시도할 만한 해외학술지'가 딱 한 가지로 추려질 확률은 지극히 낮다. 나 또한 위의 과정을 거친 결과, 세 종류 정도의 국제저널을 최종 후보군으로 정리할 수 있었다. 그렇다면 타깃 저널에 대한 최종 결정은 어떤 기준으로 해야 하는 것일까? 이에 대해서는 지도교수님께서 많은 조언을 해 주셨다. 요지는 결국 '가능한 한 빠른 시일 내에' 논문 게재를 목표로 한다면, 각 후보 학술지에서 1년간 몇 호(issue)의 논문집이 발간되는지, 투고된 논문의 게재율이 어느 정도 되는지, 논문 투고 시점부터 편집위원회의 결정까지 어느 정도의 기간이 소요되는지, 게재 승인이 이루어진 이후 인쇄본 발간까지는 평균 어느 정도의 시간이 소요되는지 등을 고려해 보아야 한다는 것이었다. 나는 첫 해외학술지 투고 준비를 시작하며 논문의 최종 게재까지 얼마의 시간이 걸릴지보다는(난 아직 박사과정 중에 있는 학생이니까!), 투고를 위한 여러 번의 시도들이 좌절되는 와중에도 끈기 있게 재정비하고 도전하는 자세, 그 과정에서 배움을 추구하는 자세가 중요할 것이라고 생각했다. 그렇기에 최종 결정에 있어서 지도교수님의 조언을 염두에 두면서도, '내가 투고를 도전해 보고 싶은 가장 매력적이면서도 명망 있는 학술지가 무엇인지'에 더욱 방점을 두었다. 하지만 첫 번째 투고 시도에서 너무 긴 시간 동안의 수정 후 1차 재심사 과정을 겪고 2차 재심사 포기라는 어려운 결정을 내리게 되면서, 부단한 도전과 배움을 위한 에너지 또한 고갈될 수 있다는 것을 깨닫게 되었다. 또 다른 재투고를 준비하고 있는 지금 시점에서 만약 누군가 내게 어떤 해외학술지를 타깃 저널로 결정하는 것이 좋을지 의견을 묻는다면 다음과 같이 답하고 싶다. "당신이 투고할 논문에 적합해 보이는 해외학술지가 여러 종류라면, 가능한 한 빠른 기간 내에 논문이 게재 · 발간될 확률이 높은 학술지를 선택하는 것이 합리적이지 않을까요? 박사과정 학생인 당신에게는 '다음'의 작업, '다음'의 성취를 가능하게 하는 에너지가 남아 있어야 하니까요."

매력적인 제목, 설득력 있는 서론

투고를 시도할 국제저널을 결정했다면, 그다음에는 논문을 실제적으로 기획 · 작성하는 작업이 기다리고 있을 것이다. 그 과정에서 가장 중요한 것 중 하나는 논문의 제목과 서론을 구상하는 일이다. 첫 해외학술지 투고 준비 작업을 막 시작하던 내가 여러 통로로 들었던 조언 중 하나는 논문의 첫인상을 결정하는 제목이 매력적이며, 서론이 충분히 명료하고 설득력 있어야 한다는 점이었다. 물론 제목과 서론 양자 모두는 처음에 확정해야 하는 것은 아니고, 논문을 작성하는 불확실한 과정 내내 수정 가능한 것이기도 하다. 그럼에도 불구하고 논문을 기획 · 작성하는 출발점에서 '최선의' 제목 및 서론 구조를 고민하는 일은 흐릿하게나마 그 이후의 작업들에 대한 지도를 제공할 수 있다는 점에서 매우 중요했던 것 같다. 첫 투고를 준비하는 단계에서 나는 이러한 고민을 의식적 · 체계적으로 하지 못했다. 하지만 서론에서 독자들이 논문의 필요성 및 그에 따른 논증 구조를 잘 따라갈 수 있도록 이를 더욱 단도직입적이고 친절한 방식으로 안내할 필요가 있다는 심사를 받게 된 이후, 첫 재심과 첫 재투고를 준비하는 과정에서 나는 그 고민의 중요성을 더욱 절실히 깨닫게 되었다. 이에 따라 내가 선정한 타깃 저널 및 후보군이었던 저널들로부터 문제제기, 선행연구 지형 정리(mapping), 이론적 배경 조직화, 방법론 활용 등의 종합적인 측면에서 내 논문의 '모델'이 될 만한 연구물을 목록화하는 작업을 다시 진행하였다. 그리고 그러한 연구물들이 각자의 논지를 가장 잘 대변하는 제목, 다시 말해 논문 전체의 제목뿐만 아니라 논문 각 장, 각 하위절의 제목을 어떤 형식으로 표현하며, 또한 어떤 단락의 흐름과 소위 '임팩트 있는' 문장들(내 논문의 학술적 위치성과 기여를 명료하게 드러내는 문장들)로 서론을 구성하고 있는지를 메타적으로 분석하고자 하였다. 그리고 그러한 제목 형식(예를 들어, 독자들의 주목을 끄는 의문문 또는 명사구 형식, 일반적인 주제목-부제목 분리 형식 등) 및 서론 구조에 내가 구상하고 있는 논문의 핵심논지를 그대로 대입해 보며, 내 논문의 제목과 서론을 더욱 매력적이고 설득력 있는 모습으로 정련하고자 노력하였다.

한편, 설득력 있는 서론의 구상과 관련하여, 나는 '한국'의 교육정책(실천)을 연구하는 대학원생으로서 직면해야 했던 난점이 있었다. 나는 첫 번째로 투고를 진행했던 학술지로부터 재심사를 받게 되었는데, 어떤 익명의 심사자 한 명이 나에게 "이 논문은 한국 맥락과의 관계 속에서만 논의를 전개한 것이 아닌지, 이 논문이 글로벌 사회의 독자층에게 어떤 일반화 가능한 함의를 제공할 수 있을지에 대한 의문이 남는다."와 같은 의견을 주었다. 이러한 심사의견에 대해 누군가는 글로벌 학계가 지닌 '서구중심성'의 단면이라고 비판할 수도 있지만, 이는 결국 한국의 사례(교육정책 사례, 학교 현장 사례 등)를 다루는 논문의 국제저널 '게재'를 목표로 분투하고 있는 많은 대학원생들이 한 번쯤은 고려해 볼 필요가 있는 지점이기도 하다. 두 번의 재투고를 준비하는 과정에서, 나는 계속해서 논문의 초점이 되는 현상 · 쟁점(예를 들어, 학교 다문화교육에 관한 정책담론에서의 '다양성'의 의미)이 글로벌 사회 전반의 흐름(예를 들어, 국제이주 증가, 교육 맥락에서의 신민족주의 · 신인종주의의 대두 등)과 어떻게 맞닿아 있는 동시에, 한국 맥락에서 특수한 양상을 갖게 되었는지, 연구자로서 내가 주목하는 한국 사례의 특수성이 글로벌 사회의 독자층에게 어떤 시사점을 제공할 수 있을지를 서론에서 글로 풀어내기 위해 고민하고 있다. 이러한 고민은 나의 문제의식을 더욱 날카롭게 벼리는 데 도움이 되기도 하였다. 그 과정에서 타깃 저널 및 타깃 저널 후보였던 저널들에 실린 특정 국가(특히, 한국을 포함한 아시아 국가) 사례 연구의 서론을 참조하는 것은 매우 유익할 수 있다.

이론적 틀과 방법론의 경계: 내 논문의 렌즈를 구축하기

논문의 기획 · 작성 과정에서 다음으로 중요한 것이 이론적 틀과 방법론(methodology)을 구상하는 작업이라고 할 수 있다. 앞서 논의한 바와 같이, 내 논문에서 관심을 갖는 현상, 실천, 쟁점은 어떤 방법론(단순한 '분석절차'가 아닌 특정 분석방식을 가능하게 하는 존재인식론적 토대 전반)과 이론적 틀(어떤 현상, 실천, 쟁점을 분석하는 연구자의 렌즈가 되는 일련의 개념적 도구들)을 동원하여 조망되는지에 따라 전혀 다른 탐구와 논증의 대상으로 출현할 수 있다. 특히 교육학 분야 내에서도 내가 터하고 있는 '(후기) 질적 연구' 방법론의 기조에 비추어 본다면 더더욱 그렇다고 말할 수 있다. 그렇기에 나는 관심의 대상이 되는 현상 · 쟁점(한국의 다문화교육 정책담론 속에서 형성된 '다양성'의 의미)을 아직 충분히 조명되지 않은 낯선 방식으로 이해할 수 있게 함으로써, 내 논문의 학술적 기여도를 높여 줄 수 있는 이론적 틀과 방법론을 구상해야 한다는 막연한 생각을 가지고 논문의 기획 · 설계 과정을 출발했다. 이처럼 출발점에 서 있을 당시, 나는 방법론과 이론적 틀을 철저히 '별개의 차원'으로 간주했다. 나에게 전자는 어떤 현상 · 쟁점에 관한 자료를 질적으로 구조화하여 분석하기 위한 도구라면, 후자는 그러한 분석 결과에 대한 이차적이고 심층적인 해석을 가능하게 하는 도구였다. 이에 따라 논문을 기획 · 작성하는 과정에서 A학자의 개념들(예를 들어, '환대')을 이론적 틀로, B학자가 개발한 분석적 접근(예를 들어, '정책문제'가 재현되는 방식에 대한 비판적 분석을 위한 접근)을 방법론으로 삼고자 하였고, 주저없이 양자의 조합이 논리적 결함 없이 내가 관심을 두는 현상 · 쟁점을 '문제화'하는 논증 방식을 가장 효과적으로 보여 줄 수 있을 것이라 가정하였다. 다시 말해, 나는 B학자의 분석적 접근을 활용하여 그 초점에 따라 자료를 분석하고 결과를 제시하는 일과, A학자의 개념을 통해 그에 대한 해석을 정교화하는 일이 유기적으로 연결될 수 있다고 전제하였고(서론에서 아주 간략하게나마 그러한 전제에 대해 설명하였다), 그렇기에 이 두 가지의 일이 서로 분리된 작업이라고 암묵적으로 간주했다.

하지만 나는 첫 투고 이후에 이루어진 첫 심사와 재심의 결과로부터 내가 동원한 이론적 틀과 방법론적 접근 간의 관계에 대한 근본적 질문을 마주해야 했다. "A학자의 개념이 갖는 해석적 잠재력이 분석 결과에 충분히 반영되었는지 의문이다." "B학자의 접근에 기반한 분석 결과 파트와 A학자를 동원한 이론적 배경 파트 간의 관계가 지나치게 느슨하다." 등과 같은 심사의견은 연구자로서 내가 자료의 분석과 그 분석 결과에 대한 '이차적 해석'의 작업을 이분화하여 사고하던 방식에 균열을 가하는 것 같았다. 그리고 나는 두 번째 재투고를 준비하는 과정에서 이론적 틀과 방법론의 경계를 재고하고, 이를 내 논문의 논증의 흐름에 반영할 수 있는 방식들을 찾기 시작했다. 그 과정에서 어떤 개념의 틀에 현상 · 쟁점을 끼워 맞추는 관계가 아니라 개념과 현상 · 쟁점의 대화적인 관계를 염두에 두고, 그러한 개념과의 '얽힘' 속에서 자료를 (재)분석함으로써 내가 관심을 갖는 현상 · 쟁점과 새로운 방식으로 조우하게 하는 방법론을 구현하는 일의 가능성에 대해 생각하게 되었다. 개념으로 어떤 현상 · 쟁점에 관한 자료를 환원하는 접근을 넘어서, A학자의 '환대' '이방인' '아포리아'와 같은 개념들이 담론분석 방법론으로 한국의 다문화교육 정책 관련 자료를 분석하는 과정 전반에 '환기되고' '스며들 수 있는' 가능성을 고민하게 되었다. 결국 해외학술지의 심사진이 나에게 요구한 것은 서로 다른 학자의 이론적 틀과 방법론을 적절히 빌려 오는 것이 아니라, 그것들을 조합하여 내 논문이 어떤 현상 · 쟁점을 특수한 학술적 렌즈로 부각시키는 방식, 즉 내 논문만의 독특한 논증 방식을 안내할 수 있는 '이론적–방법론적 복합체'를 발명하는 일이었던 것 같다. 특히 교육정책(실천)에 대한 비판적 · 해체적 독해를 중시하는 많은 해외학술지에서 어떤 주어진 방법론의 단순 '적용'이 아닌, 각 연구자의 문제의식(그리고 그러한 문제의식을 가질 수밖에 없는 연구자 개인의 위치성)에 최적화된 방법론의 '진화 · 발명'을 강조하고 있는 최근의 흐름을 고려할 때, 관련 주제로 해외학술지 투고를 준비할 계획이 있는 동료 대학원생들은 이론적 틀과 방법론 간의 분리불가능한 관계에 대해 충분히 숙고하고, 이를 자신의 논문 속에서 해명하는 작업을 시도해 볼 필요가 있지 않을까? 물론 이러한 실험적인 작업이 구체적으로 어떤 양상으로 펼쳐질 수 있는지에 대한 명료한 답은 아직 끝나지 않은 첫 해외학술지 투고 과정에서 나 또한 찾아가는 중이다.

내 논문의 학술적 가치를 입증하라 요구받는 긴 여정

위에서 내가 공유한 이야기들은 해외학술지 투고를 위한 작업에서 고려되어야 할 전부는 아니지만(나는 이 글에서 분석 결과를 제시하는 작업 단계에 대해서는 본격적으로 다루지 못했다), 투고와 재심사를 준비하는 많은 대학원생들이 맞닥뜨릴 수 있는 주요한 고민들을 다루고 있다. 그러한 고민들을 염두에 두고 나아가는 해외학술지 투고의 과정은 끊임없이 내 논문의 학술적 가치(scholarly significance)

를 정련된 영어 문장들로 입증하라고 요구받는 지난한 여정이다. 우리가 아마 그러한 입증에 어느 정도 성공한다면, 논문 게재의 기쁨을 맛볼 수 있을 것이다. 하지만 긴 호흡의 심사와 수정, 재심사, 때로는 재투고에 이르는 과정 속에서 우리는 계속해서 크고 작은 좌절들을 겪게 될 수 있다. 그러한 좌절은 내 문제의식과 논증의 흐름을 '좋은 영어문장'으로 번역하는 매번의 순간들에도, 궁극적으로 내 논문이 관련 분야(예를 들어, '다문화교육)에 어떤 새로운 실천적 · 이론적 통찰(예를 들어, 학생의 '문화적 다양성'을 이해하는 방식에 관한 일반적인 통찰)을 제공할 수 있는지를 독자들에게 제안하고 논의해야 하는 순간들에도, 심사자의 의견을 받은 이후에 내 논문의 문장, 논증 구조, 이론적 · 실천적 시사점을 수정해야 하는 순간들에도 도사리고 있다. 그럼에도 불구하고 스스로를 포기하거나 소진시키지 않고 '게재'를 목표로 계속해서 분투해야 한다면, 우리는 어떤 자세로 학술지 투고를 진행하는 과정에 임해야 할까?

우선 내가 내 논문을 읽고 평가하게 될 모든 심사자를 만족시킬 수 없다는 점을 긍정할 필요가 있다. 이 글의 서두에서 언급한 것처럼 해외학술지 투고 과정에는 다양한 우연적 요소들 또한 개입될 수 있으며, 그렇기에 정합적으로 잘 조직된 매력적인 논문들도 상황에 따라 부정적 평가를 받게 될 수 있다. 따라서 내 논문에 대한 모든 평가를 합당한 것, 내가 반드시 '수용'해야만 하는 것으로 받아들일 필요는 없다. 심사 이후의 수정 과정에서 일부 심사자의 의견은 내 논문의 발전을 위한 훌륭한 양분으로 삼을 수 있다. 하지만 다른 심사자의 의견(예를 들어, 내 논문의 문제의식의 중요성 자체 혹은 내 논문의 이론적-방법론적 접근의 타당성 자체를 의심하는 의견의 경우)이 반영 자체가 어렵다고 판단된다면, 아예 다른 저널에 재투고를 시도하는 방향을 고려해 볼 수도 있을 것이다. 특히 학술적으로 가치 있는, 많은 독자들을 매료시킬 수 있는 논문의 작성만큼이나 가능한 한 빠른 시간 내에 이루어질 수 있는 논문의 게재를 목표로 한다면 더욱 그러할 것이다.

다음으로, 내가 몰두하여 작성 또는 수정하고 있는 논문에서 헤어나와 그것을 대상화해 볼 수 있는 계기들이 필요한 것 같다. 이를 위해 내 연구 주제에 대해 어느 정도 알고 있는 동료 대학원생들에게 내 논문이 막혀 있는 지점들을 공유하고, 함께 토론하는 작업이 매우 유의미했다. 내 동료들이 어떤 명확한 답을 줄 수 없을지는 모르지만(내 논문에 대해서는 나 자신이 가장 잘 알고 있기 때문에!), 적어도 내가 '막혀 있다'는 막연한 감각을 넘어서 내 논문의 논증을 구성함에 있어서 충분히 해명되지 못한 지점들이 무엇인지를 분명하게 하고, 그 지점들을 세분화하여 사고하는 데 도움을 줄 수 있다. 동료들이 주는 진심 어린 조언과 내 논문의 가치에 대한 구체적인 인정, 그리고 연구자로서의 나에 대한 열렬한 응원은, 분명 내가 해외학술지 투고의 지난한 과정을 버텨 나가는 데 큰 원동력이 되었다.

다른 한편, 내가 모델로 삼은 논문 또는 그 논문의 저자가 유사한 이론적–방법론적 틀을 활용하여 발표한 다른 논문들과 내 논문을 대조시켜 보며, 내 논문의 약점이 될 수 있는 부분들을 차분히 따져 보는 작업도 필요했다. 이는 내 작업을 나 자신이 기대고 있는 연구자 공동체를 참조 삼아 객관화할 수 있게 함으로써, 어떤 근거도 없는 자기의심의 굴레에 빠져 스스로를 정서적으로 소진시키며 시간을 허비하지 않도록 하는 데 많은 도움이 되었다.

마지막으로 논문을 완성시켜 나가는 과정에서 축적된 피로감으로부터의 정서적인 회복이 필요한 순간에 잘 대응할 필요가 있다. 그 때마다 나는 잠시 작성 중인 원고와 거리를 두고 나 자신이 더 이상 소모되지 않도록 에너지를 충전하기 위한 휴식의 시간들을 가졌고, 그 이후에 다시 차분한 마음으로 작업에 복귀하여 성찰하고, 또 다시 내 논문에 애착을 가지며 글쓰기를 이어 나갈 수 있었다.

다시 한번 이 글이 첫 해외학술지 투고를 준비하는 (혹은 소위 SSCI급 해외학술지 투고를 준비하도록 요구받을 수밖에 없는 시대를 살아가는) 다른 대학원생들이 각자의 출발점에서 조금이나마 위안을 얻으며 참고할 수 있는 자원이 되기를 바란다. 또한 '실적경쟁'에 대한 무한한 걱정과 압박의 차원으로 다가올 수 있는 해외학술지 투고라는 과업에 대해 많은 대학생원들 간의 소통을 촉진하는 계기가 될 수 있기를 바라며 글을 마친다.

참고문헌

Jacques Derrida(1997). *De L'hospitalite*. 남수인 역(2004). 환대에 대하여. 동문선.

에필로그

"당신의 앎과 삶을 응원합니다"

짧다면 짧고 길다면 긴 대학원 생활에 대해 할 말이 많은 문과 박사과정생들이 한자리에 모였습니다. 이들은 교육학과라는 큰 테두리 안에 있지만 다양한 전공에서 각자의 상황에 맞춰 다양한 방식으로 최선을 다해 생존해 가고 있는 대학원 생활의 선배들입니다. 그리고 후배 대학원생들이 좀 더 수월한 연구를 하고 그 가운데서 정체성을 찾을 수 있도록 자신의 경험담과 조언을 펴내고자 모인 저자들입니다. 어떤 이들은 멘탈 관리에 대해, 어떤 이들은 인간관계에 대해 이야기하고자 했으며, 어떤 이들은 연구자로서의 정체성에 대해, 어떤 이들은 진로와 연구에 대해 고민하고 있었습니다. 자신이 꿈꾸던 대학원 생활과 실제가 달라 방황 중이라는 이도 있었습니다. 하지만 모두 각자의 방식으로 자신이 생각했던 목표를 위해 최선을 다하고 있습니다.

대학원에 입학한 가장 중요한 이유는 더욱 깊이 있는 학문적 연구에 대한 갈구였습니다. 학부와 동일한 전공을 선택한 이들은 깊이에 집중했고, 학부와 다른 전공을 선택한 이들은 새로움에 집중했습니다. 물론 이와 다르게 자신이 평생에 걸쳐 진행하고 있는 작업의 일환으로 대학원을 선택한 이도 있었습니다. 조금씩 다른 경로였지만, 결국 큰 방향은 학문적 탐구였습니다. 같은 방향을 향하고 있기에 경쟁하기도 하고 마찰이 있기도 했지만, 함께 이겨 내자는 마음으로 도울 수 있었습니다. 외국인 학생들은 새로운 문화와 환경에 적응하는데 어려움이 있었지만, 전공 내 커뮤니티를 통해 도움을 받으며 용기를 갖게 되었습니다.

물론 대학원 또한 서로 다른 배경을 가진 구성원들이 모인 자리이기에 많은 어려움과 마찰을 피할 수는 없었습니다. 나이 차이로 인한 세대 차이가 가져오는 소통의 어려움이 있기도 했고 나름의 서열 안에서 불편함을 느끼기도 했습니다. 하지만 단순히 규율에 따를 것을 강요하던 시대는 아니기에 지속적인 소통과 협의를 통해 조율의 과정을 거쳤습니다. 물론 그 과정이 평탄할 수는 없었고 상처를 받기도 했지만, 그를 통해 인간관계에서 한층 성장해 가는 모습을 보였습니다. 구성원들과의 관계뿐만 아니라 지도교수님과의 소통 또한 과정생들에게는 적잖이 큰 스트레스 요인이었습니다. 스승으로서 존경하는 분이면서 학위라는 목표를 위해 나름의 거리가 있는 분이기 때문에 다양한 감정과 생각이 들 수밖에 없는 관계였습니다. 이를 위해 다양한 시행착오를 겪었고 겪고 있는 박사과정생들은 다양한 조언을 나누었습니다.

대학원생은 대학교는 졸업했지만 경제활동을 하지 않고 여전히 학생인 애매한 신분입니다. 때문에 함께 졸업하여 취업한 친구들이 번듯한 직함을 달고 경제활동을 해 나가는 모습을 보며 상대적인 박탈감을 느끼기도 하는 불안정한 시기입니다. 끝이 보이지 않는 목표를 위해 매 순간 다가오는 많은 유혹을 뿌리치고 장기간의 레이스에 몰입해야 합니다. 그 과정에서 자존감도 상하고 지나가는 사람이 하는 의미 없는 말에 상처를 받기도 합니다. 하루 종일 앉아서 작업을 하다 보니 건강관리도 만만하지 않습니다. 혹자는 생명줄을 줄여서 가방끈을 늘이고 있다고 하기도 합니다. 여기에 스트레스로 정신건강까지 위협받고 있습니다. 때문에 여러 명의 대학원생은 멘탈 관리에 대해 본인들이 고민하고 헤쳐 온 과정에 대해 전하기도 했습니다.

가까스로 스스로를 다독이며 연구를 하다 보면 연구가 나를 배신할 때도 있었습니다. 공부는 배신하지 않는다고 누가 말했을까요? 전공은 달랐지만 내가 통계학자인지 교육학자인지 헷갈릴 때도 있었고, 양적 연구에 집중할지 질적 연구에 집중할지 고민이 될 때도 많았습니다. 하지만 결국은 대학원에 진학할 때 가지고 있던 목표와 동기를 다시 찾아가는 과정이 필요했습니다. 문과 대학원생의 삶과 연구는 결국 자신의 목표와 동기를 위해 매일매일을 책상에 앉아 고민하고 또 고민하는 과정의 연속입니다. 그렇기에 대학원 연구실은 누가 엉덩이가 더 무거운지 겨루는 장이기도 합니다. 가끔은 돈을 버는 것도 아닌데 확실하지 않은 미래를 위해 현재를 갈아 넣는 것 같은 현실에 맥이 풀리기도 할 것입니다. 하지만 우리가 장담하건대, 학위를 받게 되면 지금보다는 훨씬 더 '괜찮은' 내가 건너편에서 기다리고 있을 것입니다. 매일매일을 꾸준히 앉아서 고민하고 연구하길 바랍니다. 몇 년 빨리 학위를 받은 선배로서, 여러분의 매일매일을 응원하고 축복합니다.

서울대학교 교육학과 BK21 FOUR 혁신과 공존의 교육연구사업단
박사후연구원 조은이, 백아롱, 곽연륜

편 · 저자 소개

김동일 교육연구단장(Dong-Il Kim)

현재 서울대학교 사범대학 교육학과 교육상담전공 교수 및 대학원 특수교육전공 주임교수로 재직하고 있다.

서울대학교 교육학과를 졸업하고, 교육부 국비유학생으로 도미하여 미네소타대학교 교육심리학과에서 석 · 박사학위를 취득하였으며, Developmental Studies Center Research Associate, 한국청소년상담원 상담교수, 경인교육대학교 교육학과 교수, 한국학습장애학회 회장, 한국교육심리학회 부회장, (사)한국상담학회 법인이사, 한국청소년상담(복지개발)원 법인이사, (사)한국교육심리학회 법인이사를 역임하였다.

2002년부터 국가수준의 인터넷중독 척도와 개입연구 진행으로 정보화역기능예방사업에 대한 공로를 인정받아 행정안전부장관 표창(2009년)을 수상하였고, 한국상담학회 공인학술지 '상담학연구' 게재 우수논문으로 2014년 한국상담학회 학술상(등록번호 제21호, 2014-2) 수상, 2020년에는 교육부장관 학술상(제 20-1075호)을 수상하였다. 현재 BK21 FOUR 혁신과 공존의 교육연구단장, 서울대학교 다중지능창의성연구센터(SNU MIMC Center) 소장, 서울대학교 특수교육연구소(SNU SERI) 소장 및 한국아동청소년상담학회 회장 등으로 봉직하고 있다.

김재현(Alex Jae-Hyun Kim)

'판타지아(fantasia)'를 주제로 서로 다른 세계관이 교차하는 영역에 관심을 두고, 일상적인 소재를 비일상적인 언어로 표현하는 다양한 미술 작업을 하고 있다. 예술가이면서 교육가로서 활동하고 있으며, 예술작업과 함께 예술 행위의 존재론적 가치에 관한 교육철학적 연구를 병행하고 있다.

미국 로드아일랜드 디자인 스쿨(RISD)에서 FAV(Film/Animation/Video)를 전공하였고, 연세대학교 커뮤니케이션 대학원에서 미디어아트전공으로 석사를 졸업하였다. 현재는 서울대학교에서 교육철학전공 박사과정에서 예술언어의 존재론적 가치에 관한 연구를 하고 있다.

김지선(Je-Sun Kim)

학부에서 상담심리학과 경영학을 전공한 후 상담자가 되고자 상담심리 대학원에 진학하였다. 대학생 상담을 진행하면서 상담 분야에서 경력을 쌓다가 상담의 효과를 규명하고 더 좋은 상담자가 되기 위한 방법에 대해서 연구하고자 서울대학교 교육학과 교육상담전공 박사과정에 진학하였다. 사회정의 옹호 상담, 진로 상담, 상담의 효과성 연구 등 연구를 진행하고 있다.

노지연(Gina Gee-Yeon Ro)

컬럼비아대학교 대학원에서 심리사회복지를 전공하고, Licensed Master Social Worker 자격증 취득 후 한국으로 귀국하였다. 귀국 직후 사설기관에서 상담사로 일하였으나, 박사학위의 필요성을 느끼게 되어 서울대학교 교육상담 박사과정에 진학하였다. 박사과정 중에는 서울대학교 안의 상담센터에서 외국인 특별상담원으로 근무하였으나 내담자의 다양성을 넓히기 위해 마지막 학기에는 사설 기관으로 근무지를 옮겼다. 수료 후 현재는 사설기관에서의 상담업무와 국내 상담자격증 수련에 몰두하고 있음과 동시에 '용서'라는 주제로 진행할 졸업연구에 대해 구상 중이다.

민예슬(Ye-Seul Min)

서울대학교 교육학과 교육상담전공 박사과정을 수료하였다. '생명을 살리는 삶을 살고 싶다'라는 거창한 꿈을 고등학교 때부터 품고 지내왔다. 대학원 생활을 인생에서 가장 행복했던 때 중 하나로 기억하고 있다. 앞으로의 계획은 졸업하기, 가르치기, 상담하기, 원없이 연구하기이다. 글을 쓰는 사람으로 살고 싶다.

손소희(Stella So-Hee Son)

뉴욕대학교에서 교육 경영(Business Education)전공 석사과정을 졸업하였다. 그 외에도 엔터테인먼트 경영(Business and Management of Entertainment), 패션디자인, 심리상담 등을 수료 및 졸업하였다. 교육행정, 조직전략, 경영, 미디어 산업에서 종사한 후, 서울대학교 교육학과에서 박사과정 중이다.

송초의(Choo-Eui Song)

현재 서울대학교 대학원 교육학과에서 교육행정을 전공하고 있다. 2015 고려대학교 사회학과 사회학전공으로 석사학위를 취득한 후, 한국직업능력연구원(KRIVET)에서 근무하다가 고등교육에 대한 전문적인 배움을 위해 2020년 9월 박사과정에 진학하였다. 다정한 아내, 따뜻한 엄마 그리고 좋은 연구를 하는 연구자가 되는 것을 인생 계획이자 목표로 가지고 있다.

신중휘(Jung-Hwi Shin)

2018년에 석사과정에 입학하여, 방과후 학업시간이 학업성취도에 미치는 효과에 대한 석사학위논문을 쓰고 2020년에 졸업했다. 2020년에 박사과정에 입학하여 현재 수료 상태이다. 머신러닝을 활용한 이질적 인과효과 추정, 구조방정식 모형 등을 주로 공부하고 있다. 학교 안의 소수자 문제에 관심이 많다.

안지아(Anggia Utami Dewi)

서울대학교 사범대학 교육학과에서 박사과정을 수료한 인도네시아 출신의 유학생이다. 박사과정을 시작하기 전에, 인도네시아 파드자자란 대학교의 사회정치과학대 국제 관계 학부에서 4년 동안 교수로 근무하였다. 서울대학교에서 국제학 석사 학위를 받았으며, 연구 관심은 고등교육 연구, 세계화 그리고 국제화에 있다. 최근 인도네시아의 지식 경제하에서 고등교육 거버넌스 전환에 대한 박사학위 논문을 작성하였다. 향후 소속 학교에서 계속 근무하기 위해 박사과정을 마친 후 인도네시아로 돌아갈 예정이다.

안지혜(Ji-Hye Ahn)

현재 신규 티를 막 벗어 가는 4년 차 초등 교사이다. 잘하는 것은 처음 보는 사람과 십년지기처럼 친한 척 하는 것, 못하는 것은 표정 감추는 것이다. 공부를 더 하면 교육계에 조금이라도 기여할 수 있지 않을까 하는 갑작스러운 포부를 가지고 휴직 후 교육행정전공 박사과정에 재학 중이다. 교육계에 대한 기여도, 엄청난 저서나 경력도 아직은 없지만 어떻게든 즐겁게 살아가려고 노력하는 중이다.

우정민(Jung-Min Woo)

현재 서울대학교 교육학과 교육심리전공 박사과정에 재학 중이며 창의성, 재능계발, 진로교육 등의 영역에 관심을 가지고 있다. 다양한 영역에서 학생들이 가지고 있는 창의적 잠재력을 탐색하고, 실제 이러한 창의적 잠재력이 교육 현장 혹은 진로개발 과정에서 어떻게 발현될 수 있을지 연구하고 있다. 이 모든 과정에서 함께하는 연구의 중요성을 깨닫게 되었다. 대학원 진학에 대해 진지하게 고민하고 있는 혹은 대학원 진학을 앞둔 여러 선생님에게 미약하나마 도움이 되기를 희망하며 에세이를 작성하였다.

이규빈(Kyu-Bin Lee)

2년간 아주 즐겁고 행복하게 교사생활을 했으나, 학교라는 사회에 대해 근원적인 질문이 해결되지 않아 교사를 그만두고 대학원에 진학하였다. 아이러니하게 다시 '교사'에 대한 주제로 회귀해 연구를 하고 있다. 교사사회학을 주요 관심으로 두고 교사 정체성, 교사 단체, 비판적 실재론 등을 다루는 박사논문을 작성하고 있다.

이다경(Da-Kyung Lee)

교육학과 측정평가전공 박사수료생이다. 교육평가 및 연구방법론에 관해 연구하며, 다층모형, 구조방정식 등 교육 연구방법론에 초점을 맞추어 연구하고 있다. 교육학과가 아닌 다른 학과에서 대학원 진학을 계획하였으며, 현재 박사학위 논문을 작성 중이다.

이다연(Da-Yeon Lee)

현재 서울교육대학교에서 교육공학 강의를 하고 있다. 대학원에 진학하기 전, 스타트업을 설립하여 청소년 대상 애플리케이션을 개발하고 다양한 교육 프로그램을 운영하였다. 이러한 경험을 통해 테크놀로지를 활용한 교육의 가능성을 확인한 후, 전문성을 토대로 교육 혁신에 기여하고자 대학원에 진학하였다. 서울대학교 교육학과 교육공학전공에서 석사를 졸업하였으며, 동대학원 동전공 박사과정을 수료하였다. 창의성, 인공지능 기반 교육, 교수설계에 많은 관심을 갖고 있으며, 관련하여 다양한 프로젝트와 연구를 수행하고 있다.

이병윤(Byung-Yoon Lee)

서울대학교 교육학과 교육심리전공에서 석사를 졸업하였으며, 동대학원 동전공에서 박사를 수료하였다. 주요 연구 관심사는 청소년의 공정성 인식과 친사회적 행동 증진에 있다. 교육심리의 여러 영역 내에서도 청소년들이 교실이라는 사회에서 서로를 위하는 행동을 어떻게 하면 잘할 수 있을지 등과 관련한 사회심리적인 관점에서 연구를 하고 있다. 또한 기존에 산업조직심리에서 연구가 많이 되었던 공정성이라는 개념을 교사와 학생의 관계에 있어서 교실 분위기로 가져와 연구하고자 공부하고 있다.

이수지(Su-Ji Lee)

현재 서울대학교 교육학과에서 교육행정을 전공하며 전문적 학습공동체, 교사 리더십, 학교 풍토, 조직 문화에 관심을 가지고 수학 중에 있다. 미네소타대학교에서 수학과로 학부를 졸업한 후, 교사 자격증 프로그램을 병행하며 수학교육학 석사 학위를 취득하였다. 미국의 차터스쿨에서 기하학을, 한국의 대안학교에서 대수학, 미적분학, 통계학을 가르치며 한국과 미국에서 교사로서의 삶을 짧게나마 경험했다. 양국에서의 경험을 바탕으로 교사가 행복하고, 교사가 교사다울 수 있는 학교조직 문화와 학교 풍토가 무엇인지 고민하게 되었고, 이 고민은 대학원 진학으로 이어졌다.

이수한(Soo-Han Lee)

서울대학교 사범대학 교육학과에서 학사 및 석사를 졸업하고, 동대학원에서 박사과정 수료생으로 연구하고 있다. 극심한 차별과 불평등의 시대에 더욱 포용적이고 정의로운 학교 교육과정을 구현하기 위한 정책적 · 실천적 노력에 많은 관심을 기울이고 있다. 특히 비판적 다문화교육, 장애교육학, 퀴어교육학 등과 같은 복합적인 이론적 렌즈들을 가지고 학교 교육과정을 통해 '문화적으로 다양한' 학생들에 대한 포용을 시도하는 교사들의 실천의 복잡성(딜레마)을 탐구하는 연구를 박사학위 논문으로 준비하고 있다. 이뿐만 아니라, 학교 다문화교육의 실천과 같이 관심의 대상이 되는 교육 현상을 더욱 풍부한 방식으로 분석 · 이해할 수 있게 하는 방법론으로서의 '포스트휴먼 질적 연구 방법론(특히, 배치이론에 기반한 질적연구 방법론)'의 의의에 대한 시론적 연구 또한 진행하고 있다.

이승호(Seung-Ho Lee)

서울대학교 교육학과 교육상담 박사과정 재학생으로, 석사과정부터 같은 학교, 같은 전공에서 학업을 이어가고 있다. 학업 외에도 여러 중 · 대형 프로젝트 및 교내 연구 과제에 참여하고 있으며, 상담자로서 교내 상담센터에서 근무를 병행 중이다. 관심 연구분야는 상담의 이론과 실제, 상담자 발달, 슈퍼비전의 실제, 상담자 교육 등이다. 이와 관련하여 박사학위 논문도 계획하고 있다. 박사과정 졸업 후 대학상담센터의 상담 교수로서 상담자 양성에 이바지할 것을 기대하며 박사과정에 임하고 있다.

이진호(Jin-Ho Lee)

성균관대학교에서 영상학과/경영학과 졸업, 서울대학교 대학원에서 교육학과(교육철학) 석사 졸업 후 지금은 동대학원에서 박사과정 중이다. 영상학을 전공하면서 영상 미디어를 제대로 경험하고 활용할 수 있도록 교육하는 일이 중요하다는 생각을 품게 되었고, 지금은 대학원에 진학해서 미디어 교육 철학을 연구하고 있다. 관심 있는 연구 분야는 미디어 교육, 과학기술과 교육, 시민교육, 교육의 공공성 등이다. 졸업 후에는 연구, 저술, 강의에 전념하는 전문 연구자가 되기 위해 열심히 정진하고 있다.

문과 대학원생 생존일지
–나의 앎과 삶은 진행형

Liberal Arts Graduate Student Survival Journal
–My Learning and Life is Going on

2023년 6월 20일 1판 1쇄 인쇄
2023년 6월 30일 1판 1쇄 발행

엮은이 • 서울대학교 교육학과 BK21 FOUR 혁신과 공존의 교육연구사업단 편
김동일 책임편저
지은이 • 김재현 · 김지선 · 노지연 · 민예슬 · 손소희 · 송초의 · 신중휘
안지아 · 안지혜 · 우정민 · 이규빈 · 이다경 · 이다연 · 이병윤
이수지 · 이수한 · 이승호 · 이진호
펴낸이 • 김진환
펴낸곳 • ㈜학지사
04031 서울특별시 마포구 양화로 15길 20 마인드월드빌딩
대표전화 • 02-330-5114 팩스 • 02-324-2345
등록번호 • 제313-2006-000265호

홈페이지 • http://www.hakjisa.co.kr
인스타그램 • https://www.instagram.com/hakjisabook

ISBN 978-89-997-2924-9 03370

정가 17,000원